# 马瑞光学《论语》

马瑞光 / 著

中华工商联合出版社

图书在版编目（CIP）数据

马瑞光学《论语》/ 马瑞光著 . -- 北京：中华工商联合出版社，2024.5
ISBN 978-7-5158-3940-0

Ⅰ.①马… Ⅱ.①马… Ⅲ.①《论语》—研究 Ⅳ.
①B222.25

中国国家版本馆CIP数据核字（2024）第096408号

## 马瑞光学《论语》

| 作　　　者：马瑞光 |
| 出 品 人：刘　刚 |
| 责任编辑：于建廷　臧赞杰 |
| 装帧设计：周　源 |
| 责任审读：傅德华 |
| 责任印制：陈德松 |
| 出版发行：中华工商联合出版社有限责任公司 |
| 印　　　刷：三河市宏盛印务有限公司 |
| 版　　　次：2024年6月第1版 |
| 印　　　次：2024年6月第1次印刷 |
| 开　　　本：710mm×1000mm　1/16 |
| 字　　　数：240千字 |
| 印　　　张：24.5 |
| 书　　　号：ISBN 978-7-5158-3940-0 |
| 定　　　价：88.00元 |

服务热线：010-58301130-0（前台）
销售热线：010-58301132（发行部）
　　　　　010-58302977（网络部）
　　　　　010-58302837（馆配部）
　　　　　010-58302813（团购部）

工商联版图书
版权所有　盗版必究

地址邮编：北京市西城区西环广场A座
　　　　　19-20层，100044
http://www.chgslcbs.cn

投稿热线：010-58302907（总编室）
投稿邮箱：1621239583@qq.com

凡本社图书出现印装质量问题，
请与印务部联系。

联系电话：010-58302915

# 自　序
## 半部《论语》治天下

学哲学一开始一般是一个苦差事，但是学久了可能就会上瘾了。儒家思想作为中国传统文化的重要组成部分，是人们一定要去了解和关心的。最后发现所谓的哲学就是一些常识，是对常识的了解与深刻理解，是所有认知的开始，是人们行为的准则。哲学并不是什么高深的东西，只是因为哲学思想的高度凝炼性，让日常生活中的人们感到有些神秘而已。

《论语》作为四书之一，流传甚广，虽然有些章节可能是后人伪作，但是并不影响它在中国传统文化中的地位。虽然也有观点认为儒学至汉朝后被专制王朝利用，甚至篡改，但实际上它一直在民间流传，可信度还是很高的。

半部《论语》治天下，算是人们对《论语》地位的一种定义。很多人甚至希望从《论语》中找到治国与生活的根本之道。笔者不太喜欢背诵原文，更多的是自己的粗浅理解，从常识的角度去学习，并试图找到一些对大家思考有养分的东西，至于是正面的还是负面的，我想应该是兼而有之吧。如果浪费了大家的时间，深表歉意。

作为企业界人士，除了赚钱外，总希望获得一些思想的养分。可能是缺什么，越希望补充点什么吧，总想把文化与赚钱结合起来，哪怕有一点四不像。

本人不是哲学科班出身，但认真学习哲学已有多年，更多会从商业的角度去理解与学习《论语》。好就好在《论语》的丰富性让我们在论述自己的观点时总是能找到些前人的依据，哪怕就是一点点心理暗示，也好像价值不小。

　　既然《论语》能延续数千年，一定有其道理，本书就当是常识普及吧。遗憾的是，很多时候我们对常识误读，甚至错误理解成了惯例，这其中有被动的成分，也有主动的意愿。如果不想那么糊里糊涂，我们可以一起学习一下，虽然可能会错得更加离谱，但作为一种探索，所谓的继续错误也有可能是意外的收获。如果《论语》的秘密轻松被我们参透了，也未免太小看古今的鸿儒、学者了。

　　学哲学，用哲学，可能是我们一贯的追求与想法。学《论语》治天下，也不妨是有志之士的一种表达。随便写些心得体会，就当是学习之路上继续前行吧。人人既是圣贤，又是凡人；既能得大道，又能发现常识，真能如此，也就真可以半部《论语》治天下了。一家之言，难免片面，能有价值，也是读者英明罢了。

# 目录
CONTENTS

## 学而篇第一

学而篇第一（1）……………… 1
学而篇第一（2）……………… 2
学而篇第一（3）……………… 3
学而篇第一（4）……………… 4
学而篇第一（5）……………… 5
学而篇第一（6）……………… 6
学而篇第一（7）……………… 7
学而篇第一（8）……………… 8
学而篇第一（9）……………… 9
学而篇第一（10）……………… 10
学而篇第一（11）……………… 11
学而篇第一（12）……………… 12
学而篇第一（13）……………… 13
学而篇第一（14）……………… 14
学而篇第一（15）……………… 15
学而篇第一（16）……………… 16

## 为政篇第二

为政篇第二（1）……………… 17
为政篇第二（2）……………… 18
为政篇第二（3）……………… 18
为政篇第二（4）……………… 19
为政篇第二（5）……………… 21
为政篇第二（6）……………… 22
为政篇第二（7）……………… 23
为政篇第二（8）……………… 23
为政篇第二（9）……………… 24
为政篇第二（10）……………… 25
为政篇第二（11）……………… 26
为政篇第二（12）……………… 27
为政篇第二（13）……………… 28
为政篇第二（14）……………… 29
为政篇第二（15）……………… 30
为政篇第二（16）……………… 31
为政篇第二（17）……………… 32
为政篇第二（18）……………… 32

为政篇第二（19）⋯⋯⋯⋯ 34
为政篇第二（20）⋯⋯⋯⋯ 35
为政篇第二（21）⋯⋯⋯⋯ 36
为政篇第二（22）⋯⋯⋯⋯ 37
为政篇第二（23）⋯⋯⋯⋯ 38
为政篇第二（24）⋯⋯⋯⋯ 39

## 八佾篇第三

八佾篇第三（1）⋯⋯⋯⋯ 40
八佾篇第三（2）⋯⋯⋯⋯ 41
八佾篇第三（3）⋯⋯⋯⋯ 42
八佾篇第三（4）⋯⋯⋯⋯ 42
八佾篇第三（5）⋯⋯⋯⋯ 44
八佾篇第三（6）⋯⋯⋯⋯ 45
八佾篇第三（7）⋯⋯⋯⋯ 47
八佾篇第三（8）⋯⋯⋯⋯ 49
八佾篇第三（9）⋯⋯⋯⋯ 50
八佾篇第三（10）⋯⋯⋯⋯ 51
八佾篇第三（11）⋯⋯⋯⋯ 53
八佾篇第三（12）⋯⋯⋯⋯ 54
八佾篇第三（13）⋯⋯⋯⋯ 55
八佾篇第三（14）⋯⋯⋯⋯ 57

## 里仁篇第四

里仁篇第四（1）⋯⋯⋯⋯ 59
里仁篇第四（2）⋯⋯⋯⋯ 59
里仁篇第四（3）⋯⋯⋯⋯ 60
里仁篇第四（4）⋯⋯⋯⋯ 61
里仁篇第四（5）⋯⋯⋯⋯ 62
里仁篇第四（6）⋯⋯⋯⋯ 63
里仁篇第四（7）⋯⋯⋯⋯ 64
里仁篇第四（8）⋯⋯⋯⋯ 65
里仁篇第四（9）⋯⋯⋯⋯ 66
里仁篇第四（10）⋯⋯⋯⋯ 67
里仁篇第四（11）⋯⋯⋯⋯ 68
里仁篇第四（12）⋯⋯⋯⋯ 69
里仁篇第四（13）⋯⋯⋯⋯ 69
里仁篇第四（14）⋯⋯⋯⋯ 70
里仁篇第四（15）⋯⋯⋯⋯ 71
里仁篇第四（16）⋯⋯⋯⋯ 72
里仁篇第四（17）⋯⋯⋯⋯ 73
里仁篇第四（18）⋯⋯⋯⋯ 73
里仁篇第四（19）⋯⋯⋯⋯ 74
里仁篇第四（20）⋯⋯⋯⋯ 75
里仁篇第四（21）⋯⋯⋯⋯ 76

## 公冶长篇第五

公冶长篇第五（1）⋯⋯⋯⋯ 77
公冶长篇第五（2）⋯⋯⋯⋯ 78
公冶长篇第五（3）⋯⋯⋯⋯ 80
公冶长篇第五（4）⋯⋯⋯⋯ 82
公冶长篇第五（5）⋯⋯⋯⋯ 83
公冶长篇第五（6）⋯⋯⋯⋯ 84

公冶长篇第五（7）············ 86
公冶长篇第五（8）············ 87
公冶长篇第五（9）············ 88
公冶长篇第五（10）··········· 90
公冶长篇第五（11）··········· 91
公冶长篇第五（12）··········· 93
公冶长篇第五（13）··········· 94
公冶长篇第五（14）··········· 95
公冶长篇第五（15）··········· 96

## 雍也篇第六

雍也篇第六（1）············ 98
雍也篇第六（2）············ 99
雍也篇第六（3）············ 100
雍也篇第六（4）············ 101
雍也篇第六（5）············ 103
雍也篇第六（6）············ 104
雍也篇第六（7）············ 106
雍也篇第六（8）············ 107
雍也篇第六（9）············ 108
雍也篇第六（10）··········· 109
雍也篇第六（11）··········· 110
雍也篇第六（12）··········· 111
雍也篇第六（13）··········· 112
雍也篇第六（14）··········· 112
雍也篇第六（15）··········· 113
雍也篇第六（16）··········· 114

雍也篇第六（17）··········· 116
雍也篇第六（18）··········· 117
雍也篇第六（19）··········· 118

## 述而篇第七

述而篇第七（1）············ 120
述而篇第七（2）············ 121
述而篇第七（3）············ 122
述而篇第七（4）············ 123
述而篇第七（5）············ 124
述而篇第七（6）············ 126
述而篇第七（7）············ 127
述而篇第七（8）············ 128
述而篇第七（9）············ 129
述而篇第七（10）··········· 130
述而篇第七（11）··········· 131
述而篇第七（12）··········· 133
述而篇第七（13）··········· 134
述而篇第七（14）··········· 135
述而篇第七（15）··········· 136
述而篇第七（16）··········· 137
述而篇第七（17）··········· 138
述而篇第七（18）··········· 139
述而篇第七（19）··········· 140
述而篇第七（20）··········· 141
述而篇第七（21）··········· 142
述而篇第七（22）··········· 143

述而篇第七（23）………… 144
述而篇第七（24）………… 146

## 泰伯篇第八

泰伯篇第八（1）………… 148
泰伯篇第八（2）………… 149
泰伯篇第八（3）………… 150
泰伯篇第八（4）………… 151
泰伯篇第八（5）………… 152
泰伯篇第八（6）………… 153
泰伯篇第八（7）………… 154
泰伯篇第八（8）………… 155
泰伯篇第八（9）………… 156
泰伯篇第八（10）………… 157
泰伯篇第八（11）………… 158
泰伯篇第八（12）………… 158
泰伯篇第八（13）………… 159
泰伯篇第八（14）………… 161
泰伯篇第八（15）………… 161
泰伯篇第八（16）………… 163
泰伯篇第八（17）………… 164

## 子罕篇第九

子罕篇第九（1）………… 166
子罕篇第九（2）………… 167
子罕篇第九（3）………… 168
子罕篇第九（4）………… 169
子罕篇第九（5）………… 170
子罕篇第九（6）………… 171
子罕篇第九（7）………… 172
子罕篇第九（8）………… 174
子罕篇第九（9）………… 175
子罕篇第九（10）………… 176
子罕篇第九（11）………… 177
子罕篇第九（12）………… 178
子罕篇第九（13）………… 179
子罕篇第九（14）………… 180
子罕篇第九（15）………… 181
子罕篇第九（16）………… 182
子罕篇第九（17）………… 182
子罕篇第九（18）………… 183
子罕篇第九（19）………… 184
子罕篇第九（20）………… 185
子罕篇第九（21）………… 186
子罕篇第九（22）………… 187
子罕篇第九（23）………… 188
子罕篇第九（24）………… 189

## 乡党篇第十

乡党篇第十（1）………… 190
乡党篇第十（2）………… 191
乡党篇第十（3）………… 192
乡党篇第十（4）………… 193

乡党篇第十（5）……………… 194
乡党篇第十（6）……………… 196
乡党篇第十（7）……………… 198
乡党篇第十（8）……………… 201
乡党篇第十（9）……………… 203
乡党篇第十（10）…………… 205

## 先进篇第十一

先进篇第十一（1）…………… 208
先进篇第十一（2）…………… 209
先进篇第十一（3）…………… 211
先进篇第十一（4）…………… 213
先进篇第十一（5）…………… 214
先进篇第十一（6）…………… 216
先进篇第十一（7）…………… 217
先进篇第十一（8）…………… 219
先进篇第十一（9）…………… 220
先进篇第十一（10）………… 222
先进篇第十一（11）………… 223

## 颜渊篇第十二

颜渊篇第十二（1）…………… 226
颜渊篇第十二（2）…………… 227
颜渊篇第十二（3）…………… 228
颜渊篇第十二（4）…………… 229
颜渊篇第十二（5）…………… 230

颜渊篇第十二（6）…………… 231
颜渊篇第十二（7）…………… 231
颜渊篇第十二（8）…………… 232
颜渊篇第十二（9）…………… 233
颜渊篇第十二（10）………… 234
颜渊篇第十二（11）………… 235
颜渊篇第十二（12）………… 236
颜渊篇第十二（13）………… 237
颜渊篇第十二（14）………… 238
颜渊篇第十二（15）………… 239
颜渊篇第十二（16）………… 240
颜渊篇第十二（17）………… 241
颜渊篇第十二（18）………… 243

## 子路篇第十三

子路篇第十三（1）…………… 244
子路篇第十三（2）…………… 245
子路篇第十三（3）…………… 246
子路篇第十三（4）…………… 247
子路篇第十三（5）…………… 248
子路篇第十三（6）…………… 249
子路篇第十三（7）…………… 250
子路篇第十三（8）…………… 251
子路篇第十三（9）…………… 252
子路篇第十三（10）………… 253
子路篇第十三（11）………… 254
子路篇第十三（12）………… 255

子路篇第十三（13）……………… 256
子路篇第十三（14）……………… 257
子路篇第十三（15）……………… 258
子路篇第十三（16）……………… 259
子路篇第十三（17）……………… 260
子路篇第十三（18）……………… 261
子路篇第十三（19）……………… 261
子路篇第十三（20）……………… 262
子路篇第十三（21）……………… 263

宪问篇第十四（17）……………… 284
宪问篇第十四（18）……………… 285
宪问篇第十四（19）……………… 287
宪问篇第十四（20）……………… 288
宪问篇第十四（21）……………… 289
宪问篇第十四（22）……………… 290
宪问篇第十四（23）……………… 291
宪问篇第十四（24）……………… 293
宪问篇第十四（25）……………… 294

## 宪问篇第十四

宪问篇第十四（1）……………… 264
宪问篇第十四（2）……………… 265
宪问篇第十四（3）……………… 265
宪问篇第十四（4）……………… 266
宪问篇第十四（5）……………… 267
宪问篇第十四（6）……………… 268
宪问篇第十四（7）……………… 270
宪问篇第十四（8）……………… 271
宪问篇第十四（9）……………… 273
宪问篇第十四（10）……………… 275
宪问篇第十四（11）……………… 276
宪问篇第十四（12）……………… 278
宪问篇第十四（13）……………… 280
宪问篇第十四（14）……………… 281
宪问篇第十四（15）……………… 282
宪问篇第十四（16）……………… 283

## 卫灵公篇第十五

卫灵公篇第十五（1）……………… 296
卫灵公篇第十五（2）……………… 297
卫灵公篇第十五（3）……………… 299
卫灵公篇第十五（4）……………… 300
卫灵公篇第十五（5）……………… 301
卫灵公篇第十五（6）……………… 302
卫灵公篇第十五（7）……………… 304
卫灵公篇第十五（8）……………… 305
卫灵公篇第十五（9）……………… 307
卫灵公篇第十五（10）……………… 308
卫灵公篇第十五（11）……………… 309
卫灵公篇第十五（12）……………… 310
卫灵公篇第十五（13）……………… 311
卫灵公篇第十五（14）……………… 312
卫灵公篇第十五（15）……………… 313
卫灵公篇第十五（16）……………… 313

卫灵公篇第十五（17）……………… 315
卫灵公篇第十五（18）……………… 316

## 季氏篇第十六

季氏篇第十六（1）………………… 318
季氏篇第十六（2）………………… 319
季氏篇第十六（3）………………… 320
季氏篇第十六（4）………………… 322
季氏篇第十六（5）………………… 323
季氏篇第十六（6）………………… 324
季氏篇第十六（7）………………… 325
季氏篇第十六（8）………………… 325
季氏篇第十六（9）………………… 326
季氏篇第十六（10）………………… 327
季氏篇第十六（11）………………… 328

## 阳货篇第十七

阳货篇第十七（1）………………… 330
阳货篇第十七（2）………………… 331
阳货篇第十七（3）………………… 332
阳货篇第十七（4）………………… 333
阳货篇第十七（5）………………… 334
阳货篇第十七（6）………………… 335
阳货篇第十七（7）………………… 336
阳货篇第十七（8）………………… 337
阳货篇第十七（9）………………… 338

阳货篇第十七（10）………………… 340
阳货篇第十七（11）………………… 341
阳货篇第十七（12）………………… 342
阳货篇第十七（13）………………… 343
阳货篇第十七（14）………………… 344
阳货篇第十七（15）………………… 345
阳货篇第十七（16）………………… 346
阳货篇第十七（17）………………… 347
阳货篇第十七（18）………………… 348
阳货篇第十七（19）………………… 349
阳货篇第十七（20）………………… 349

## 微子篇第十八

微子篇第十八（1）………………… 351
微子篇第十八（2）………………… 352
微子篇第十八（3）………………… 353
微子篇第十八（4）………………… 355
微子篇第十八（5）………………… 356
微子篇第十八（6）………………… 357

## 子张篇第十九

子张篇第十九（1）………………… 360
子张篇第十九（2）………………… 360
子张篇第十九（3）………………… 361
子张篇第十九（4）………………… 362
子张篇第十九（5）………………… 363

子张篇第十九（6）……………… 364
子张篇第十九（7）……………… 365
子张篇第十九（8）……………… 366
子张篇第十九（9）……………… 366
子张篇第十九（10）…………… 367
子张篇第十九（11）…………… 368
子张篇第十九（12）…………… 370
子张篇第十九（13）…………… 371
子张篇第十九（14）…………… 372
子张篇第十九（15）…………… 373
子张篇第十九（16）…………… 374
子张篇第十九（17）…………… 375
子张篇第十九（18）…………… 376

### 尧曰篇第二十

尧曰篇第二十（1）…………… 378
尧曰篇第二十（2）…………… 379
尧曰篇第二十（3）…………… 380

# 学而篇第一

## 学而篇第一（1）

**原文**

子①曰："学而时习②之，不亦说③乎？有朋④自远方来，不亦乐乎？人不知而不愠⑤，不亦君子⑥乎？"

**注释**

①子：中国古代对于有地位、有学问的男子的尊称，有时也泛称男子。《论语》一书中"子曰"的"子"均指孔子。

②时：意为在一定的时候或者在适当的时候。习：指演习礼、乐，复习诗、书。

③说（yuè）：同"悦"，愉快、高兴。

④朋：指志同道合的人。

⑤愠（yùn）：恼怒，怨恨。

⑥君子：此处指孔子理想中具有高尚人格的人。

**老马释途**

今天学《论语》，好多内容都似曾相识，但又没有认真研读过，接下来一起认真体悟一下，或许有更大收获。

"学而时习之，不亦说乎。"不断的学习、复习不是一件令人高兴的事情吗？实际上，学习往往是很痛苦的，因为学习过程就是成长过程，尤其要提升自己，很多时候是需要突破的，这是很不容易的，格物致知就更不容易了，或许孔子这样说是希望大家好好学习吧。

"有朋自远方来，不亦乐乎。"远方的朋友来了当然高兴，但是如果朋友是来投奔你的穷朋友，你可能也未必开心。只是儒家给我们描述了一幅美好的画面，说明朋友关系的重要性，人情往来也就成为我们生活的重要部分。

"人不知而不愠,不亦君子乎。"即使别人不了解自己,你也不怨别人,不就是君子吗?坦坦荡荡,不心生怨气,又是一个很高的标准,虽然比圣人的标准简单点儿。所以,成为君子就是我们的普通目标了,君子成为现实中的目标,开始定做人的标准了。

# 学而篇第一(2)

## 原文

有子①曰:"其为人也孝弟②,而好犯上③者,鲜④矣!不好犯上,而好作乱者,未之有也⑤。君子务本⑥,本立而道⑦生。孝弟也者,其为仁之本⑧与!"

## 注释

① 有子:孔子的弟子,姓有,名若。

② 弟:同"悌(tì)",即弟弟对待兄长的正确态度。

③ 犯:冒犯。上:指在上位的人。

④ 鲜(xiǎn):少的意思。

⑤ 未之有也:倒装句,应为"未有之也"。

⑥ 务:专心、致力于。本:根本。

⑦ 道:指孔子提倡的仁道。

⑧ 为仁之本:"仁"是孔子哲学思想的最高范畴,也是伦理道德的准则。

## 老马释途

这里开始建立儒家的社会秩序了。"为人也孝弟,而好犯上者,鲜矣!"孝敬父母、尊敬兄长的人一般不会犯上,不会造反作乱。也就基本确定了犯上是不道德的,维护统治者统治的意味很浓。

并且开始明确了伦理道德的准则:"孝弟也者,其为仁之本与!"孝顺父母、尊敬兄长,就是为"仁"的根本,也就是道德的基本规范。孝顺是关键,儒家认为"父为子纲,兄为弟纲",以此确立基本的尊老敬长的秩序。当然,最重要的是用"君为臣纲"的思想确立社会秩序,大致的伦理关系也就确立了。这种思想基本上成为封建社会的道德标准,影响千年,现代社会对此作了批判性吸收,形成了更加平等的社会秩序。虽然统治者们大力宣传这种儒家思想,以此巩固自己的统治,但在漫长的两千多年的各个朝代,很多帝王恰恰没有照此标准行事,成为反面教材。皇室无父子,很多破坏伦常的事,恰恰发生在封建帝王身上,不能不说是一种讽刺。而老百姓反而做得更好一点,如此看来,所谓皇室贵族的道德水平并不比广大百姓高出多少,地位、财富好像与此并无直接关系。这可能也是儒家的某些思想被认为虚伪的原因,只是看利益有多大,如果利益足够大,伦常都可以改。如此,韩非在泉下就会偷乐了。

## 学而篇第一(3)

### 原文

子曰:"巧言令色①,鲜②矣仁。"

### 注释

① 巧言令色:花言巧语,伪装出一副和善的面孔。
② 鲜:少的意思。

### 老马释途

惯用花言巧语,对人虚伪,装作和颜悦色的人,基本上没有什么仁德。以孔子的眼光看来,巧言令色的人基本就是坏人了。

问题在于巧言与能言很难区分,真的和颜悦色与假的和颜悦色也不好区分,判断的结论看评估者的心态,这也影响了我们的民族性格。很多时候,我们认为低调隐忍才是正道,高调、展露锋芒被认为是不谦虚的表现。很多事情被上升到道德的高度,本来是一个没法明确对错的标准,使用的时候走向一端,结果常常会变成道德绑架。

就像一个企业一样，其文化的形成有一个历史演变的过程，是不可能迅速改变的，只能不断升华、进化，否则整个组织会陷入混乱。即使是新的秩序，就能完美无缺吗？显然，没有完美无缺的东西。实际上没有哪个组织和个人是经得起严格的评判的。

# 学而篇第一（4）

### 原文

曾子①曰："吾日三省②吾身：为人谋而不忠③乎？与朋友交而不信④乎？传不习⑤乎？"

### 注释

① 曾子：姓曾名参，字子舆，生于公元前505年，鲁国人。
② 省（xǐng）：检查，察看。
③ 忠：指对人应当尽心竭力。
④ 信：诚实。
⑤ 习：指温习、演练等。

### 老马释途

"吾日三省吾身"一句已经流传数千年了，并且成为人们的准则。"我"是一切问题的根源，从自身出发找到解决问题的方法，几乎成为人们的基本底层逻辑，只有不断提升自己，完善自己，才能于天地之间产生价值。

"三省吾身"成为人们修炼的基本手段，整个过程是一个技能不断完善的过程，更重要的是内心越来越强大。省身实际上是一种自我总结、自我批判，而这是非常痛苦的，是劳心智的行为，这也是大部分人知易行难的原因。自我批评需要莫大的勇气与强大的自律能力，否则只会落荒而逃。

"为人谋而不忠乎？与朋友交而不信乎？传不习乎？"替别人办事是否尽心，与朋友交往是否诚信，老师教的东西是否有复习，这是三省的范围。前两者的对象是别人，更多传递的是给别人创造的价值。利他精神在儒家思想中一直处于关键位置。最后一省是关注自身的成长与学习，这样看来非常全面了。当然，这也给了统治者维护秩序的理由。提倡凡事要以自我反省为主，而不是去想着改变秩序，这在一定程度上也遏制了创新与发展。

# 学而篇第一（5）

## 原文

子曰："道① 千乘之国②，敬事③而信，节用而爱人，使民以时④。"

## 注释

① 道：治理。

② 千乘之国：指拥有一千辆战车的国家，即诸侯国。乘（shèng），意为辆。

③ 敬事：对所从事的业务兢兢业业。

④ 使民以时：役使百姓要在农闲时。

## 老马释途

开始教君王如何治理国家了，《论语》基本上也就成为君王进行统治的依据，自然也就成为王道之学。问题是孔子没有当过君王，为何知道君王如何治国呢？一句话，孔子认为君王应该是圣人，按照圣人的标准治理国家准没错，这是潜台词，相当于柏拉图认为的君王应是哲学家。实际情况好像并非孔子所想，君王与圣人并不等同，但是没有实战经验的专家的意见被实战经验丰富的非专家采用了，往往效果明显，这可能也是规律吧。

"敬事而信，节用而爱人，使民以时。"认真工作，遵守信用，节约开支，爱戴人民，不占用人民务农的时间，这才是明君。如此来看，从秦始皇统一六国到明清，真正能达到这种标准的君王并非多数，只能讲孔子这个标准很高了。

那么，问题是出在要求过高，还是这个要求与人的本性相背呢？站在法家角度当然是后者，站在儒家角度则是你修炼不足，达不到要求。

短短几句，孔子讲出了治国的四个关键：敬事、守信、节用、爱人，而这需要君王的修行，通过教化让君王认识到这一点，并且去修炼，这也是孔子的一贯思路。能与不能，就看君王自己了，"我"还是一些问题的根源。

# 学而篇第一（6）

## 原文

子曰："弟子入①则孝，出②则悌，谨③而信，泛④爱众，而亲仁⑤。行有余力⑥，则以学文⑦。"

## 注释

① 入：指在家。

② 出：指外出拜师学习。

③ 谨：寡言少语。

④ 泛：广泛。

⑤ 仁：仁德之人。

⑥ 行有余力：指有剩余的精力。

⑦ 文：主要指诗、书、礼、乐等文化知识。

## 老马释途

"弟子入则孝，出则悌。"在家要孝敬父母，出门在外要尊重师长，也就是给大家定秩序了。我发现现实生活中最大的问题是做好自己，别给别人添麻烦，而这是挺难的，因为我们很多人私心太重，没有精力考虑别人。

很多事情以自己为主，就会麻烦别人，甚至侵犯别人的权益，这样的人实际上是不会有成就的，很多人也不希望这种人有所成就，因为他确实没有给别人带来什么有意义的东西。怪不得孔子要不断地教化、说服大家，只是众生愚昧，这也是实际情况。

"谨而信，泛爱众，而亲仁。"谨慎可信，爱众人，亲近仁德，这才是题中之义，而这需要自身的修炼，与本性往往相反。或者说人本性如此，只是走歪了，需要通过修炼找回本性。这是儒家的逻辑，如果本身没有这些品质，修炼也没有什么用。

## 学而篇第一（7）

### 原文

子夏①曰："贤贤②易③色，事父母，能竭其力；事君，能致其身④；与朋友交，言而有信。虽曰未学，吾必谓之学矣。"

### 注释

① 子夏：姓卜，名商，字子夏。
② 贤贤：尊重贤者。
③ 易：轻视。
④ 致其身：献出生命。

### 老马释途

这里讲的基本上是做人的道理。"贤贤易色"，尊重内在的贤德，不重表面的光鲜。问题是何为内在，何为表面？这在很多时候实际上是搞不清楚的，也就留下了争论的空间。本身讲的没有什么问题，但标准太过含糊，没有办法衡量，相当于没有标准了。

"事父母，能竭其力；事君，能致其身；与朋友交，言而有信。"侍奉父母能够全力以赴；事君，能够奉献自身；与朋友交往可以言而有信，这应该就是位好同志了。所以才有了很多时候我们讲的，不孝顺父母的人不可重用，不忠诚的人更不可使用。所以，了解一个人，从他对身边人的态度和行为就能看透他。这深刻影响了我们的思维模式。

在现实生活中，按照上述标准，不合格的人并不鲜见。从这个角度讲，教化并未达到目的，所以仍需要继续教化。除了人自身的修行之外，是否也需要其他方面的配合呢？一群平凡的人如何成就伟大的事，显然要靠系统、体系，而这恰好是儒家谈得比较少的，它更多还是放到个人的修行上，不能不讲是一种遗憾。

# 学而篇第一（8）

## 原文

子曰："君子不重①则不威；学则不固②。主忠信③，无④友不如己⑤者；过⑥则勿惮⑦改。"

## 注释

① 重：庄重，自持。

② 学则不固：意思是即使读书，所学也不会牢固。

③ 主忠信：以忠信为主。

④ 无：通"毋"，不要之意。

⑤ 不如己：一般解释为不如自己。

⑥ 过：过错，过失。

⑦ 惮（dàn）：害怕，畏惧。

## 老马释途

这一段孔子主要讲的是与人交往，要有威严，要忠、信，交朋友要交比自己强的人。但实际在日常生活中，很多人交朋友都会交比自己差的人，因为交比自己强的人心里会有压力，交比自己差的人能获得一种成就感。但实际上只有与比自己强的人交朋友，自己的水平才会逐渐提升，能力才会不断提高。所以，我们发现孔子讲的这个内容，是很难做到的，只有通过努力，辛苦修炼，才有可能达到他的标准。

君子不庄重则没有威严，所以君子要庄重。我们会发现，很多企业的领导都会比较庄重，不苟言笑。这样的好处就是领导行事规范守礼，坏处就是容易让人觉得虚伪。在上下级之间的相处上东西方的观念是有区别的，但都是符合各自需求的一种选择。

# 学而篇第一（9）

## 原文

曾子曰："慎终①追远②，民德归厚矣！"

### 注释

① 终：这里指父母去世。

② 远：祖先。

## 老马释途

"慎终追远，民德归厚矣！"谨慎对待父母的丧事，按相关礼仪对祖先的拜祭用心规范，那么民风就会比较敦厚。

对于祖辈、父辈比较孝顺的人，一般可以重用。这一规律在企业管理中也经常被使用，这也是儒家的一种基本思想。一个对父母、祖辈不敬、不好的人，私心很重，不会懂得去为别人创造价值，基本上不具备成为优秀人士的前提。

对于逝者的标准基本上是未来所有人的标准，每一个人都会有离开的那一天，这基本上是一个民族伦理的重要组成部分，也是一个组织的关键核心。

知道归处，不能确定来处，才能正视当下。基本上当下的标准也就知道了，对待死亡的态度往往是一个民族性格的重要组成部分；对待离开组织的人员的态度，会深刻影响组织。两个人分手时的态度基本上反映人的品质，两个合作伙伴停止合作时的处理方式基本上代表组织的水准。

# 学而篇第一（10）

## 原文

子禽①问于子贡②曰："夫子③至于是邦④也，必闻其政，求之与？抑与之与？"子贡曰："夫子温、良、恭、俭、让⑤以得之。夫子之求之也，其诸异乎人之求之与！"

## 注释

①子禽：姓陈，名亢，字子禽。

②子贡：姓端木，名赐，字子贡，卫国人，比孔子小三十一岁，是孔子的学生。子贡以善辩著名。

③夫子：这是古代的一种敬称，沿袭以称呼老师。

④邦：指当时割据的诸侯国家。

⑤温、良、恭、俭、让：温和、善良、恭敬、俭朴、谦让。

## 老马释途

这里提出了人们的行为标准——"温、良、恭、俭、让"，这也是儒家形成的核心价值观。

温和、善良是我们文化中提倡的高标准要求，所以低调成为我们的文化标签，高调基本上成为负面的词。

恭敬、俭朴、谦让，说的是以和为本，对别人讲礼节，要谦虚，不可骄横，这也是儒家营造的国家与社会伦理秩序。

我们会发现一个问题：像马斯克这样的人估计在中国就会被很多人批评，因为他行事太高调了，背离了儒家提倡的为人处世之道。但是，如果一味讲究"温、良、恭、俭、让"，可能对创新有时是有一定遏制的，是与现代讲的创新、企业家精神的一部分内容背离的，这也是值得我们思考的。

# 学而篇第一（11）

## 原文

子曰："父在，观其①志；父没，观其行②；三年③无改于父之道④，可谓孝矣。"

## 注释

① 其：他，指儿子。
② 行：指行为举止等。
③ 三年：此为约数，指多年，长期。
④ 道：正道，指父亲的教导中合理的部分。

## 老马释途

这里制定了何为孝的标准，应该讲简单可行。"父在，观其志"，如果父亲在世，看他有无志向。"父没，观其行"，父亲不在了，看他的行为。父亲在，一个人永远是孩子；父亲不在了，一个人才真正成人了。

如果父亲不在已有多年，他都能坚持父亲教导的那些正确道理，就可以讲达到了孝的标准了。现实中往往存在"父母健在，关心不够；父母离世，大操大办"的现象。这应该是孔子没有讲到的，这种孝，显然是假冒的。

人伦纲常就在这几句话中确定下来了，只有有孝才会有德，也基本上成为社会的秩序。这样，家庭、血缘就成为非常重要的纽带，家天下也就再正常不过了。

在历史长河中，父子之间乱其伦理的不在少数，尤其是帝王之家。由此，我们发现在足够大的利益面前，伦常会受到严峻的考验，违反人伦的事也可能出现，不知道儒家如何解释此种现象。

# 学而篇第一（12）

## 原文

有子曰："礼①之用，和②为贵。先王之道，斯③为美，小大由之。有所不行，知和而和，不以礼节之，亦不可行也。"

## 注释

① 礼：春秋时期"礼"泛指奴隶社会的典章制度和道德规范。

② 和：和谐，协调。

③ 斯：这，此。

## 老马释途

"礼之用，和为贵"，提出了礼节的核心在"和"，实际上这也是儒家中庸思想的一个体现，和"中庸"相通，提倡综合和谐，和为贵。什么叫和谐呢？就是增之一分则太长，减之一分则太短。所以，所有问题的根本就在于是否和谐。大到宇宙、世界，小到一个人的身体，都追求和谐协同。这突出了中国儒家思想对系统的重视，要谈和谐，一定是系统、综合的，而不是仅仅某一个点，要从系统来看问题。

这也就形成了中国传统文化中倡导的综合、归纳、系统地看问题的观念。这样看问题的好处是什么呢？就像中医一样，能从根本上解决问题。不足之处是什么呢？因为系统看问题对综合能力要求太高，所以掌握的人很少，大部分人还是从某一点入手看问题。

## 学而篇第一（13）

**原文**

有子曰："信近①于义②，言可复③也。恭近于礼，远④耻辱也。因⑤不失其亲，亦可宗⑥也。"

**注释**

① 近：接近，符合。
② 义：儒家的伦理范畴，是指思想与行为的标准。
③ 复：实践。
④ 远：使动用法，使之远离之意。
⑤ 因：依靠，凭借。
⑥ 宗：主，可靠。

**老马释途**

儒家的义、礼、亲，是这一段的主要内容，是人伦秩序的标准。

"信近于义，言可复也"，诺言符合义，就一定能实现，因为义是儒家认为的秩序，认为的正道。实际上准确的内容应该是"人性"，诺言符合人性，就可以实现，而这个人性在儒家这里就是"人之初，性本善"，自然其中包含了"义"的部分。如果是法家的人性恶的观念，显然结论会有所不同。

态度谦恭合于礼，就能远离耻辱。依礼行事就不会遭受耻辱，这也是一条标准，告诉大家要循礼而为，依礼而交。

"因不失其亲，亦可宗也"，因为关系深厚，所以就可依靠。实际上，真正能靠的应该是自己，靠山山倒，靠人人跑，往往是常态。当然，这也是儒家与法家不同的地方。

## 学而篇第一（14）

**原文**

子曰："君子食无求饱，居无求安，敏于事而慎于言，就①有道②而正③焉，可谓好学也已。"

**注释**

① 就：靠近，看齐。
② 有道：指有道德的人。
③ 正：匡正，端正。

**老马释途**

这一段讲的是儒家影响比较广泛的一个观点，影响了我们很多年，就是做人要谦虚谨慎。谦虚谨慎是君子所为，骄傲狂妄，那就是小人所为，这就树立了一个标准，让我们来遵守这个标准，就是行胜于言，好学，向有德之人请教。

"君子食无求饱，居无求安"，讲的是君子吃东西不要求饱足，住的地方也不要求太安逸，适可而止，知足常乐，这是君子的本质。

这样来定君子的标准的好处是什么呢？很显然，组织会比较平稳，团队比较和谐。但坏处是什么呢？还是我们一直讲的，一定程度上会扼杀创新，扼杀变革，会让人觉得商场的创新，是一种投机取巧，老老实实、规规矩矩才是君子所为。

# 学而篇第一（15）

## 原文

子贡曰："贫而无谄①，富而无骄，何如②？"子曰："可也。未若贫而乐③，富而好礼者也。"

子贡曰："《诗》云：'如切如磋，如琢如磨④'，其斯之谓与？"子曰："赐⑤也，始可与言《诗》已矣！告诸⑥往⑦而知来⑧者。"

### 注释

① 谄：巴结，奉承。

② 何如：怎么样。

③ 贫而乐：即"贫而乐道"。

④ 如切如磋，如琢如磨：精益求精之意。

⑤ 赐：子贡之名，孔子对学生都称其名。

⑥ 诸：之。

⑦ 往：过去的事情。

⑧ 来：未来的事情。

### 老马释途

"贫而无谄，富而无骄"，贫穷但是不巴结别人，富贵但是不骄傲，孔子认为这算基本水平，而这恰恰是人性的弱点。贫而无志、富而骄横的人，最终都会犯下错误，最终穷者愈穷，富者也会变穷。

当然，更好的情况应该是"贫而乐，富而好礼"，安贫乐道，富贵有修养。发现这也是一个社会现象，穷但开心会受人羡慕，富贵而低调、有修养会受人尊重。如果富而骄，往往会被群起而攻之。似乎大家对富人有更高的道德要求，虽然人格上并非如此。

一个人的成长、完善，就像制作器物一样，要雕琢，要打磨，只有如此才能成器。我们做任何事情几乎没有一试而成的，基本上都要三番五次，不断调试，才能把一个想法变成行动，让行动产生预期的效果，这几乎是常态。一步到位，心想事成，基本上只存在于祝福语里。

## 学而篇第一（16）

### 原文

子曰："不患①人之不己知，患不知人也。"

### 注释

① 患：忧虑。

### 老马释途

孔子说，不要担心别人不了解我们，要担心我们不了解别人，换句话讲，不要太关注自己，应该多关注别人。利他是根本，利己不是关键，这也奠定了中国儒家文化中先义后利、成人达己的逻辑。

当然，这个逻辑的实现需要我们不断拂去内心的尘垢，且需不断内省修炼，还需要别人的教化与提醒，才能做到先义后利，先人后己。因为人们似乎更习惯先己后人，只是儒家认为这不是人的本性。儒家认为人的本性是善良的，在一定程度上讲，儒家的教化似乎更像唤醒，而且，确实也颇有成效，只是有时候会出现过度推崇的问题，让大家以德为本，甚至忘掉自己，难免会有众多虚伪的产生，诚意正心就显得很重要了。

归根结底，目的还是让人们表达、表现善意，这样才可能成为一个和谐的社会。

# 为政篇第二

## 为政篇第二（1）

**原文**

子曰："为政以德①，譬如北辰②，居其所③而众星共④之。"

**注释**

① 为政以德：应以道德进行统治。

② 北辰：北极星。

③ 所：处所，位置。

④ 共：通"拱"，环绕。

**老马释途**

一言以蔽之，治理国家仍然是"德"为先，"为政以德"，要用道德教化来治理国家与人民，而非严刑峻法。这一直是儒家倡导的，包括到今天我们的经济组织都会接受道德标准的评判，而非规则与法律，我们对待他人时也往往如此。当然，教化与愚弄实际上距离并不遥远，关键看初心是什么。

如此的话，如果君主本身是圣人，教化众生应该没有多大问题；如果君主本身也需要教化，所谓教化众生就是一个大大的陷阱。看看中国两千多年的封建社会，能成为孔子口中的圣贤君主的少之又少，不能不讲这是一个悲哀。如此来看，依赖人心向善，不如制定善的标准，驱动大家向善，而教化驱动还是法制驱动，这本身又是道路之争。

"居其所而众星共之"，德为中，其他一切均可以实现了。看来我们每一位还需加油，到底是先私后公，还是先公后私，应该怎么做，没有分歧，天性是什么，有分歧，所以做法自然不同，各个门派也就出现了。

## 为政篇第二（2）

**原文**

子曰："《诗》三百①，一言以蔽②之，曰'思③无邪④'。"

**注释**

① 《诗》：指《诗经》。三百：《诗经》留存下来的有三百零五篇，这里以整数代指。
② 蔽：概括。
③ 思：思想。
④ 无邪：直。

**老马释途**

这里孔子用一句话来概括《诗经》，那就是"思无邪"。也就是说，人的最高境界应该是思想纯净无邪。如此来看，小孩子刚出生时是最佳状态。当然，经历过很多苦难、辉煌，依然能保持纯净无邪才是《诗经》要表达的本意。也就是讲清楚了人生本身就是苦多甜少，顺少逆多，这才是本质。

平和、纯净，成为人们有德的表现；张扬、激进的人，往往成为受批评的对象。如此看来，低调才是真，古人排挤那些行事乖张的商人也就再正常不过了。

## 为政篇第二（3）

**原文**

子曰："道①之以政，齐②之以刑，民免③而无耻④；道之以德，齐之以礼，有耻且格⑤。"

## 注释

① 道：通"导"，引导，治理。

② 齐：整齐，约束。

③ 免：避免，躲避。

④ 耻：羞耻之心。

⑤ 格：有两种解释，一为"至"，二为"正"。

## 老马释途

这是典型的儒家逻辑。"道之以政，齐之以刑，民免而无耻"，如果治理国家，是用法令去治理，用刑法去引导，人们会按照我们的引导去完成，但会失去羞耻之心。这是一个很重要的结论，用制度去规范人，行为上达到目的了，但内心没达到，反而会沦丧，失去羞耻。故而，以政治国不可取。问题来了，这是什么原因呢？孔子并未给出原因，而是直接给出了结论。

"道之以德，齐之以礼，有耻且格"，用道德教化大众，用礼仪约束大家，人民不仅有羞耻心，还心悦诚服。讲白了，这样的治理方式下大家心服口服，内外俱佳，但是理由是什么孔子似乎也没有谈及。

如此，应以德、礼治天下，不可以政、刑治天下，也算是一家之言吧。回顾历史，实际情况并非孔子讲的那么简单，刑法似乎也不可缺少，法家也有存在的价值，儒表法里反而是常态。

# 为政篇第二（4）

## 原文

子曰："吾十有①五而志于学，三十而立②，四十而不惑③，五十而知天命④，六十而耳顺⑤，七十而从⑥心所欲，不逾⑦矩⑧。"

## 注释

① 有：通"又"。

② 立：站得住，指立身处世。

③ 不惑：掌握了知识，不被外界事物所迷惑。

④ 天命：指不受人力所支配的事情。

⑤ 耳顺：指对那些于己不利的意见也能正确对待。

⑥ 从：遵从。

⑦ 逾：越过。

⑧ 矩：规矩。

## 老马释途

这应该是流传甚广的一段话，形成了如今人们常说的三十而立，四十不惑，五十知天命，六十耳顺。应该说我们的儒家圣人把人一生的整个规律总结得非常到位，但是，当一个人没有经历到这个年龄段的时候，是很难意识到的，三十岁的人是很难想到四十岁的人想什么的。应该说这是一个很好的事情，把人生的规律基本上算是总结完了，不能不说儒家在人性的掌握上，在人生规律的掌握上，是非常有前瞻性，非常有价值的。

从另一个角度来讲，这种归纳也把秩序过于固化了。实际上，很多人三十也未必能做到立身处世无忧，有很多人七十岁依然在奔波，在创业，还充满激情，有的人可能到四十岁基本上认为自己就该退休了。所以从这个角度来讲，孔子的这种提法对创新，对突破，对变革可能会有抑制的负面影响。当然，这对秩序、对体制反而是一种维护，恰好反映出儒家学说的一个特点。最终效果如何，还是看我们怎么去理解，怎么去应用。

## 为政篇第二（5）

**原文**

孟懿子①问孝。子曰："无违②。"

樊迟③御④，子告之曰："孟孙⑤问孝于我，我对曰，'无违'。"樊迟曰："何谓也？"子曰："生，事之以礼；死，葬之以礼，祭之以礼。"

**注释**

① 孟懿子：鲁国的大夫，姓仲孙，名何忌，"懿"是谥号。其父临终前要他向孔子学礼。

② 无违：不要违背。

③ 樊迟：姓樊名须，字子迟，孔子的弟子。

④ 御：驾驭马车。

⑤ 孟孙：指孟懿子。

**老马释途**

这段实际上谈的还是儒家的孝，生的时候、父母在的时候，怎么对父母，父母走的时候怎么对父母，基本上也就形成了一种孝顺父母的标准和秩序。孝道是中国的家文化的重要组成部分，以家庭为核心的观念源远流长。但是，孝道中的一些刻板、陈旧观念在晚辈对先辈的某些理念和行为有所突破和颠覆的时候带来障碍，使一些创新和革新成为一种大逆不道。百善孝为先，我们把孝放到百善之首，基本上形成了儒家文化的一种格局，也形成了一种对于过去规章制度严格遵守的理念。更重要的是，实际上这里把人性最本质的繁衍作为了一个基础，也就很难有个性了，所谓的自由独立，更多的还是一种血脉、人文和宗族的延续，这也是很有特色的。

# 为政篇第二（6）

## 原文

孟武伯<sup>①</sup>问孝。子曰："父母唯其<sup>②</sup>疾<sup>③</sup>之忧。"

## 注释

① 孟武伯：孟懿子的儿子，名彘，"武"是他的谥号。

② 其：代词，指儿女。

③ 疾：病。

## 老马释途

继续谈孝，发现父母对孩子往往一心付出，确实会舍己，其他人似乎更偏向利己，包括很多孩子对待父母的时候更多的是考虑自己。这也可能是"人"这个物种可以延续传承下来的原因。

"父母唯其疾之忧"，父母会为子女的疾病而担心忧虑，这似乎成为一个规律。我发现，一个人最幸福的事情就是父母健在。很多人在小的时候一直想离开父母，希望独立自主，创造属于自己的世界。慢慢长大后发现，父母能在自己身边变老，也是件很幸福的事情。家有一老，如有一宝，敬老孝老成为中华民族的优良传统。从这个角度来讲，儒家做出了巨大的贡献。

现实生活中，父母在病床边照顾孩子的常见，孩子床前尽孝的相对少了，怪不得从秩序上要不断教化，这一点，孔子应该也是很清楚的。

## 为政篇第二（7）

**原文**

子游①问孝。子曰:"今之孝者,是谓能养。至于犬马,皆能有养;不敬,何以别乎?"

**注释**

①子游:姓言,名偃,字子游,吴人,比孔子小四十五岁,是孔子的学生。

**老马释途**

进一步来说明如何才是孝。"今之孝者,是谓能养",能够很好地赡养父母,是不是就是孝呢?显然,孔子不这么认为。"至于犬马,皆能养之",就像家里也有养的马,养的狗,我们也可以照料好,显然,这不能是孝,这样的标准太低了。

那么,什么才叫孝呢?标准是什么呢?"不敬,何以别乎?"如果不是真心,不是发自内心尊敬,这与饲养牛马没有什么区别。如此,孝的标准也就拔高了,那就是要真心真意,尊敬长辈。

发现一个规律,儒家在建立标准与秩序时,用的是道德标准,做的是诛心的措施,不会只看表面行为,更多的是看内心。这样看来"心"是一切,行随心动,得民心者得天下,得客户心者得品牌企业,得团队心者得领导,以此类推。

## 为政篇第二（8）

**原文**

子夏问孝。子曰:"色①难②。有事,弟子服③其劳;有酒食,先生④馔⑤,

曾是以为孝乎？"

**注释**

① 色：脸色。

② 难：不容易。

③ 服：从事，担负。

④ 先生：指长者或父母。

⑤ 馔（zhuàn）：饮食，吃喝。

**老马释途**

再谈孝，开始探究表面的孝和实质的孝。比如，"有事，弟子服其劳"，有事情，年轻人为长辈效劳，这是不是孝呢？"有酒食，先生馔"，有了吃喝，请长辈先用，这就是孝吗？显然，这是孝的一些反应和行为，算不上真正的孝。

那真正的孝是什么呢？进行更深一步的理解："色难"，也就是一直对长辈和颜悦色，保持好的态度，这才能算是孝。从正反两个方面比较，提出自己的观点，儒家的这些观点确实有一定价值，怪不得能流传至今。

# 为政篇第二（9）

**原文**

子曰："吾与回①言，终日不违②，如愚。退而省其私③，亦足以发。回也不愚。"

**注释**

① 回：姓颜，名回，字子渊，孔子的得意门生之一。

② 不违：不提相反的意见和问题。

③ 退而省其私：等他退下，观察颜回私下里与其他学生讨论学问的言行。

### 老马释途

这一段是孔子对自己学生颜回的表扬与肯定。"终日不违"，讲的是孔子与颜回分享内容，颜回从来不问问题，或者提出反对意见。"如愚"，看起来反应很慢，愚钝，让孔子以为颜回悟性不够，学习能力不强。

但是孔子发现颜回的实际情况并非自己所想，"退而省其私"，下来了解颜回私下与他的学生交流时的内容，发现并非如此。颜回正在践行孔子所讲的内容，并且进行了很好的发挥，可见他并不是愚钝。这里讲的是看来怎样并不是关键的，关键还是在于应用、实用的结果。怪不得大家认为儒家是实用主义，是入世的学问。孔子不仅在到处讲学，还希望入朝为官进行应用，虽然未达到目的，但当老师还是相当优秀的。

## 为政篇第二（10）

### 原文

子曰："视其所以①，观其所由②，察其所安③，人焉廋④哉？人焉廋哉？"

### 注释

① 所以：所做的事情。

② 所由：所走过的道路。

③ 所安：心安的事情。

④ 廋（sōu）：隐藏，藏匿。

### 老马释途

如何来观察一个人，如何来判断一个人呢？孔子讲了三个方面。

"视其所以"，观察他所做事情与动机。这是很重要的，做什么事，出于什么动机，发心很重要。但是孔子并没有在这里进一步讲明，动机应当来自人性，找不到人性的驱动，所有的动机可能都是说辞，而动机应该是对自身的价值，不管是物质的还是精神的。显然这一点，儒家未必认同，觉得更多的应该是强调天下大同的愿景，实际上这和现实的利益并不矛盾。

"观其所由"，认真观察他走过的路。历史是一面镜子，知道过去，容易了解现在与未来，更多的人生是延长线，突变毕竟是少数，不否定过去，很难有新的开始与进步，而这本身就不是一般人可以做到的。

"察其所安"，观察他所关心的东西是什么，使他安心的东西是什么，这应该是心有所属的地方，也是看透此人的地方。

当然，上边讲的几方面，都可以隐藏与作假，如何了解到真相，可能才是真正的难点，那就靠你自己了。

## 为政篇第二（11）

### 原文

子曰："温故①而知新②，可以为师矣。"

### 注释

① 故：旧的，已经过去的。
② 新：指新的体会、发现。

### 老马释途

"温故而知新，可以为师矣"，温习旧的内容，可以了解到新的东西，又悟出新的想法，有新的收获，那么你就可以当老师了。实际上，这反映了一个人的水平在不断提高，对同一件事情的认知水平在发生变化，说明在思考或经历上又有新的收获。回顾旧的内容，悟出新的内涵，说明一个人在不断进步，说明他善于总结，善于不断提升。

在不同的环境与心境之下，一个人对一件事情会有不同感悟，更不要说在不同的认知条件下，感悟更不同了。按照孔子的讲法，具备了学习与创新能力，那么这个人就可以当老师了，这应该是比较崇高的一个人了。

实际上，当老师并不困难，关键是知行合一。很多老师只是知，包括孔子实际上很多时候也是如此，真正去落实执行是另外一回事了。当然，老师的价值在于总结、提炼，让个性的价值变成可以复制的价值，如此，才能成为规律，否则，实践只是实践，别人的经验，另外的人未必能够复制。这也是理论与实践相互呼应、互相促进的地方。

我自己一直在从事教育工作，发现优秀的学生可以将老师没有创造出价值的东西，实践出巨大的价值。从这一点来讲，学习能力至关重要。

# 为政篇第二（12）

## 原文

子曰："君子不器①。"

## 注释

① 器：器具。

## 老马释途

"君子不器"，君子不能像一般器具那样，只有某一单方面的用途。换句话讲，君子应该具备更广泛的价值，可以适应更广泛的环境。

这似乎在提醒我们，君子并非看上去刻板庄重，缺乏变通，应该是可以因势利导，找到最适宜的位置。肤浅的理解是，君子有君子的坦荡，但君子也有君子的灵活，两点间直线距离是最短。越是简单的行为，越是简单的思考，越可以靠近本质。

从另一个方面来讲，《论语》的很多内容并没有紧密联系起来，而更多的是一些分散开来的语录。怪不得到了今天一些人喜欢给优秀的成功人士整理语录，似乎没有语录算不上成功，哪怕是别人讲的内容，也想办法放在优秀的人名下，这样既显示了成功者的价值，又让语录显得更权威、更容易被大家接受。

# 为政篇第二（13）

**原文**

子贡问君子。子曰："先行其言，而后从之。"

**老马释途**

什么是君子呢？"先行其言，而后从之"，把自己想讲的言论先做到，等做到以后再在后面讲出来，这才是君子，做到再讲，这样才有说服力，在告诉人们要言行一致。这里又在给人们制定标准，因为君子是人们追求的做人标准。

从事教育工作这么多年，我发现一个悖论，就是会讲的老师往往实际操作能力较差，会做的企业家往往不怎么会讲、爱讲，二者兼备的人少之又少。原因可能是，讲多了往往让做的事情增加难度，照亮别人的时候，往往会燃烧自己，没有更多精力去做事。

多做少说往往成为人们的最终选择，似乎这样更能给予人们惊喜，讲多了反而会丧失这种价值，出人意料好像更有力量，这在管理、为人处世中都在发生。

## 为政篇第二（14）

### 原文

子曰："君子周①而不比②，小人③比而不周。"

### 注释

① 周：合群。

② 比：指勾结。

③ 小人：没有道德修养的人。

### 老马释途

"君子周而不比，小人比而不周"，君子团结别人，却不会勾结，形成小团体；小人勾结别人，而不会形成真正的团队。表面上看团结别人、勾结别人，行为上区别不大，都是和别人形成团队，但显然，团结是正面的，勾结是负面的，真正的区别在于道德尺度不同，大家一起干事情，形成正义的团队叫团结，形成邪恶的团队就变成了勾结。

君子和小人行为区别的关键在出发点，单从事情表面有时候是看不出区别的，谋私利还是谋公利往往就成为区分的标准。

儒家特别喜欢从道德的角度谈问题，这对于教化是很重要的，但也往往埋下了争论的种子。在正义与邪恶这种事情上，敌对双方往往各讲各的理，很多时候大家是看不清事情本质的。当然，纠结到深处发现，根本上的区别往往是儒家最为不耻的利益。历史上一些不当利益会以道德和正义的面目出现，常常会成为统治者愚弄人的手段，导致一些人认为儒家是愚民之学。

## 为政篇第二（15）

### 原文

子曰："学而不思则罔①，思而不学则殆②。"

### 注释

① 罔：糊涂。

② 殆：疑惑。

### 老马释读

这是在小学时我们就耳熟能详的内容，但是一直到今天还在不断发现新的含义与新的理解，既说明了孔子总结得到位，也反映了不同的人在不同的阶段会对其有不同的理解。

"学而不思则罔"，只是学习，不去思考，实际上还是无知、惘然。换句话讲，只有将学习的东西进行深入思考、理解，才能内化为自己的东西，否则是毫无价值的。学习必须思考，这就决定了学习不是件简单的事情，太多人鹦鹉学舌，谈别人讲过的东西，实际上自己并不清楚。搞教育这么多年，我发现，很多时候为了表达，忘记了深入思考，懒于思考，以讹传讹似乎是常态。

"思而不学则殆"，只空想不去学习该学的知识，只会越来越糊涂。思考也是对所学内容的实践，不能做思想的巨人、行动的矮子，知行合一，学思相辅相成，才有价值，何其难也。

## 为政篇第二（16）

**原文**

子曰："攻①乎异端②，斯③害也已④。"

**注释**

①攻：攻击。

②异端：不正确的言论。

③斯：代词，指代前文所说的不正确的言论。

④也已：这里用作语气词。

**老马释途**

从事某件事情，过于极端，也就是"攻乎异端"，如此的话，基本上没有什么好果子吃，"斯害也已"，害处巨大。

很多人喜欢讲，要追求完美，做到完美，黑白分明，好坏明确。只能讲此人的心智模式还不成熟，因为世间万物，过犹不及，正反两面会在一定条件下互相转化。这在道家中讲得最为清楚，过不行，不及也不可，只有中间适合，这也与儒家的中庸之道不谋而合。

万事万物俱是矛盾统一，就像现在互联网上，有一些人以爱国者自居，打着替天行道的旗号，揭露这个，批评那个，俨然是真理的化身，结果到最后往往会令人遗憾，走向反面，变成了精致的利己主义者。本来是为了利益，却习惯举起道德的大旗，别人有问题，不能证明自己没问题，合作方私德有问题，也不能证明你是道德完人；合作方是错误的，也不能证明自己是正确的。可悲的内心脆弱，往往需要别人的落魄来支撑。

没有现实中的完美，只有梦想中的完美；没有绝对正确，只有一定条件下的合理而已。

## 为政篇第二（17）

**原文**

子曰："由①，诲女②知之乎？知之为知之，不知为不知，是知也。"

**注释**

① 由：姓仲，名由，字子路，孔子的学生，长期追随孔子。

② 女：通"汝"。

**老马释途**

什么叫知道？"知之为知之，不知为不知，是为知也。"知道就是知道，不知道就是不知道，这就是孔子讲的"知道"，就是知道哪些东西自己知道，知道哪些东西自己不知道。

这样问题就来了：不知者往往以为知，所以在实际操作中，没有人认为自己不知道，更不要谈知行合一了。让一个人知道自己不知道，实际是非常困难的，因为很多人都认为自己知道。令人郁闷的是，越是无知的人越认为自己知晓，越是有知的人越认为自己知道的不够多。

## 为政篇第二（18）

**原文**

子张①学干②禄③，子曰："多闻阙④疑⑤，慎言其余，则寡⑥尤⑦；多见阙殆，慎行其余，则寡悔。言寡尤，行寡悔，禄在其中矣。"

## 注释

①子张：姓颛孙，名师，字子张，生于公元前503年，比孔子小四十八岁，是孔子的学生。

②干：求取。

③禄：即古代官吏的俸禄。

④阙：缺。

⑤疑：怀疑。

⑥寡：少。

⑦尤：过错。

## 老马释途

孔子说的这一段内容有两个核心观点：慎言其余和慎行其余，基本的意思就是说，有把握的事情谨慎地做，没把握的事情不要去做；有把握的事情谨慎地说，没把握的事情不要去说。这基本上就形成了儒家的一个处事的原则——保守。也可以换一个词来讲，叫厚重或稳妥。这也基本上讲出了在古代做官的标准，实际上也基本讲出了在古代做人的标准，因为当官的人在儒家一些人眼中是人上人。从这个角度来讲，做官的标准就是少说少做，有把握的慎做，没把握的不做。很显然，这种做法对国家、对人民来说不是好事，这与我们在企业中所谈的创新、突破、敢为天下先的思想显然是截然不同的。从这个角度来讲，孔子的这种思想有一定的局限性，对于维护一个独裁稳定的专制制度是有价值的，但是对于一个社会的发展、创新、与时俱进反而会有很大的局限作用，这也可能是儒家思想的通病吧。

# 为政篇第二（19）

## 原文

哀公①问曰："何为则民服？"孔子对曰②："举③直④错⑤诸枉⑥，则民服；举枉错诸直，则民不服。"

## 注释

① 哀公：姓姬，名蒋，鲁国国君，"哀"是其谥号。
② 对曰：《论语》中记载对国君及在上位者问话的回答都用"对曰"，以示尊敬。
③ 举：选拔。
④ 直：正直公平。
⑤ 错：通"措"，放置。
⑥ 枉：不正直。

## 老马释途

"何为则民服"，怎么样做人民才会信服君王呢？这里还是在教导君王应该如何统治、治理国家，孔子给出了方案。

"举直错诸枉"，提拔正直的人居于上位，那么人民就会信服你；"举枉错诸直"，提拔不正直的人居于正直的人上面，那么人民就会不信服你。基本上用用人的标准来判断治国的效果，而人的标准就是正直与不正直，好人与坏人，有德与无德，这基本上成为我们话语体系中绕不开的一环。争夺道德制高点成为儒家话语体系的特点，以理服人成为我们文化中非常重要的一个特点。

问题的难点在于正直与否很难精确判断，或者说不同的人对正直有不同的理解，所以用辩论来说明谁的话是真理就成为一直以来的惯例，而底层的利益一直不能明示，只能含蓄地表达，这也形成了儒家的一大特点。

## 为政篇第二（20）

**原文**

季康子①问："使民敬、忠以②劝③，如之何？"子曰："临④之以庄则敬，孝慈则忠，举善而教不能则劝。"

**注释**

① 季康子：姓季孙，名肥，鲁哀公时任正卿，是当时政治上最有权势的人，"康"是他的谥号。
② 以：连接词，与"而"同。
③ 劝：勤勉，勤奋。
④ 临：对待。

**老马释途**

又是一段与孔子的对话，首先问的是如何让老百姓尊敬、敬顺、归顺，讲白了，就是如何更好统治，更好管理。所以，实际上儒家思想成为古代很多统治者的学问，汉武帝时期独尊儒术，与它从各个方面为服务统治者提供依据是有关系的。

孔子的回答就是言传身教，也就是说，你要提拔好人，尊敬父母，对老百姓要好，要爱戴民众，老百姓也就会敬重你，接受你的政令，勤勉努力。这里基本上还是延续了儒家的一贯的观点。

到底怎样才能够让统治者对人民好，怎样才能任用正确的人，具体的措施、方法是没有的，显然就要靠统治者的修炼、修养来寻找。把希望寄托于明君、优秀的人，只有善于反思，不断学习，有德之人才能够达到孔子所说的效果。显然，这是一件很困难的事情。

# 为政篇第二（21）

## 原文

或①谓孔子曰："子奚②不为政？"子曰："《书》③云：'孝乎惟孝，友于兄弟，施④于有政。'是亦为政，奚其为为政？"

## 注释

①或：不定代词，有人。

②奚：疑问词，为什么。

③《书》：指《尚书》。

④施：施行，延及。

## 老马释途

"孝乎惟孝，友于兄弟，施于有政"，孝敬父母，对兄弟友好，用这种行为去影响为政当官的人，也算是参与政治了。参与政治不一定非要自己去当官，用言行影响当官的人也能达到目的。

这有点像现在的专家老师，教企业家们如何赚钱、进行企业管理，往往是理论水平高，实际上自己的管理水平、实操能力很差。结果是，老师们还不明就里，因为老师的影响，企业应用得很好，远远超过老师的理解，把讲得一般的内容用到产生很大价值。但是也有很多内容老师分享得很不错，企业家们用了以后效果不好，甚至企业应用后变得更差了。如此看来，教重要，学更重要。

实际上孔子的结果也是一样的，最后并未在有生之年践行自己的理论，一直到王阳明，才把知行合一的思想更加明确。而问题是：自己言行一致只能规范自己，对别人的影响是非常有限的。

## 为政篇第二（22）

### 原文

子曰："人而无信，不知其可也。大车①无輗②，小车③无軏④，其何以行之哉？"

### 注释

① 大车：指牛车。

② 輗（ní）：指古代大车车辕前面横木上的木销子。

③ 小车：指马车。

④ 軏（yuè）：古代小车车辕前面横木上的木销子。

### 老马释途

"人而无信，不知其可也"，一个人如果不知道遵守信用，是不可取的，也是没有价值的。

在日常商业活动中，我们可能会遇到以遵守信用的名义耍赖，以讲道义的名义来获取利益，以讲道理的名义来破坏规矩，往往是所谓的弱者一方会用此等方式获取其他人的同情，利用互联网上大家不明就里随大流的心态，利用大家的善良，对真正遵守规则的人进行攻击，最后让大家都误认为自己是有信用的。

孔子讲得很有道理，问题出在了什么叫信用。一般来讲，信用就是事先约定的规则，或者是已经形成的约定俗成的规定，与品德无关，与好人坏人更无关系，这可能是需要教育与规范的。估计孔子也没有想到后世之人对他的话语能解释出那么多花样。

# 为政篇第二（23）

## 原文

子张问："十世①可知也？"子曰："殷因②于夏礼，所损益③可知也；周因于殷礼，所损益可知也；其或继周者，虽百世可知也。"

## 注释

① 世：古代称三十年为一世。

② 因：沿用，继承。

③ 损益：减少和增加。

## 老马释途

孔子这一段主要讲了礼仪制度的演变、来源以及未来的发展，揭示了事物发展的一些规律。突变是比较少见的，更多的还是渐变，罗马不是一天建成的，所有事物的发生、发展都有一个基本的规律。

"其或继周者，虽百世可知也"，将来会有继承周朝的王朝，即使可能在几千年后，但它的礼仪制度也是可以预先知道的。这段话显示出孔子对自己总结的演变规律的信心。

就像一家企业，它的组织的变革、制度的变革何其难，惯性规律在生活实践中与在物理学中一样得到遵守，组织行为、个人习惯的变化，都需要人们的痛苦反思才能实现。习惯的事物极其难以改变，需要一个渐变的过程。这也可能是教化很难达到目的的原因。

事缓则圆在一定程度上讲的是对规律的敬畏，踏踏实实一步一个脚印应该才是正解。但与此同时，每一个阶段的目标也要非常清晰，战略与战术同时到位，事情才有可能到位。

## 为政篇第二（24）

### 原文

子曰："非其鬼①而祭之，谄②也。见义③不为，无勇也。"

**注释**

① 鬼：这里泛指鬼神。

② 谄：谄媚。

③ 义：正义的事，指人应该去做的事。

### 老马释途

这一段批评了两种情形。"非其鬼而祭之，谄也"，不是你该拜祭的鬼神却去祭祀，这是谄媚。孔子对此予以批评。而在现实生活中，有时候有的人也会选择谄媚，因为小人不可得罪，否则会产生麻烦，相当于花钱免灾。如此导致的就是精致的利己主义大行其道，是我们需要注意的事情。"见义不为，无勇也"，见义本来需要勇为，需要伸张正义，否则就是怯懦，没有勇气。实际上提倡见义勇为需要约定俗成的相关内容的支撑，否则何为义，何为勇，难以鉴别的话自然人们无法做到。对于正义的界定要达成共识，形成标准。

# 八佾篇第三

## 八佾篇第三（1）

**原文**

孔子谓季氏①："八佾②舞于庭，是可忍③也，孰不可忍也？"

**注释**

① 季氏：鲁国正卿季孙氏，即季平子。

② 八佾：古时一佾为八人，八佾就是六十四人。当时礼制规定，天子用六十四人的舞蹈队伍，诸侯用四十八人，大夫用三十二人。季孙氏为大夫，只可用三十二人，而他用六十四人，是不合礼制的。佾，行列的意思。

③ 可忍：可以容忍。

**老马释途**

这里进入第三篇——八佾篇，谈礼节、礼仪制度，并以此形成了治理国家的秩序，这也是儒家强大的地方。可惜的是，出发点更多地放在了君王的治理逻辑上，并没有放到每一个人的人身价值与幸福上。

"八佾舞于庭，是可忍也，孰不可忍也？"季氏用天子的标准，安排六十四个人的舞蹈队去表演，这是不可接受的，是违背礼仪的，按照季氏的大夫级别，只能用三十二人的舞蹈队，否则秩序就乱了套了。

我们发现，孔子的以礼治国的思想与我们讲的法治有相同的地方，但也有很大的不同。二者的相同点在于都是在建立秩序，不同点在于以君王为中心，还是以百姓为中心。这也是我们在组织建设中的一个核心问题。

# 八佾篇第三（2）

## 原文

三家①者以《雍》②彻。子曰："'相③维④辟公，天子穆穆⑤'，奚取于三家之堂⑥？"

## 注释

① 三家：鲁国当政的三家，即孟孙氏、叔孙氏、季孙氏。

②《雍》：《诗经·周颂》中的一篇。

③ 相（xiàng）：助。

④ 维：语气助词，无实义。

⑤ 穆穆：庄严肃穆。

⑥ 堂：待客祭祖的地方。

## 老马释途

孔子批评三家不合礼节："奚取于三家之堂？"怎么能用在你们三家祭祖的庙堂呢？本来三家——孟孙氏、叔孙氏、季孙氏——是诸侯，不应拥有天子的礼仪。

这里强调了君王天子的地位，以此形成统治秩序，虽然也有对天子的一些相关制约，但更多的是对臣下、对百姓的要求。

就像在一家企业里，真正的管理到底是什么呢？是去规范员工的行为，还是去规范高管与老板的行为呢？本质上应该是分配利益与双向的平衡，实际上真正难的并非对员工的规范，虽然这一直是众多企业做的事情。实际上就是现实利益与未来梦想的统一与均衡，真正的难题是对控制人及高管的监管，这在现代企业治理中更多的是通过法律来进行明确。

## 八佾篇第三（3）

**原文**

子曰："人而不仁，如礼何？人而不仁，如乐何？"

**老马释途**

"人而不仁，如礼何？"如果一个人没有仁德，怎么会遵守礼仪制度呢？也就是讲，没有仁德，谈不上礼仪。"人而不仁，如乐何？"如果一个人没有仁德，如何能够正确运用乐舞呢？仁德在孔子谈的秩序与规则中应该是至高标准。

所有的规范与教化围绕着如何让人们仁德展开，仁德成为关键主题，而大家对仁德的理解又见仁见智。孔子对人性如此信任，也是"人之初，性本善"思想的典型体现。虽然人性会有恶，但那是表面的，通过教化是可以改善，并且找出善的本质的。

纵观封建王朝，能够称得上仁德的君王并没有几个，但是儒家思想形成的统治秩序确实用处巨大。

儒家思想中对人性的过高估计的观点，恰好成为驱动、限制人们的行为的秩序，能够维护国君的统治权威应该是儒家思想在封建社会大行其道的原因。

## 八佾篇第三（4）

**原文**

林放[1]问礼之本。子曰："大哉问！礼，与其奢也，宁俭；丧，与其易[2]也，宁戚[3]。"

> **注释**
>
> ① 林放：鲁国人。
>
> ② 易：治理。
>
> ③ 戚：心中悲哀。

## 老马释途

礼的本质到底是什么呢？孔子的回答是两句话——"礼，与其奢也，宁俭；丧，与其易也，宁戚"。在现实生活中，很多时候实际情况与孔子的观点相背。看来这个问题由来已久，真诚和虚伪往往共生，如影随形。

"礼，与其奢也，宁俭"，礼节仪式不能奢华浪费，应该节俭。如此看来，神大于形，但现实的礼节仪式很多都是劳民伤财，似乎不投入大量财力物力，大家就不会重视。可能这个仪式本来没有太大意义，但举行的次数多了，投入大了，好像表面上看有了很大意义。就像经济学中的破窗理论，本来是件坏事，但确实也有好的方面产生。如此往往是非不分，成为很多坏事的借口，也为很好的行为留下了日后被攻击的可能，因为坏处也会伴随好事而来，只是看放到多长的时间维度来看而已。

"丧，与其易也，宁戚"，丧礼也应简易，不宜铺张，最重要的应该是心中真正悲痛，而不是让别人看到自己悲痛。诚最重要，别人怎么看不是关键。

在企业里也会有些仪式，比如年会、表彰会议、誓师大会等，仪式营造很重要，内容虽是核心，但是在一定情况下形式有时候是大于内容的。从这个角度来讲，孔子的讲法也有一定的片面性，社会属性的人很多时候需要一种仪式来引发情绪，有好有坏吧。

# 八佾篇第三（5）

## 01

**原文**

子曰："夷狄①之有君，不如诸夏②之亡③也。"

**注释**

①夷狄：古代中原地区的人对周边地区的人的贬称，谓之不开化，缺乏教养，不知书达理。

②诸夏：古代中原地区华夏族的自称。

③亡：通"无"。

## 02

**原文**

季氏旅①于泰山。子谓冉有②曰："女③弗能救④与？"对曰："不能！"子曰："呜呼！曾谓泰山不如林放乎？"

**注释**

①旅：祭名，祭祀山川为旅。按照当时礼制规定，天子和诸侯才可祭祀山川。

②冉有：姓冉，名求，字子有，生于公元前522年，孔子的弟子，当时是季孙氏的家臣。

③女：通"汝"。

④救：劝阻。

## 老马释途

本篇我们来学习两小段内容。"夷狄之有君，不如诸夏之亡也"，夷狄之国虽有君王，但还不如中原各国没有君王。原因是夷狄缺乏礼仪，在心理上，泱泱中国是世界中心，其他各国俱未开化，没有什么值得我们学习的。这种观念带给我们自信的同时也成为故步自封的借口，显著的证据就是一些朝代采取闭关锁国的政策，对周边国家的新事物嗤之以鼻，认为不值一提，更不会去学习。

一个组织里往往需要在文化自信和向他人学习之间找到平衡，但难度极大。既要文化自信，又要学习别人，不断创新，这本身需要正确的理念，更重要的是需要驱动因素，比如企业面临竞争、要解决组织依赖问题。

"曾谓泰山不如林放乎？"季孙氏去祭祀泰山，这是有背礼制的，所以才会讲泰山神是不会接受这种祭祀的，因为不合规矩，批评自己的弟子不能够阻止季孙氏的这种行为，告诉人们凡事要依礼而行，秩序也就形成了。可惜的是，儒家的礼治思想一直在为君主服务，并且认为，如此君主就会对老百姓好了，事实上，君王和老百姓在人性上并无多大区别，这恰恰是儒家不以为然的。

# 八佾篇第三（6）

## 01

### 原文

子曰："君子无所争，必也射①乎！揖让而升，下而饮，其争也君子。"

### 注释

① 射：此处指古代的射礼。
② 揖：拱手行礼，表示尊敬。

## 02

### 原文

子夏问曰："'巧笑倩兮，美目盼兮①，素以为绚②兮'。何谓也？"子曰："绘③事后素④。"

曰："礼后乎？"子曰："起予⑤者商⑦也，始可与言《诗》已矣！"

### 注释

①巧笑倩兮，美目盼兮：见《诗经·卫风·硕人》篇。

②绚：有文采。

③绘：画。

④素：白底。

⑤起：启发。

⑥予：孔子自指。

### 老马释途

"君子无所争"，君子应该淡泊名利，所以没有什么好争的，如果有，就是大家玩游戏的时候会争强好胜，像射箭这类比赛，但只是娱乐而已，千万不要当真。即使争，也是有礼貌地争，有规则地争。君子爱财，取之有道，遵守规则乃君子所为。实际这个标准并不高，在商业社会中，遵守规则、守信实际上是基本要求，不算什么高标准，信则立，不信则废。

"绘事后素"，只有这张纸的底色是素色才好在上面涂其他颜色，白纸才好作画，简单的人才好教化，复杂的人实际上是比较难教化的。

也就是讲君子遵礼，让人们遵守规则，实际上人们遵守规则与否主要看规则对自己的价值。很多时候规则的出发点很重要，到底对自己有无价值是关键，只是大家以礼的名义来讲规则。本质上还是利益问题，当然，利益是多方面的，不一定是财富，有时候是情绪价值，有时候是精神价值，只是不同人不同的需求罢了。

# 八佾篇第三（7）

## 01

### 原文

子曰："夏礼，吾能言之，杞①不足征②也；殷礼，吾能言之，宋③不足征也。文④献⑤不足故也，足，则吾能征之矣。"

### 注释

① 杞：春秋时国名，传为夏禹后裔所建，在今河南杞县一带。

② 征：证明。

③ 宋：春秋时国名，传为商汤后裔所建，在今河南商丘一带。

④ 文：指历史典籍。

⑤ 献：指贤人。

## 02

### 原文

子曰："禘①，自既灌②而往者，吾不欲观之矣。"

### 注释

① 禘（dì）：指古代只有天子才可以举行的祭祀祖先的隆重典礼。

② 灌：禘祭中第一次献酒。

## 03

### 原文

或问禘之说①。子曰:"不知也。知其说者之于天下也,其如示诸斯②乎!"指其掌。

**注释**

① 禘之说:关于禘祭的规定。说,理论,道理,规定。
② 斯:指后面的"掌"。

## 04

### 原文

祭如在,祭神如神在。子曰:"吾不与祭,如不祭。"

### 老马释途

这四段内容实际上谈的都是礼,不同时代有不同的标准,并且认为这是治理国家的基础,"知其说者之于天下也",知礼之人治理天下就会很容易。

"吾不与祭,如不祭",我不亲自参加祭祀,就如同没有祭祀一样。也就是讲,这些行为必须自己动手亲身去做,不能让别人代替,虽然复杂,还是必须的。对于"礼"必须要有这样的敬畏心,这是对一个组织认同的基础逻辑。

一个企业也应有这样的礼仪,比如会议制度、年会形式、晋升仪式、奖励仪式,这实际上对我们的影响是很大的,只有身临其境才知其中的感受,旁观是没有太大价值的。

## 八佾篇第三（8）

### 原文

王孙贾①问曰："与其媚②于奥③，宁媚于灶④，何谓也？"子曰："不然，获罪于天⑤，无所祷也。"

### 注释

① 王孙贾：卫灵公的大臣，时任大夫。② 媚：谄媚，巴结，奉承。

③ 奥：这里指屋内位居西南角的神，被认为是一室之主。

④ 灶：这里指灶旁管烹饪的神。

⑤ 天：以天喻君。

### 老马释途

"获罪于天，无所祷也"，如果得罪了天，祷告也就没有什么用了。孔子的意思是，礼敬各路神仙都要到位，不可厚此薄彼。

古人认为"天"是一切的根源与主宰，帝王受命而有天下，是上天之子，称为天子，这是中国文化中非常有特色的部分，如果用"天子"的标准来衡量帝王的品行，基本上结果都会令人失望。人就是人，非要与神沾边，本身就是统治的要求，虚伪的开始，愚民的开始，离真相会越来越远。但是在历史长河中这种事情却不断发生，最后只能成为笑话。

问题出在哪里呢？是否天人合一的说法本身就有一点牵强？

# 八佾篇第三（9）

## 01

### 原文

子曰："周监①于二代②，郁郁③乎文哉！吾从周。"

### 注释

① 监：通"鉴"，借鉴。

② 二代：这里指夏代和商代。

③ 郁郁：文采盛貌状。

## 02

### 原文

子入太庙①，每事问。或曰："孰谓鄹人之子②知礼乎？入太庙，每事问。"子闻之，曰："是礼也。"

### 注释

① 太庙：君主的祖庙。鲁国太庙即周公旦的庙，供鲁国人祭祀周公。

② 鄹（zōu）人之子：指孔子。鄹，春秋时鲁国地名，在今山东曲阜附近。

### 老马释途

"吾从周"，孔子从来都是直接告诉大家，他依从的是周礼。春秋时期的孔子还是很恋旧的，并且一直遵从周礼，认为恢复到周朝时候的礼制应该是正确。

似乎对过去抱有向往、对现在怀有不满、对未来充满希望，几乎是我们所有人的特点。但实际上我们真正有话语权的是现在，还有机会用思想参与未来，而对于过去基本上没有话语权，也没有参与的机会。可能这反而让我们对过去有好感，一直到今天，我们也喜欢讲一些古语，这样显得我们的话经过验证，接近真理，一句"古语有云"，好像能增加我们话语可信的分量。

"入太庙，每事问""是礼也"，进入了太庙，不断地问别人，这就是礼仪。进一步强调，依据规则、秩序才是礼。

所有的组织都是在秩序与礼仪下的，如此看来，最重要的是制定秩序，这几乎是所有统治者的一般思路。

# 八佾篇第三（10）

## 01

### 原文

子曰："射不主皮①，为力不同科②，古之道也。"

### 注释

① 皮：用兽皮做成的箭靶子。

② 科：等级。

## 02

### 原文

子贡欲去告朔①之饩羊②。子曰："赐也！尔爱③其羊，我爱其礼。"

## 注释

①告朔：古代制度。天子在每年秋冬之际，把第二年的历书颁发给诸侯，告知每个月的初一日，即"颁告朔"。诸侯将历书藏于祖庙，每月初一以一只活羊进行祭祀，即"告朔"。朔，农历每月初一为朔日。

②饩（xì）羊：祭祀用的活羊。

③爱：爱惜。

---

## 03

## 原文

子曰："事君尽礼，人以为谄也。"

## 老马释途

"射不主皮"，比赛射箭，关键不在于能否穿透靶子，关键在于是否射中。"尔爱其羊，我爱其礼"，你爱惜的是羊，我爱惜的是礼仪。这两句谈的都是秩序与规则，告诉你有先有后，什么是重点，什么是次要的。

"事君尽礼，人以为谄也"，我用礼节侍奉国君，很多人认为我是谄媚，实际上我是依礼而行。换句话讲，以君王为核心，礼仪上一定要遵循。怪不得儒家会被君王们推崇，孔子被称为孔圣人，因为很多时候儒家都在维护统治者的利益。

古代很多帝王掌权后都谈儒家思想如何正确，而实际上行事可能是另一种做法。古代一些统治者对儒家思想讲得最多，但自己实际上并不践行，只停留在言语上，或对百姓的要求更多一些。

# 八佾篇第三（11）

## 原文

定公①问："君使臣，臣事君，如之何？"孔子对曰："君使臣以礼，臣事君以忠。"

## 注释

① 定公：鲁国国君，姓姬，名宋，"定"是谥号。

## 老马释途

这一段对话基本上进一步明确了孔子的忠君思想。"君使臣，臣事君，如之何？"君主使唤臣子，臣子侍奉君主，应该怎么办呢？首先这里使用了两个完全不同的词——使与事，君王是命令、使用臣子，臣子是侍奉、侍候君王，尊卑有序，看不到有什么平等的意味。

"君使臣以礼"，君王吩咐臣子，应该使用礼节，用一定的礼仪。实际上，由于地位尊卑有别，这种东西没有几个礼仪是真实的，更多是一种假客气，留点儿颜面罢了，前提是君王心情不错，否则也枉然。

"臣事君以忠"，臣子应该以忠诚来侍奉君王，忠君不可背逆。而实际上，古代很多臣子一有机会就会背逆，因为这种道德绑架对很多人都是没有价值的，尤其是在巨大的利益面前。不平等的上下级之间没有真正的忠诚，关键在于诱惑是否足够大，虚伪行事会让人身心疲累，把利害关系讲清，可能事情反而简单了，双方都轻松了。但面子万万要留的，否则，给了很多利益也枉然。越不能享受平等的人，越会在意面子上的平等。

# 八佾篇第三（12）

## 01

### 原文

子曰："《关雎》①，乐而不淫②，哀而不伤。"

### 注释

①《关雎》：《诗经》的第一篇，写君子追求淑女的情状，思念时辗转反侧，寤寐思之的忧思，以及结婚时钟鼓乐之、琴瑟友之的欢乐。

②淫：指过分而致失当。

## 02

### 原文

哀公问社①于宰我。宰我②对曰："夏后氏以松，殷人以柏，周人以栗，曰使民战栗③。"子闻之，曰："成事不说，遂事不谏，既往不咎。"

### 注释

①社：指土地神，祭祀土地神的庙也称社。

②宰我：姓宰，名予，字子我，孔子的学生。

③战栗：恐惧，发抖。

### 老马释途

"乐而不淫，哀而不伤"，快乐但是不过分，忧伤但是不痛苦，适可而止。实际上说的还是礼，是中和之道的延续，止乎礼，万事不可过，过犹不及，过就会走向事物的反面。这似乎是道家也认同的观点，矛盾统一似乎是宇宙规律，以礼为止，应该是较为稳当的选择。

"成事不说，遂事不谏，既往不咎"，做过的事情不必再去讲，完成的事情无需再去劝阻，过去的事情何必去追究。这是一种现实主义的思想，让我们感受到，从现实出发，不必纠结已经过去的事情。

儒家的现实主义、实用主义是它被君王们认可并推行的很重要的原因。儒家缺乏像道家那种对宇宙万物超然的认知与叙述，更多地局限于日常的生活。

一种理论，既需要超然物外，也需要有烟火气，在日常生活中可以落地应用，也是生命有限的人们的自然选择，这本身并不容易，儒家更多的还是烟火气。

# 八佾篇第三（13）

## 01

### 原文

子曰："管仲①之器小哉！"

或曰："管仲俭乎？"曰："管氏有三归②，官事不摄③，焉得俭？"

"然则管仲知礼乎？"曰："邦君树④塞门⑤，管氏亦树塞门；邦君为两君之好，有反坫⑥，管氏亦有反坫。管氏而知礼，孰不知礼？"

### 注释

① 管仲：姓管，名夷吾，齐国人，春秋时期的法家先驱；齐桓公的宰相，辅助齐桓公成为霸主。

②三归：相传是三处藏钱币的府库。

③摄：兼任。

④树：树立。

⑤塞门：在大门口筑的一道短墙，以别内外，相当于屏风、照壁等。

⑥反坫（diàn）：古代君主招待别国国君时，放置献过酒的空杯子的土台。

## 02

### 原文

子语①鲁大师②乐，曰："乐其可知也：始作，翕③如也；从④之，纯⑤如也，皦⑥如也，绎⑦如也，以成。"

### 注释

①语：告诉，作动词。

②大（tài）师：乐官名。

③翕（xī）：聚，协调。

④从：通"纵"，放纵，展开。

⑤纯：美好，和谐。

⑥皦（jiǎo）：指音节分明。

⑦绎：连续不断。

## 03

### 原文

仪①封人②请见，曰："君子之至于斯也，吾未尝不得见也。"从者见之。出，曰："二三子何患于丧③乎？天下之无道也久矣，天将以夫子为木铎④。"

### 注释

① 仪：地名，在今河南兰考县境内。

② 封人：系镇守边疆的官吏。

③ 丧：指失去官职。

④ 木铎（duó）：木舌的铃铛。

### 老马释途

第一段批评管仲不知礼，不守规矩，前提是他按照君王的标准来行事，越界了，由此认为管仲器小且不知礼。把重点放在了对人的研究上，依据是孔子设定的礼节。这样看来礼即秩序，是一种规则，只是孔子给了一个更好的描述——"礼"，使其具备了先天的正当性与正确性，抢占了道德制高点。这实际上是儒家比较擅长的。

"乐其可知也"一段谈的是演奏的步骤与乐队的配合，以此来说明凡事应有秩序、步骤，当然也有先后之分，暗示礼的重要性。没有规矩不成方圆，只是我们习惯把我们的规矩描述成真理，认为放之四海而皆准而已。

"天下之无道也久矣，天将以夫子为木铎"，天下无道已经很久了，上天将会以孔夫子为导师与标准来号令天下。利用了人心思变，说明儒家应该成为正统，并且搬出了上天。看来大家的套路都差不多，代表了上天就是代表了一切，所以有了天子，可惜的是如何切切实实代表百姓，似乎谈得并不多，怪不得儒家受皇家认可。

# 八佾篇第三（14）

## 01

### 原文

子谓《韶》①："尽美②矣，又尽善③也。"谓《武》④："尽美矣，未尽善也。"

## 注释

①《韶》：相传为歌颂舜的一种乐舞。

②美：用以形容乐曲的音调、舞蹈的形式。

③善：用以形容乐舞的思想内容。

④《武》：相传为歌颂周武王的一种乐舞。

## 02

### 原文

子曰："居上不宽，为礼不敬，临丧不哀，吾何以观之哉？"

### 老马释途

"尽美矣，又尽善也"，尽善尽美，这应该是最好的了。尽美未尽善，应是好，但还不够好，以此描述乐曲。既善又美才是最高标准，美好衡量，善却不太好衡量，争议也就存在了。

"居上不宽，为礼不敬，临丧不哀"，应该讲总结得非常简洁到位。居上位的人不能宽以待人，肯定是不合格的；行礼时不严肃，不认真，显然是有问题的；去参加葬礼却不悲伤，本身就不合礼仪。从这个角度来讲，孔子对个人修为的要求也是很有意义的，遗憾的是这种修为要求往往与本性相背，但出于道德要求、礼仪要求，大家只能表面执行，或者说很多人只是用表面认同表达不满，这可能是儒家并未认同的东西。这就是一个大问题了，对人的本性的判断导致了这个结果。

对于自私的批评，对于人性中恶的忽视，对于人们对利益的追求，还需要继续学习，接下来的部分就谈"义"和"私"了。

# 里仁篇第四

## 里仁篇第四（1）

**原文**

子曰："里仁为美①，择不处仁②，焉得知③？"

**注释**

① 里仁为美：里，住处，借作动词用。住在有仁者的地方才好。

② 处：居住。

③ 知（zhì）：同"智"。

**老马释途**

今天开始学习里仁篇。"里仁为美"，住在有仁德的人在的地方才是好的。什么是仁德的人呢？实际上就是遵守规律的人，遵守规律很多时候实际上是对社会的贡献，对别人的价值，然后同时是自己的价值。太多人只注重自己的价值，不注重别人的价值，最后发现自己最没有价值。这是多么痛的领悟，切实悟到的人极少。

"择不处仁，焉得知？"如果所住的地方没有仁德之人，这是不明智的。有点儿孟母三迁的味道。近墨者黑，近朱者赤，道理要讲，这是儒家的选择，刑罚要上，这是法家的手段。现实生活中更多的是儒法并用。

## 里仁篇第四（2）

**原文**

子曰："不仁者，不可以久处约①，不可以长处乐。仁者安仁，知者利仁②。"

### 注释

① 约：穷困、困窘。

② 安仁、利仁：安仁是安于仁道；利仁，认为仁有利自己才去行仁。

### 老马释途

"不仁者，不可以久处约，不可以长处乐"，没有仁德的人，不能和困难长久相处，也不能和安乐长处。换句话讲，没有仁德的人既不能坚持努力，也不能保持长久安乐。劝诫人们要仁德，而实际上这种仁德并非天生就有，是需要修炼，甚至经历了非仁德之后才可以获得。按儒家的讲法，仁德是人本性本来就有的，只是因为社会生活中的种种原因被蒙蔽了，只要自身拂去蒙蔽之物，也就具备仁德了。

"仁者安仁，知者利仁"，有仁德的人是安于仁德的，有智慧的人是知道仁德的好处的。所以，孔子还是用仁德的好处来驱动大家要仁德的，如此，仁德是否是利益驱使呢？看来还需要综合考量。

仁不仁，是利益与情绪共同影响的，不只是单纯的利益问题，也不只是单纯的情绪问题。这样的例子在现实生活中比比皆是，情绪好，无利也行动；情绪不好，有利未必行动。当然，既要利益，又要情绪，应该是物质和精神的双重需求，因人而异，因时因地而异，仁德还真没有那么简单。

# 里仁篇第四（3）

## 01

### 原文

子曰："唯仁者能好① 人，能恶② 人。"

## 注释

① 好（hào）：喜爱的意思。作动词。
② 恶（wù）：憎恶、讨厌。作动词。

---

## 02

### 原文

子曰："苟志于仁矣，无恶也。"

### 老马释途

这两段内容继续谈仁德，只有仁德的人才能分辨好坏；只有仁德的人，才会有好恶。实际上，儒家把仁德作为了一个人判断事物的标准与根本。

这里同时蕴含的一个问题就是：到底什么是仁，什么是德？每一个人认为的仁和德都是自己认为的仁和德，每一个人对仁和德都有自己的理解，这是大家都能接受它的原因，但同时也为分歧埋下了伏笔。这既是孔子仁德思想流传千年的原因，也可能是其缺陷所在。

总而言之，很多事情很难十全十美，追求仁德成为我们每个人修炼的目标，但往往是目标不太清晰，也就产生了众多分歧。

# 里仁篇第四（4）

### 原文

子曰："富与贵，是人之所欲①也，不以其道得之，不处也；贫与贱，是人之所恶也，不以其道得之，不去也。君子去仁，恶乎成名？君子无终食之间违仁，造次②必于是，颠沛必于是。"

### 注释

① 欲：期待，喜好。

② 造次：匆忙，仓促。

### 老马释途

"富与贵，是人之所欲也"，富贵是人们都想得到的。"贫与贱，是人之所恶也"，贫贱是人们都厌恶的。从这一点来讲，儒家还是清楚的。人人追求富贵，逃避贫贱，这是人性使然。这和法家没有什么区别，只是儒家认为要以其道得富贵，要以其道去贫贱。也就是说，要用正确的方法获得富贵，要以正当的方法去贫贱。结果很重要，方法更重要，出发点尤其重要，这是儒家一直强调的。

"君子去仁，恶乎成名？"如果君子不仁德了，又怎么能够成就自己的名声呢？也就是说仁德是根本，富贵、贫贱不是根本。难就难在富贵好评估，仁德不太好评估，这也带来了动机的重要性，造就了出发点比结果更重要的文化。

所以，只要心理上有道德优势，即可坦然处之，即使贫贱。如果富贵了，不能证明是仁德的，就离被批判不远了。仁德是一切的基础。

# 里仁篇第四（5）

### 原文

子曰："我未见好仁者，恶不仁者。好仁者，无以尚之；恶不仁者，其为仁矣，不使不仁者加乎其身。有能一日用其力于仁矣乎？我未见力不足者。盖有之矣，我未之见也。"

### 老马释途

"我未见好仁者,恶不仁者",我没有见过爱好仁德的人,也没有见过讨厌不仁的人。这里我们基本上让孔子讲糊涂了,天生我材必有用,每一个人都是有用之人,每一个人都是仁德的人,关键在于如何安排,在什么情境下来看。

"有能一日用其力于仁矣乎?我未见力不足者。"有人能在一天之内用自己的力量实现仁德吗?似乎很困难,但孔子认为他没有见过力量不够无法做到仁德的人。换句话讲,仁德是可以一天内达到的,实际上它本来就有,只是如何把它展露出来并发挥作用而已。

在企业管理中,用人是核心,如何恰当用人,如何发现人们的长处与优点,这才是关键。匹配好了,自然结果会是好的。没有真正的恶人,只有错误的情况下的恶人,大家都有仁德之心,只是可能没有让他发挥出来而已。

## 里仁篇第四(6)

### 原文

子曰:"人之过也,各于其党①。观过,斯知仁矣。"

### 注释

① 党:类别,种类。

### 老马释途

"人之过也,各于其党。"实际上去分析一个人经常犯的错误,可以把它总结成某一种类型,那么,通过他犯的错误的类型,基本上就可以判断他是一种什么样的人。也就是说,百人百样,一个人可以从说话上掩盖自己的本性,但是我们还是可以通过他做的事情是好事坏事,是正确的还是错误的,来判断他本性的好坏。所以,孔子从这个角度来判断一个人,分析一个人,实际上是非常有道理的。

所以，在日常经营管理中，我们应该根据一个人的行为来判断其优点、不足，作出合理安排。

# 里仁篇第四（7）

## 01

**原文**

子曰："朝闻道，夕死可矣。"

## 02

**原文**

子曰："士志于道，而耻恶衣恶食者，未足与议也。"

**老马释途**

"朝闻道，夕死可矣"，如果上午悟透了道理，晚上即使死了也心甘。看来孔子一辈子就是为了追求真理而活的，和苏格拉底伯仲之间。苏格拉底被判死刑后承认错误，就可免死，但他宁死也不承认，欣然赴死。他的太太进来哭，还被他赶走，认为死了比活着更有价值。从这个角度来讲，东西方两位思想巨人在追求真理的观念上是一致的。

"士志于道"，仁人志士应该是追求和学习真理，这是一辈子的事。探究宇宙万物，社会变迁，这些仰望星空的人对于人类社会相当关键，只是很多人往往不理解这群人,甚至认为他们精神不正常。不同层次的人确实不好共鸣。

"而耻恶衣恶食者,未足与议也",以自己的吃穿好坏而耻辱或高兴,这样的人是不适合成为追求真理的人的。看破人的基本需求,追求星空,才是真正的哲学家。

# 里仁篇第四(8)

## 01

**原文**

子曰:"君子之于天下也,无适①也,无莫②也,义之与比③。"

**注释**

① 适:意为亲近、厚待。

② 莫:疏远、冷淡。

③ 比:亲近、相近、靠近。

## 02

**原文**

子曰:"君子怀①德,小人怀土②;君子怀刑③,小人怀惠④。"

**注释**

① 怀:思念。

② 土:乡土。

③ 刑:刑罚,指法制。

④ 惠:恩惠,指利益。

## 老马释途

"君子之于天下也,无适也,无莫也"。君子做事只是依道而行,也没有什么具体的规定。这里的道基本就是圣人之道,是普通人做不到的,要有星空梦想,怀揣人类福祉,内心慈悲。可复制性强,偶尔有人可为之罢了,下边一句话讲得就更具体了。

"君子怀德,小人怀土;君子怀刑,小人怀惠",君子想的是仁德,小人想的是自己的小九九,也就是乡土;君子想的是大家,是法制,通过规范去建立秩序,小人想的是个人的利益。

人性的弱点是常态,当然,从孔子的角度来讲,众生皆可,只是现在被利益迷惑了心智,修行可以解决。实际上,修行的本质就是磨练,就是撞南墙,让人们渐渐醒悟。当然,大部分人一辈子也难得心法,不能不讲是一种遗憾。

# 里仁篇第四(9)

## 01

### 原文

子曰:"放①于利而行,多怨②。"

### 注释

① 放:通"仿",效法,追求。

② 怨:别人的怨恨。

## 02

**原文**

子曰:"能以礼让为国乎?何有①!不能以礼让为国,如礼何?"

**注释**

① 何有:即何难之有。

② 如礼何:如何对待礼。礼,这里指礼的内容实质,与"礼让"所指的礼的形式相对。

**老马释途**

"放于利而行,多怨",孔子认为为了利益而去采取行动会招致怨恨。不知道孔子的依据是什么,反正结论就这样下了,人们想追求的利益就此变成了不好明示的东西,可能是因为人们追求利益的欲望是无限的吧,不会有满意的时候,所以谈利益不会有好的结果。可问题是,不谈利益就好了吗?似乎只能把礼拿出来了。

"不能以礼让为国,如礼何?"如果不能用礼来治理国家,那又如何来对待礼呢?一味提倡礼让而不去追求利益,本身就是一种保守主义,虽然让事物的发展更加稳妥,但也会缺乏革新与突破,原地踏步也就正常了。

# 里仁篇第四(10)

**原文**

子曰:"不患无位,患所以立;不患莫己知,求为可知也。"

### 老马释途

"不患无位,患所以立",讲到了本质,不要担心自己没有职位和地位,而要担心自己缺乏担当职位和取得地位需要的能力。这也就是人们常讲的,圣人畏因,凡夫畏果。大部分人担心结果,只有优秀的人才会担心产生结果的根源,解决了因,果自然而来,盯着果是没有意义的。

为什么大部分人会如此呢?因为好的位置与高的地位往往吸引人,而大部分人希望尽快获取好的结果,所以就紧盯着位置与地位。虽然两点间直线最短,但实际现实生活中起点到终点往往呈曲线路径,这是常态,几乎没有什么事是能保证一帆风顺的。

"不患莫己知,求为可知也",不要担心别人不知道我们的名声,而要去追求让别人知道我们的能力,这才是根本。何为因,何为果,似乎简单,实际上现实生活中绝大部分人是弄反的,何其谬也。

# 里仁篇第四(11)

### 原文

子曰:"参乎!吾道一以贯之。"曾子曰:"唯。"

子出。门人问曰:"何谓也?"曾子曰:"夫子之道,忠恕而已矣!"

### 老马释途

"吾道一以贯之",孔子讲他的学说一以贯之了一个观点。大家不清楚是什么,曾子进行补充:"夫子之道,忠恕而已矣。"孔子的学说的核心就是两个字——忠和恕,就是对待别人像对待自己那样,推己及人,中人之道,己所不欲,勿施于人,也就是"仁德"的具体使用。

这是一个别人不可辩驳的观点,而在实际执行过程中又会偏差多多,因为每个人对自己的认知是不清晰的,自己的行为未必是合乎"仁"的。如此看来,

"己所不欲"未必是恰当的，也未必是不恰当的，只是这样的观点容易被大家接受，而实际上大家的观点与认知完全不同，自然也就千样百样了。

高度凝练的道理，可以源远流长，但具体落地时难免出现分歧，而说得太具体了，又可能会离真相太远，很难兼顾。

## 里仁篇第四（12）

**原文**

子曰："君子喻于义，小人喻于利。"

**老马释途**

"君子喻于义，小人喻于利"，基本上奠定了儒家的义利观，深刻影响了中国文明。古人耻于谈利，这为在古代商人成为社会的底层，一直很难成为社会的中坚力量，找到了文化的依据。在封建社会，商人因为"唯利是图"被认为是小人，社会普遍认为只有追求仁义才是君子所为。我们一直困惑的是，孔子这么说的依据是什么，似乎也没有提供什么证据，更多的是一种观点。

## 里仁篇第四（13）

**原文**

子曰："见贤思齐焉，见不贤而内自省也。"

**老马释途**

"见贤思齐焉，见不贤而内自省也"，遇到贤德之人应该思考如何向他看齐；

遇到不贤德之人，要自我反省，看看自己有没有类似的问题。总之，"我"是一切问题的根源，不要去改变外在，从自我出发，所有问题会迎刃而解。

很多人会对问题的理解陷入绝对化，似乎从自己出发就是不去改变外在的一切，如此的话，保守与顺从就成为标配，不去面对困难，事不关己高高挂起。实际上，改变自己还是为了影响世界，进而影响他人与社会，只是反求诸己，从内入手，并非片面地只找内因，不寻外在的变化与根源。

学别人之贤，纠自己之不贤，不断精进，进而影响外在，使社会变得美好。所以才"达则兼济天下"，修身齐家治国平天下，否则就是小我了。仁德之本义，是兼收并蓄，不可理解偏颇，绝对化。而这恰好是任何一个人成长都要经历的过程。难以明确，道可道，非常道，讲得就更清晰了。

# 里仁篇第四（14）

## 原文

子曰："事父母几①谏，见志不从，又敬不违，劳②而不怨。"

### 注释

① 几（jī）：轻微、婉转的意思。
② 劳：忧愁、烦劳的意思。

### 老马释途

"事父母几谏"，侍奉父母只能委婉劝谏老人家，听与不听都不重要。意思是不要强人所难，更不要想改变父母亲，父母亲自己觉得开心快乐更重要。换句话讲就是，劝谏的方式很重要，应该以父母可以接受的方式进行劝谏，不可只是为了表达自己的观点，应该以结果为导向。实际上，不仅对父母应该如此，对普通人也一样。换句话讲，对他人都有对父母的敬意与心思，这个人应该可以称得上仁德了。

似乎改变别人是很难的,只能别人自己去改变,外力更多的是引发改变。一个人只有自己可以改变自己,其他外力只是引子而已。

"见志不从,又敬不违,劳而不怨",如果父母不听从,也要恭敬,就算忧愁也不应该怨恨。被迫改变更多只是流于表面,本性暂时被压抑,只有自己主动改变才是真正的改变。何其有理,只是领会的人太少,用得好的人更是少数。

# 里仁篇第四(15)

## 原文

子曰:"父母在,不远游①,游必有方②。"

## 注释

① 游:指游学、游官、经商等外出活动。

② 方:一定的地方。

## 老马释途

"父母在,不远游,游必有方",父母亲都健在的时候,不远离家乡,即使要出门,也要目标明确,随时可以返回。这基本上就是老吾老的思想,以父母为核心,孝字当先。这非常符合农耕社会的实际,也成为人们传统秩序的基础。

一直到今天,我们还在说"家有一老,如有一宝""家有父母才有家";过年了,有老人在家的儿女一定要回老家。如果父母不在了,老家也就少了家的感觉。即使有许多兄弟姐妹在老家,更多也只是走亲戚的感受了。父母代表家,代表有根。

显然,在商业社会,需要人流动起来,只有流动起来,商业的价值才会放大。商业社会是商机在哪儿,人就去哪儿。而在农业社会,显然不同,地在哪儿,人就应该在哪儿。互联网时代信息交流正在打破这些局限,人们更深刻认识到商业的价值,随着时空的变化,事物的价值也会发生变化。

# 里仁篇第四（16）

## 01

**原文**

子曰："三年①无改于父之道②，可谓孝矣。"

**注释**

① 三年：指较长的时间。三：约数，指多。

② 道：正道，指"合理的内容"。

## 02

**原文**

子曰："父母之年，不可不知也。一则以喜，一则以惧。"

**老马释途**

继续讲一个人与父母的关系，儒家的君亲观点成为中国传统文化重要的组成部分。。

"三年无改于父之道，可谓孝矣"，父亲去世多年，仍然能坚持他的处世之道，这就是孝。"父母之年，不可不知也。一则以喜，一则以惧"，儿女应时时将父母的年龄记在心里，一方面因为父母长寿而开心，另一方面也因为父母逐渐衰老而感到担心。不过很多时候父母清楚记得儿女的生日，儿女却经常忘记父母年龄与生日。爱幼是本能，尊老需要教化，似乎孔子早知这个道理，所以才不断重复。

在企业管理中，把老员工中的功臣的照片在公司显著的位置展示出来，即使他已经离开公司，也算是尊老传统的一种延续吧。

## 里仁篇第四（17）

**原文**

子曰："古者言之不出，耻躬之不逮也。"

**老马释途**

"古者言之不出，耻躬之不逮也"，古人不把话轻易讲出口，是怕自己的行为赶不上自己讲的内容，多做少讲也就成为人们的正常习惯与标准，似乎这深刻地影响了我们的民族性格。低调才会有调，古代在一定程度上把某些创新看成了大逆不道，一些创新者的言语被认为是狂妄之语，是吹牛、忽悠的行为，维持旧秩序成为主流认知。如此看来，儒家的很多观点与现代商业社会的创新思想是背道而驰的。

那么，商业的价值到底如何理解呢？

站在儒家的角度，商业要有家国情怀；站在企业的角度，商业要有社会价值。所以，企业社会责任开始被商业界广泛认同，企业在中国传统文化中汲取养分，不断探索与实践企业社会责任。

## 里仁篇第四（18）

**原文**

子曰："以约①失之者，鲜②矣！"

**注释**

① 约：约束。这里指"约之以礼"。

② 鲜：少的意思。

**老马释途**

"以约失之者，鲜矣！"因为对自己约束、节制而犯错误的人，是很少的。换句话讲，自律是关键，一个人可以约束自己、管理自己的行为，基本上就很少犯错误。不错当然就容易常胜，成功也就顺其自然了。

人生一辈子就是一件事——修炼自己，实际上就是管理自己，律己而非律人。所有的问题都是自己的问题，看似是天时、地利，但实际上天时、地利都比不上人和，人还是核心问题中的关键。

律己是一生的学问，只是我们太多的时候在找别人的问题，而忘记了最重要的是自身。

完善自身、修炼自己是非常痛苦的，但这恰好是大道。

# 里仁篇第四（19）

**原文**

子曰："君子欲讷①于言，而敏②于行。"

**注释**

① 讷：迟钝。这里指说话要谨慎。

② 敏：敏捷、快速的意思。

### 老马释途

"君子欲讷于言,而敏于行。"何为君子?君子就是少讲多干,能干好比讲得好重要得多。显然和言行一致的观点还是有差别的,应该是行胜于言。

可惜的是,众生好讲,不好行,因为行要比讲难得多。知道相当容易,做到难度很大,做好更是难上加难。做教育行业二十多年,在这方面感受尤其深,培养了不少专家,发现他们有一个共同的特点:喜欢给别人讲如何管理,如何带团队,但是自己不太愿意全力投入管理工作中。讲起来一套接一套,做连半套都拿不出来,为什么呢?实际上就是知易行难,君子不是一般人能达到的。

通人性但违背人性,似乎也是儒家的思想逻辑。讷于言,敏于行,就是典型的代表。只是做好,不讲,多难受。

# 里仁篇第四(20)

### 原文

子曰:"德不孤,必有邻。"

### 老马释途

"德不孤,必有邻",有德之人一定会有很多人支持,不会孤立无援,一定会有很多志同道合的人。换句话讲,有德之人不缺朋友,不乏支持者,会有许多人跟随。

德为根本,修身立德成为儒家的基本逻辑,一生一世的修行就是立德,有仁德。解决了这个问题,他就成为君子,甚至有可能成为圣人。只是这个德较为抽象,很多人有不同的理解,这也就让大家有了争论不休的理由。

在商业上似乎要简单得多,就是定好规则,依规而行。而规则本身就容易衡量,也就可以让大家达成共识,但由于规则过于明确,并且简化了大道,反而会脱离真相,难免有些不足。发现一个问题:道可道,非常道,讲清楚了就不是道了，不讲清楚大家又各有各的认知，结果是争吵不休，似乎又都是真理的代表。

就像我们为了易于复制，都会做简单标准化，一旦如此就成为工业化思维，产生的管理手段与产品一定不是顶级的，但却是绝大部分人都可以应用落地的，大部分人远离"道"也就成为必然。

# 里仁篇第四（21）

## 原文

子游曰："事君数①，斯②辱矣；朋友数，斯疏矣。"

## 注释

① 数（shuò）：屡次、多次，引申为烦琐的意思。

② 斯：就。

## 老马释途

"事君数，斯辱矣"，侍奉君主太过烦琐，频繁，就一定会受到侮辱。伴君如伴虎，时间长了，事情多了，最终都没有好结果，总会出些问题，这应该是铁律。

"朋友数，斯疏矣"，和朋友相处久了，事情过于烦琐，朋友之间一定会有间隙，有问题。普通人和君王并无太多区别，人性中的社会属性决定了我们需要交往、交流，与人相处，甚至希望非常亲密地相处。但实际上每一个人又是不同的个体，需要自己的独立空间，别人不可逾越，否则就会产生大问题。由亲而疏、由爱而恨常有，所以才会有君子之交淡如水。

这也就可以理解为什么夫妻之间会从如胶似漆到争论不休，甚至争吵，直到真正成熟之后在一定框架下的相互独立，这才是相处的常态。

这在古代一些帝王的身上也体现得很清楚，他们既需要士为知己者死的帮手，但往往也会有兔死狗烹的残酷，这种情况下知进退应该才是关键。

# 公冶长篇第五

## 公冶长篇第五（1）

### 01

**原文**

子谓公冶长①："可妻也。虽在缧绁②之中，非其罪也。"以其子③妻之。"

**注释**

① 公冶长：姓公冶，名长，齐国人，孔子的弟子。

② 缧绁：音 léi xiè，捆绑犯人用的绳索，这里借指牢狱。

③ 子：古时无论儿、女均称子。

### 02

**原文**

子谓南容①："邦有道②，不废③；邦无道，免于刑戮④。"以其兄之子妻之。

**注释**

① 南容：姓南宫名适（音 kuò），字子容。孔子的学生，通称他为南容。

② 道：孔子这里所讲的道，是说国家的政治符合最高的和最好的原则。

③ 废：废置，不任用。

④ 刑戮：刑罚。

### 老马释途

"虽在缧绁之中，非其罪也"，公冶长虽然目前在监狱之中，但这并非他的罪过，所以仍然是可以信赖的人，所以孔子将自己的女儿嫁给了他。有无仁德与是否有过牢狱之灾并无必然联系，不能因为牢狱的经历就否定一个人。孔子的此种思想实际上到今天也有现实意义，人非圣贤，孰能无过？完美无过的人实际上并不存在。

"邦有道，不废；邦无道，免于刑戮"，国家有道，赶上好世道，南容会被重用；国家无道，赶上坏时候，也能免受惩罚。总之，南容也是靠谱的，所以孔子把自己的侄女嫁给了他。从另一个角度也说明一个问题，世道好坏直接影响一个人的成就，天时不可违。

对人的判断实际上是比较难的，更多的只有经历一些事情才能够看清楚，所以会有相马不如赛马一说。但是识人、相人也是必须有的一种能力，否则很难用好人，发挥好长处才是用人之道。

# 公冶长篇第五（2）

## 01

### 原文

子谓子贱①："君子哉若人②！鲁无君子者，斯焉取斯③。"

### 注释

① 子贱：姓宓（音 fú），名不齐，字子贱。

② 若人：这个，此人。

③ 斯焉取斯：斯，此。第一个"斯"指子贱，第二个"斯"字指子贱的品德。

## 02

### 原文

子贡问曰:"赐也何如?"子曰:"女,器也。"曰:"何器也?"曰:"瑚琏① 也。"

### 注释

① 瑚琏:古代祭祀时盛粮食用的器具。

### 老马释途

又是两段孔子与学生的对话,谈何为君子,何为栋梁。"鲁无君子者,斯焉取斯?"如果鲁国没有君子,这个人怎么会有君子的品德呀?也就是讲君子的品德应该是别人教的,自己学的,不会天生就会表现出来。通过对话表达出孔子的思想,又不至于不好理解,这几乎是先哲们的通用做法。就像《理想国》一样,一堆对话,看上去在闲聊,实际上把深奥的道理讲清楚了,让我们去吸收,去感悟东西方哲学,在这一点上的一致似乎也是注定的。

要成为君子,要有仁德,成为儒家的标准。到底什么是君子,如何才叫有仁德,成为焦点,这也是这么多孔子与学生对话的初衷。

"赐也何如?瑚琏也。"孔子告诉子路,你应该是栋梁之才,但也没有明确子路可以称为君子,看来子路离君子还有些距离。一直在追求,一辈子未必能达到,似乎成为人们修行的常态。

如此看来,没有什么达到仁德,常态应该是处在不断追寻仁德的过程中。没有最好,只有更好,不断精进,不断修行,君子当自强不息才是正确姿势。一个人如此,一个组织何尝不是如此,都在不断演进,不断发展当中。

# 公冶长篇第五（3）

## 01

**原文**

或曰："雍①也仁而不佞②。"子曰："焉用佞？御人以口给③，屡憎于人。不知其仁④，焉用佞？"

**注释**

① 雍：姓冉，名雍，字仲弓，孔子的学生。

② 佞：音 nìng，能言善辩，有口才。

③ 口给：言语便捷、嘴快话多。

④ 不知其仁：指有口才者有仁与否不可知。

## 02

**原文**

子使漆雕开①仕。对曰："吾斯之未能信。"子说②。

**注释**

① 漆雕开：姓漆雕，名开，字子开，一说字子若，孔子的门徒。

② 说：音 yuè，同"悦"。

## 03

### 原文

子曰："道不行，乘桴①浮于海。从②我者，其由与？"子路闻之喜。子曰："由也好勇过我，无所取材。"

### 注释

① 桴：音 fú，用来过河的木筏子。
② 从：跟随、随从。

### 老马释途

这三段对话还是在讲仁德，首先讲的是"不知其仁，焉用佞"，不知道冉雍这个人是否有仁德，如果有的话，也不需要能言善辩。换句话讲，没有必要讲太多，讲多了反而授人以柄，纳于言看来一直是孔子坚持的，多干少讲应该才是正道。但悖论恰恰是孔子留下了很多讲的思想，做的成果似乎没有太多，更多的是教育家，而非实干家，可能孔子也深知这一点，所以一直在强调，也算缺什么补什么吧。

"'吾斯之未能信。'子说"，孔子让自己的弟子漆雕开去当官，弟子认为自己不太适合当官，听到这个反馈，孔子非常高兴。换句话讲，对名利的追求似乎也是孔子反对的，追求真理似乎更有价值。但问题是如果不入红尘，如何敏于行呢？更多的会是思想者，而非实践者。

"道不行，乘桴浮于海"，如果我们的主张不能实行，我就准备乘木筏去海外去。有点儿志向不能落实的无奈感。实际历史上，孔子在有生之年并未受到重用，直到汉朝以后，儒家思想才被当权者独尊，由此孔子走向了圣坛。儒家的大放异彩还是因为帝王的统治需要，孔子也未必会想到自己有这一天。

所以，不能用之思想为无用之价值，用了一定会产生价值，而这本身有好也有坏。

# 公冶长篇第五（4）

## 01

### 原文

孟武伯问："子路仁乎？"子曰："不知也。"又问。子曰："由也，千乘之国，可使治其赋①也，不知其仁也。""求也何如？"子曰："求也，千室之邑②，百乘之家③，可使为之宰④也，不知其仁也。""赤⑤也何如？"子曰："赤也，束带立于朝⑥，可使与宾客⑦言也，不知其仁也。"

### 注释

① 赋：兵赋，向居民征收的军事费用。

② 千室之邑：有一千户人家的大邑。邑是古代居民的聚居点，大致相当于后来城镇。

③ 百乘之家：指卿大夫的采地，当时大夫有车百乘，是采地中的较大者。

④ 宰：家臣、总管。

⑤ 赤：姓公西，名赤，字子华，孔子的学生。

⑥ 束带立于朝：指穿着礼服立于朝廷。

⑦ 宾客：指一般客人和来宾。

## 02

### 原文

子谓子贡曰："女与回也孰愈①？"对曰："赐也何敢望回？回也闻一以知十②，赐也闻一以知二③。"子曰："弗如也。吾与④女弗如也。"

## 注释

① 愈：胜过、超过。

② 十：指数的全体，旧注云："一，数之始；十，数之终。"

③ 二：旧注云："二者，一之对也。"

④ 与：赞同、同意。

## 老马释途

"使治其赋也，不知其仁也""可使为之宰也，不知其仁也""可使与宾客言也，不知其仁也"，讲了三个人，一人可以让他管理军事，一人可以让他在大户人家当总管，一人可以让他接待外宾，这几件事情，这几位都是可以做好的，但是我不知道他是否具备仁德。也就是讲，仁德是很不容易的标准。但是孔子又讲人人皆可为尧舜，似乎仁德也是大家都可以具备的。对自我的认知或者说假设，往往是很多问题的根源。

"回也闻一知十，赐也闻一以知二"，颜回可以举一反十，子贡只能举一反二，所以子贡认为自己不如颜回。莫名其妙的一段对话，似乎没讲什么大道理，但似乎又暗示着人人有别。

而这个问题的核心是对自己的认识以及对社会的认知，当然也包括了对自己的完善，自然人和人也就千差万别了。人一辈子争的是结果，但结果不盖棺不会有定论，所以更多争的是认知与调整。

# 公冶长篇第五（5）

## 原文

宰予昼寝，子曰："朽木不可雕也，粪土①之墙不可杇②也，于予与何诛③！"子曰："始吾于人也，听其言而信其行；今吾于人也，听其言而观其行。于予与④改是。"

## 注释

① 粪土：腐土、脏土。

② 杇：音 wū，抹墙用的抹子。这里指用抹子粉刷墙壁。

③ 诛：意为责备、批评。

④ 与：语气词。

## 老马释途

"朽木不可雕也，粪土之墙不可杇也"，腐朽的木头不能用来雕刻，粪土般的墙壁没有办法粉刷。这一句成为千古流传的名言。一直到现在，成材的基础还是很重要的，观察人、选拔人很重要，如果人用错了，很多事情是完成不好的。这种思想一直影响到今天，期待人才，求贤若渴，期待英雄，希望雄才大略的雄主。

这实际上在一定程度上反映了大部分人脆弱的内心，所以也就更需要信点什么，并且把关键盯在了人上，没有从更高的层面去思考架构，而却忽略了人的特性。让平凡的人成就伟大的事，是通过一种社会秩序与架构去实现。要期待平凡的人依靠伟大的体系设计去实现伟大，而不是期待超群的人出现。

下一段孔子继续深入讲如何识人。"听其言而观其行"，既要听他怎么讲，又要看他怎么做，由此相对会准确一些。但问题的核心往往是人的变化存在不可确定性，虽然说每一个人都有一定的稳定性，但随着天时、地利的变化又会有令我们惊讶的表现。慎独之人太少了，当然，绝大部分情况下，人还是核心。

# 公冶长篇第五（6）

## 01

### 原文

子曰："吾未见刚者。"或对曰："申枨①。"子曰："枨也欲，焉得刚？"

## 注释

① 申枨：枨，音 chéng。姓申，名枨，字周，孔子的学生。

## 02

**原文**

子贡曰："我不欲人之加诸我也，吾亦欲无加诸人。"子曰："赐也，非尔所及也。"

## 03

**原文**

子贡曰："夫子之文章①，可得而闻也；夫子之言性②与天道③，不可得而闻也。"

## 注释

① 文章：这里指孔子传授的书、礼、乐等。
② 性：人性。《阳货篇》第十七中谈到性。
③ 天道：天命。《论语》书中孔子多处讲到天和命，但不见有孔子关于天道的言论。

## 04

**原文**

子路有闻，未之能行，唯恐有闻。

### 老马释途

这几条举了几个例子，好像在谈道理，谈几个人的案例，实际上在谈人性，谈人性的特点。

"吾未见刚者"，孔子讲我没有见过真正刚强的人。换句话讲，没有谁是真正刚强的，除非这个人真的没有欲望，无欲则刚嘛。从这一点来讲，孔子认同道家的观点，认为只有修炼到无欲无求的人，才可能真正刚强。很多英雄是存在的，但也往往是特定情况下的产物，并不能复制；真正的圣人更多的是想象出来的人，或者是塑造出来的。人的一生，也就注定了是和自己进行斗争的过程。

"我不欲人之加诸我也，吾亦欲无加诸人。"换句话讲，己所不欲，勿施于人，也就是儒家的忠恕之道。孔子认为子贡是做不到的，实际上绝大部分的人也是做不到的。

"夫子之言性与天道，不可得而闻也"，老师讲的人性与天道，我们实际是听不到的，换句话讲，天道难以理解，悟道的人很稀少也就是常态了。

"未之能行，唯恐有闻"，没有做之前就怕讲太多。暗示要多做，知行合一才是难题。讲了这么多，我等众生唯有继续学习，否则离题万里。

## 公冶长篇第五（7）

### 原文

子贡问曰："孔文子①何以谓之文也？"子曰："敏②而好学，不耻下问，是以谓之文也。"

### 注释

① 孔文子：卫国大夫孔圉（音 yǔ），"文"是谥号，"子"是尊称。

② 敏：敏捷、勤勉。

### 老马释途

这里有流传甚广的名句：敏而好学，不耻下问，是以谓之文也。勤勉爱好学习，并且可以向地位低下的人请教，并且不以此为耻，这应该是孔文子得到"文"这一谥号的原因。

学习一直是孔子支持的事情，他认为向任何人请教都是值得表扬的，自然也就有了"三人行必有我师"的佳句。只是自己持续学习确实并非易事，好为人师反而是人们更喜欢做的事，教别人如何如何，而自己反而不需要行动，动动嘴皮子即可。真正的学习是学以致用，学习的内容可以使用，并非只需要会讲一讲，那样就简单太多了。

很多人稍微有一点水平，就弯不下腰了，很难再去请教别人，实际上他的水平也就到此为止了。真正随时可以弯腰向任何人请教的人才是真正的大师，两人行必有我学，这往往是一个人成长的来源。

少时无知无畏，到处请教，知部分，自以为是，难以弯腰；知全局，无以为是，不耻下问，人生大概如此吧！

## 公冶长篇第五（8）

### 原文

子谓子产①："有君子之道四焉，其行己也恭，其事上也敬，其养民也惠，其使民也义。"

### 注释

① 子产：姓公孙，名侨，字子产，郑国大夫，做过正卿，是郑穆公的孙子，为春秋时郑国的贤相。

### 老马释途

孔子讲了符合君子之道的四点内容，基本上就是标准了。

"其行己也恭"，他的行为恭敬庄重。这应该是君子之风，但用这个作为标准突破、创新、有梦想，就很容易被认为是狂妄、无礼。一个恭，确定了一个民族的风格走向，可以讲好坏参半。

"其事上也敬"，尊敬君主，君为天子，其他的全部靠后。秩序就这样定了，不管是真敬上还是假敬上，必须让人们看到你敬上，统治标准形成了，稳定大一统也就成为主流了。只是合久必分，分久必合就会成为常态了，很难真正息停。

"其养民也惠"，以人民为中心，为老百姓服务，也就是君子了。达则兼济天下，为君则爱民如子。只是没有讲怎么落实，只在仁德上如此要求，也算是高屋建瓴了。

"其使民也义"，役使百姓要有法可依，有一定的尺度，这也算是使善法，不可行恶法。只是如何保障实现这一点，靠明君？靠教化？靠制约？这才是关键。

## 公冶长篇第五（9）

### 01

### 原文

子曰："晏平仲①善与人交，久而敬之②。"

### 注释

①晏平仲：齐国的贤大夫，名婴。《史记》卷六十二有他的传。"平"是他的谥号。

②久而敬之："之"在这里指代晏平仲。

## 02

### 原文

子曰:"臧文仲①居蔡②,山节藻棁③,何如其知也!"

### 注释

① 臧文仲:姓臧孙,名辰,"文"是他的谥号。因不遵守周礼,被孔子指责为"不仁""不智"。

② 蔡:国君用以占卜的大龟。蔡这个地方产龟,所以把大龟叫做蔡。

③ 山节藻棁:节,柱上的斗拱。棁,音zhuō,房梁上的短柱。把斗拱雕成山形,在棁上绘以水草花纹。这是古时装饰天子宗庙的做法。

### 老马释途

继续谈孔子的言语。"晏平仲善与人交,久而敬之",晏婴善于与人交往,相处越久,别人越会敬重他。由此看来,与人交往的能力很重要,很多时候给别人提供了物质利益,也会得罪人,故有升米恩、斗米仇的讲法。所以,提供利益方法要恰当,否则给了好处落个抱怨,这在日常生活中也很常见,这个时候发现交往、交流能力就很重要了。

交流、交往能力实际上给别人带来的是情绪价值。话好听,言语到位,别人会很舒服,即使要点物质利益,情绪价值也足够。事情本身是什么很重要,怎么表述也很重要。情绪价值的创造就靠交流能力了,心要正,行为要让别人有价值,言语也要让别人有价值,这是人们要修炼的。

后面一句讲到修房给大龟住,我没看明白什么意思,这样的聪明显得有些奇怪,缺乏价值。

# 公冶长篇第五（10）

## 原文

子张问曰："令尹子文①三仕为令尹，无喜色；三已②之，无愠色。旧令尹之政，必以告新令尹。何如？"子曰："忠矣。"曰："仁矣乎？"曰："未知，焉得仁？"

"崔子③弑④齐君⑤，陈文子⑥有马十乘，弃而违之。至于他邦，则曰：'犹吾大夫崔子也。'违之。之一邦，则又曰：'犹吾大夫崔子也。'违之。何如？"子曰："清矣。"曰："仁矣乎？"曰："未知，焉得仁？"

## 注释

① 令尹子文：令尹，楚国的官名，相当于宰相。子文是楚国的著名宰相。

② 三已：三，指多次。已，罢免。

③ 崔子：齐国大夫崔杼（音 zhù）曾杀死齐庄公，在当时引起极大反应。

④ 弑：地位在下的人杀了地位在上的人。

⑤ 齐君：即指被崔杼所杀的齐庄公。

⑥ 陈文子：陈国的大夫，名须无。

## 老马释途

举了两个人的例子，都算不上仁德，最多算是忠与清白，还没有上升到孔子讲的仁德的高度。问题来了，有几个人可以称为仁德呢？很多时候是我们觉得自己很仁德，基本上是高估自己了。真正的仁德往往是后世对你的评价，你在有生之年去践行就好。

"为令尹，无喜色；三已之，无愠色"，做了宰相也没有什么高兴的表情，多次被免职，也没有不开心的表现。子文算是修炼到家了，喜怒哀乐不形于色。"旧令尹之政，必以告新令尹"，交接工作的时候，会把使自己的工作仔细交接给下一任，不会隐藏，应该讲为人比较地道了。用孔子的话讲，这是"忠"，还够不上仁。

接下来谈了陈文子去不同国家寻找机会，不愿意与看不上的人为伍。"子曰：'清矣。'"孔子讲，这应该能算是为人清白，也谈不上"仁"。

人人谈德，人人心中有德，很难真正有"德"，这往往成为现状。可以将有德作为目标去追寻，如果作为为人处事的标准就似乎过高了。如果将标准换成规则，要求人们守法度，是否更具操作性呢？

# 公冶长篇第五（11）

## 01

**原文**

季文子①三思而后行。子闻之，曰："再，斯②可矣。"

**注释**

① 季文子：即季孙行父，鲁成公、鲁襄公时任正卿，"文"是他的谥号。

② 斯：就。

## 02

**原文**

子曰："宁武子①，邦有道则知，邦无道则愚②。其知可及也，其愚不可及也。"

## 注释

① 宁武子：姓宁，名俞，卫国大夫，"武"是他的谥号。

② 愚：这里是装傻的意思。

---

## 03

### 原文

子在陈①，曰："归与！归与！吾党之小子②狂简③，斐然④成章，不知所以裁⑤之。"

### 注释

① 陈：古国名，大约在今河南东部和安徽北部一带。

② 吾党之小子：古代以500家一为党。吾党意即我的故乡。小子，指孔子在鲁国的学生。

③ 狂简：志向远大但行为粗率简单。

④ 斐然：斐，音fěi，有文采的样子。

⑤ 裁：裁剪，节制。

### 老马释途

举了三个人的例子，还是在教我们如何为人处事。"三思而后行"，季文子做任何事情都非常小心谨慎，思考再三，才去决定行动。孔子的意见是思考两次即可，这也算是一种态度，关键还要看什么事情，有些事情需要有把握才去行动，但有些事情必须在没有把握的时候也要行动，在过程中再来调整，思考多了，反而丧失机会。

"宁武子，邦有道则知，邦无道则愚"，宁武子看到国家有道时，就显得聪明，开始行动；如果觉得国家无道，就装傻，去冬眠去了。大部分人做得到前者，而完不成后者。"其愚不可及也"，换句话讲，顺势而为容易，逆势隐藏不易。

"斐然成章，不知所以裁之"，文采斐然，出口成章，但不知克制自己，那么是不能成大器的。换句话讲，最难面临的不是困难，最容易让人犯错误的时候往往是顺境的时期，逆不难，易才难。

## 公冶长篇第五（12）

### 01

**原文**

子曰："伯夷、叔齐① 不念旧恶②，怨是用希③。"

**注释**

① 伯夷、叔齐：殷朝末年孤竹君的两个儿子。父亲死后，二人互让王位，都逃到周文王那里。周武王起兵伐纣，他们认为这是以臣弑君，是不忠不孝的行为，曾加以拦阻。周灭商统一天下后，他们以吃周朝的粮食为耻，逃进深山中以野草充饥，饿死在首阳山中。

② 旧恶：犹旧怨。指过去的仇恨或过节。

③ 希：同稀。

### 02

**原文**

子曰："孰谓微生高① 直？或乞醯② 焉，乞诸其邻而与之。"

**注释**

① 微生高：姓微生，名高，鲁国人。当时人认为他为人直率。

② 醯：音 xī，即醋。

### 老马释途

"不念旧恶,怨是用希",伯夷与叔齐不记过去的仇怨,所以别人对他们的怨气也少了。冤冤相报何时了,怨气往往是相互的,对别人的怨气实际上是伤害自己的。换句话讲,抱怨别人是没有意义的,升级自己才是有价值的行为,当你优秀到一定程度的时候,一些仇怨也就烟消云散了。类似于得道高人的一些行为也就可以理解了,怨气何由。我发现人心相当复杂,没有几个人能真正悟透,如果只谈事情就简单了,问题是一辈子太短,没有足够时间让大家参悟,如果人人能长生不老,我想世界上应该都是得道高人了。

"乞诸其邻而与之",找邻居借了些醋而给别人。这也是太爱面子,有些虚伪了,谈不上直率与坦诚了,但是这种行为经常发生在我们身上。基于情面,基于虚伪,应该各种情况都有,有恶也有善,不能简单一以概之。

## 公冶长篇第五(13)

### 原文

子曰:"巧言、令色、足恭①,左丘明②耻之,丘亦耻之。匿怨而友其人,左丘明耻之,丘亦耻之。"

### 注释

① 足恭:一说是两只脚做出恭敬逢迎的姿态来讨好别人;另一说是过分恭敬。这里采用后说。

② 左丘明:姓左丘,名明,鲁国人,相传是《左传》一书的作者。

### 老马释途

"巧言、令色、足恭,左丘明耻之,丘亦耻之",花言巧语、见风使舵、过分恭敬的人,我认为是非常可耻的。实际上这里说的是一种为人的标准。巧言、令色、足恭在现实中也可以说是善于言辞、左右逢源、变通圆滑，在一定情况下，这样的人对于某些事情的完成往往价值很大，这种行事风格也创造价值，并非只有一味直白才有意义。

如此，为人是为人，处事是处事，为人或许有正确推理，处事好像要多样化得多。另外，孔子的这种为人标准也是并不尽然的，往往很难分清伪君子与假小人。一定程度上，伪君子的破坏性很多情况下超过真小人，讲得难听干得漂亮，比讲得好听干得难看结果更好。人心隔肚皮，做事两不知，行为还是要重要些吧，观其行，非听其言。

"匿怨而友其人""耻之"，把对别人的怨气隐藏起来，表面上很和善，对别人很友好，也是可耻的事情。但表面一套背后一套恰恰是我们人际交往中的常会遇到的。谁人人前不说人，谁人背后无人说，很多人也并非恶意。不知道孔夫子是否预料到了，真相往往很丑陋，非要讲得好看，也只有虚伪对待了。

言行一致，如此看来，不只是修炼，更多的可能是习惯与文化。

## 公冶长篇第五（14）

### 原文

颜渊、季路侍①。子曰："盍②各言尔志？"子路曰："愿车马衣轻③裘与朋友共敝之而无憾。"颜渊曰："愿无伐④善，无施劳⑤。"子路曰："愿闻子之志。"子曰："老者安之，朋友信之，少者怀之⑥。"

### 注释

① 侍：服侍，站在旁边陪着尊贵者叫侍。

② 盍：何不。

③ 轻字是衍文，即古文在传抄过程中误增的字。

④ 伐：夸耀。

⑤ 施劳：施，表白。劳，功劳。

⑥ 少者怀之：让少者得到关怀。

### 老马释途

孔子与学生们讨论各自的志向，也就是人生的梦想。我们会发现这方面实际上没有标准，只要自己幸福开心即可。问题在于非要定个成功标准、一个圣人的标准，这就累了，但是基本的标准还是应该有的，而这个标准的不同，造就了社会、国家的不同。

"愿车马衣轻裘与朋友共敝之而无憾"，愿意拿出车马衣服和朋友分享，即使用坏了也不遗憾。让朋友开心，与朋友分享快乐，自己也很快乐，这是子路的观点。颜渊的观点是"愿无伐善，无施劳"，不夸耀自己的优点，不表白自己的辛苦，低调行事，这是另一种观点。

孔子表达的是："老者安之，朋友信之，少者怀之"，尊老爱幼，与朋友友好共处。这是孔子的标准，也就是儒家的先人后己，更多的是利他，不谈利己。

在企业经营中，我们经常去鼓励大家去奉献，但实际上更多的是利益驱动，没有利益只讲奉献对员工是不公平的，可能的结果就是讲一套做一套。

# 公冶长篇第五（15）

### 原文

子曰："已矣乎！吾未见能见其过而内自讼者也。"

子曰："十室之邑，必有忠信如丘者焉，不如丘之好学也。"

### 老马释途

这两句话很经典。

"吾未见能见其过而内自讼者也"，我没有见过认识到自己的过错，并且内心真正责备自己的人。换句话讲，自省者极少，只能反思自己，认清自己的不足的人更少。这实际上是一个规律，因为认识到自己的优秀让自己快乐，认识到自己的不足容易让自己不开心，需要强大的内心来支撑这一切。

从苏格拉底开始，古代先贤们就希望人们认识自己，问题往往在于人们高估自己，低估社会，或者低估自己，高估社会。自知者明的人少得可怜，孔子这一句话需要我们一辈子去修炼，标准不低。

"十室之邑，必有忠信如丘者焉，不如丘之好学也"，即使是只有十户人家的地方，也有像我这样忠信的人，只是不如我好学罢了。忠信之人不缺，好学之人太少；基础好的人不少，持续进步的人少。不断提升自己本来就是一件困难的事情。

每日必三省吾身看来是关键，持续进步，每天进步一点点就是了不起的事情。水滴石穿，积沙成塔，只要保持向前，所有问题都不是问题。

# 雍也篇第六

## 雍也篇第六（1）

### 01

**原文**

子曰："雍①也可使南面②。"

**注释**

①雍：即冉雍，字仲弓，孔子的学生。

②南面：古代以面向南为尊位，天子、诸侯及官员听政均是面向南而坐，这里泛指做官治民。

### 02

**原文**

仲弓问子桑伯子①。子曰："可也，简②。"

仲弓曰："居敬③而行简④，以临⑤其民，不亦可乎？居简而行简，无乃⑥大⑦简乎？"子曰："雍之言然。"

**注释**

①子桑伯子：人名，此人生平不可考。

②简：简要，不烦琐。

③居敬：为人严肃认真，依礼严格要求自己。

④行简：指推行政事简而不繁。

⑤ 临：面临、面对。此处有"治理"的意思。

⑥ 无乃：岂不是。

⑦ 大：同"太"。

## 老马释途

继续谈为人处事。"雍也可使南面"，雍也可以去做官了。接下来开始谈标准。"居敬而行简，以临其民，不亦可乎？"为人恭敬、谨慎，行事简洁，干脆利落，这样的人是否适合治理人民呢？孔子认为是可以的。

当然了，接下来进行了更详细的说明。"居简而行简，无乃大简乎？"但是如果心存简单，并且以简单行事的人，又未免太过简单了。实际上，人的一生本身就是一个简单与复杂交叉出现的过程，刚出生时很简单，随着人生履历的增加，我们越来越复杂，但是真正到老了又变得越来越简单。单纯无知是简单，大道至简也是简单，只是真正的简单与经历了复杂以后的简单，显然含金量是截然不同的。

世界本身并不复杂，可能是我们把事情搞复杂了。

# 雍也篇第六（2）

## 原文

哀公问："弟子孰为好学？"孔子对曰："有颜回者好学，不迁怒①，不贰过②，不幸短命死矣③。今也则亡④，未闻好学者也。"

### 注释

① 不迁怒：不把对此人的怒气发泄到彼人身上。

② 不贰过："贰"是重复、一再的意思。这是说不犯同样的错误。

③ 短命死矣：颜回死时年仅41岁。

④ 亡：同"无"。

### 老马释途

这是鲁哀公与孔子一段对话,孔子高度评价已经去世的学生——颜回,认为他最好学,称其"好学,不迁怒,不贰过",非常好学,不迁怒于别人,并且不重复犯同样的错误,只是命短而已。

好学何其难?今天和同事交流,发现某位20年前认识的朋友,到今天依然是20年前的认知水平。令人想不通的是,他为什么不花点儿时间提升自己呢?实际上最难的在于不迁怒,因为太多情况下,我们喜欢找别人的问题,迁怒于别人,很难反思自己,因为反省自己相当痛苦,不舒服。遇到事喜欢找别人的问题虽然让自己痛快了,但自己也就原地不动,得不到提升了。也有善于反省的人,反省得完全打掉了自己的自信,觉得自己一无是处,充满悲观。如此看来自省不易,要把握好度。

不贰过,说明了学习能力超强,不断提升自己,不犯同样的错误。如此,孔夫子把学习能力强算是讲清楚了。

## 雍也篇第六(3)

### 原文

子华①使于齐,冉子②为其母请粟③。子曰:"与之釜④。"请益。曰:"与之庾⑤。"冉子与之粟五秉⑥。子曰:"赤之适齐也,乘肥马,衣轻裘。吾闻之也,君子周急不继富。"

### 注释

①子华:姓公西,名赤,字子华,孔子的学生。

②冉子:冉有,在《论语》中被孔子弟子称为"子"的只有四五个人,冉有即其中之一。

③粟:在古文中,粟与米连用时,粟指带壳的谷粒,去壳以后叫做米;粟字单用时,就是指米了。

④釜(fǔ):古代量名,一釜约等于当时的六斗四升。

⑤ 庾（yǔ）：古代量名，一庾约等于当时的二斗四升。

⑥ 秉：古代量名，一秉约等于十六斛（hú），一斛约等于十斗。

### 老马释途

"君子周急不继富"，君子只是救济急需帮助的人，而不会救济富人。在现实生活中救济穷人似乎是常态，实际上穷人并不会因为救济而改变穷的局面，关键的问题是救济不能成为常态，否则毫无意义。

救急不救穷应是常态，这会创造价值，因为这种救济会很有意义。救穷往往会让穷人更穷，更加失去创造财富的能力，反而对穷人是一种负激励。让人们有能力，赋予别人能力应该比给予一些物质更有价值。赚钱重要，经营财富实际上更重要，而救济并解决不了这个问题，这才是关键。

如果仅通过救济来保证社会公平，那很多穷人就可能有一种躺平等待均富的心态，更要命的是很多创造财富的人会趋于保守，不再努力，这实际上对社会并非好事。

## 雍也篇第六（4）

### 01

### 原文

原思①为之②宰，与之粟九百，辞。子曰："毋！以与尔邻里乡党③乎！"

### 注释

① 原思：孔子弟子原宪，字子思。

② 之：用法同"其"，他的，指孔子的。

③ 邻里乡党：古代地方单位的名称，五家为邻，二十五家为里，一万二千五百家为乡，五百家为党。

## 02

### 原文

子谓仲弓，曰："犁牛①之子骍且角②。虽欲勿用③，山川④其舍诸⑤？"

### 注释

① 犁牛：牛。古代祭祀用的牛，不能以耕牛代替，系红毛长角，单独饲养的。

② 骍（xīng）且角：祭祀用的牛，毛色为红，角长得端正。

③ 用：用于祭祀。

④ 山川：山川之神。此喻上层统治者。

⑤ 其舍诸：其，有"怎么会"的意思。舍，舍弃。诸，"之乎"二字的合音。

## 03

### 原文

子曰："回也，其心三月①不违仁，其余则日月②至焉而已矣。"

### 注释

① 三月：指较长的时间。

② 日月：指较短的时间。

### 老马释途

孔子讲了三段内容，很多时候我们可能看不太清楚，但也说明了些道理，孔子用这种方法传播了很多观点，弟子们把他讲的话整理成了今天我们看到的内容。

"毋！以与尔邻里乡党乎"，把这些酬劳送给乡亲们吧，也不用客气了。按规则来，似乎更能长远，就像借钱要还，才能长久。但借到钱后就想把钱当成自己的，不想归还，似乎也不少见。

人心很有意思，总能想到自己的好处，也能想出别人的问题，所以见面交流还是很重要的，不能靠闷头瞎想。

"其心三月不违仁"，内心一直充满仁德也是很重要的，尤其是对君王和领导者来说，可问题是大家都是凡人，总有不恰当之处。

## 雍也篇第六（5）

### 原文

季康子①问："仲由可使从政也与？"子曰："由也果②，于从政乎何有？"曰："赐也可使从政也与？"曰："赐也达③，于从政乎何有？"曰："求也可使从政也与？"曰："求也艺④，于从政乎何有？"

### 注释

① 季康子：他继其父为鲁国正卿时，孔子正在各地游说。孔子返回鲁国时，冉求正在帮助季康子推行革新措施。孔子于是对此三人做出了评价。

② 果：果断、决断。

③ 达：通达、顺畅。

④ 艺：有才能、技艺。

### 老马释途

这里用一段对话来说明什么条件下才能治理国家。

"由也果""赐也达""求也艺"，孔子讲这三个人都可以治理国家，仲由做事果断，端木赐通情达理，冉求多才多艺，所以都是可以的。实际上，换个思路，如果系统建得足够强大，对于治理者的要求降低一点，是否也可以？

治理者的能力是需要的，但是对掌权者的监督应该更加需要，否则良好的治理秩序也难以持续。

# 雍也篇第六（6）

## 01

**原文**

季氏使闵子骞①为费②宰。闵子骞曰："善为我辞焉。如有复我③者，则吾必在汶上④矣。"

**注释**

① 闵子骞：鲁国人，孔子的学生，姓闵，名损，字子骞。

② 费：季氏的采邑。

③ 复我：再来召我。

④ 汶（wèn）上：汶水北边，汶，即今山东大汶河。

## 02

**原文**

伯牛①有疾，子问之，自牖②执其手，曰："亡③之，命矣夫④！斯人也而有斯疾也！斯人也而有斯疾也！"

**注释**

① 伯牛：姓冉，名耕，字伯牛，鲁国人，孔子的学生。孔子认为他的"德行"较好。

② 牖（yǒu）：窗户。

③ 亡：一作丧失解，一作死亡解。

④ 夫：语气词，相当于"吧"。

## 03

**原文**

子曰:"贤哉,回也!一箪①食,一瓢饮,在陋巷②,人不堪其忧,回也不改其乐③。贤哉,回也。"

**注释**

① 箪(dān):古代盛饭用的竹器。

② 巷:此处指颜回的住处。

③ 乐:乐于学。

## 04

**原文**

冉求曰:"非不说①子之道,力不足也。"子曰:"力不足者,中道而废。今女画②。"

**注释**

① 说:同"悦"。

② 画:原地不动,停止。

**老马释途**

四小段内容似乎没讲什么大道理,更多讲的是一些琐事。实际上生活本身就那么回事,人生无非生老病死,非要折腾出个"花儿"出来,你斗我,我斗你,你打我,我打你,甚至还斗得其乐无穷,似乎这就是人生的价值。

"人不堪其忧,回也不改其乐",身居陋巷,颜回能忍受别人不能忍受的穷困，自得其乐，如此也算是贤人了。

"力不足者，中道而废"，能力不够的人就会半途而废，会停下来。人生都有停下来的时候，实际上一些人根本没有出发，预测到可能的困难就放弃了，这是我们在生活中常见的。半途而废的人很多，一生为之奋斗，并全情投入的人何其少，但基本上都受人们欢迎。人与人之间的差别就体现出来了。

# 雍也篇第六（7）

## 01

**原文**

子谓子夏曰："女为君子儒，无为小人儒！"

## 02

**原文**

子游为武城①宰。子曰："女得人焉尔乎②？"曰："有澹台灭明③者，行不由径④，非公事，未尝至于偃⑤之室也。"

**注释**

① 武城：鲁国的小城邑，在今山东费县境内。
② 焉尔乎：此三个字都是语助词。
③ 澹台灭明：姓澹台，名灭明，字子羽，武城人。
④ 径：小路，引申为邪路。
⑤ 偃：言偃，即子游，这是他自称其名。

### 老马释途

"女为君子儒，无为小人儒"，意思就是说，我们要做就做君子式儒者，不要做小人式儒者。如此看来，孔子也是看得很清楚。实际上儒家也有君子和小人之分，很多事情表面上看起来差不多，实际上底层逻辑不一样。

有些人是以负责任的名义在推卸责任，有些人是以爱别人的名义在占有别人，还有些人实际上是以心软、爱心的名义在掩盖自己自私的内心。所以从这个角度来讲，孔子对这点也是看得很清楚的。

下面一段讲了非常重要的两个内容。"行不由径，非公事"。子游发现了一个人才，这个人从来不走捷径，没有公事也不会去找子游。实际上，这在我们人才的选拔中是很重要的，这种不走捷径的人才适合掌大权、给重任，走捷径的人只能做小事。和老板沟通，和管理层沟通，更多的是谈公事，而不是过来就谈自己的待遇，自己的收入，或者说以下面兄弟的名义来谈自己，这种人是很难给予重任的。从这个角度来讲，这两句话非常微观，非常好用，也非常有实操价值。

## 雍也篇第六（8）

### 原文

子曰："孟之反不伐①，奔②而殿，将入门，策其马，曰：'非敢后也，马不进也。'"

### 注释

① 伐：夸耀。
② 奔：败走，撤退。

### 老马释途

这段内容描述了孟之反这个人的一个特点——"不伐"，不夸耀自己。

"奔而殿",在打了败仗以后,他来殿后,但是他不喜欢夸耀自己,而是说"非敢后也,马不进也"。什么意思呢?意思是,并不是我愿意殿后,而是我的马不愿意走,所以一直落在后面。实际上是谦虚,因为打败仗以后,大家都争先恐后地跑,他来殿后,一定是有大局观的,但是这种高尚的行为他并没有去夸耀。所以,从这个角度来讲,他比较低调,内敛,这应该是值得儒家欣赏的一种行为和品德。

但是,站在另一个角度来讲,他实际说的是谎话,不真诚,当然了,可以讲是善意的谎言。瑕不掩瑜,我们还是要看更积极的一面。

## 雍也篇第六(9)

### 01

**原文**

子曰:"不有祝鮀①之佞,而有宋朝②之美,难乎免于今之世矣。"

**注释**

① 祝鮀(tuó):字子鱼,卫国大夫,有口才,以能言善辩受到卫灵公重用。
② 宋朝:宋国的公子朝,卫国大夫,有美貌。

### 02

**原文**

子曰:"谁能出不由户,何莫由斯道也?"

### 老马释途

第一段内容讲了一个道理：没有口才，只有美貌，难免于祸患。似乎告诉我们口才很重要，似乎又没说明什么。我越来越发现大部分人对规律的理解是反的，因为更多的人会被利益蒙住双眼，这也是儒家所看到的，所以儒家在不断地教化，试图解决这个问题，发现结果并不令人满意。

怪不得孔子讲出了下边的话——"谁能出不由户"，有谁能不经过屋门就可以走出去呢？这不显而易见吗？实际上孔子有点儿想当然了，高估了大家的悟性。我自己的感受是能悟到其中道理的人万中无一，自然就很难谈得上这种思想普及并应用了。就像我们很多人好似了解了孔子的思想，实际上能够真正理解并应用的人少之又少。

所以，孔子只能感叹："何莫由斯道也？"为什么没有人走我指出的这条道路呢？问题发现了，方案还没有讲，看来孔夫子教书并不顺利，那么多学生，像样的最后也就72位，也就太正常了。

## 雍也篇第六（10）

### 原文

子曰："质①胜文②则野③，文胜质则史④。文质彬彬⑤，然后君子。"

### 注释

① 质：朴实、自然，无修饰的。

② 文：文采，经过修饰的。

③ 野：此处指粗鲁、鄙野，缺乏文采。

④ 史：言辞华丽，这里有虚伪、浮夸的意思。

⑤ 彬彬：指文与质的配合很恰当。

### 老马释途

终于知道"文质彬彬"一词的来源了。实际上文与质是一种对立关系。"质胜文则野",质也就是朴实,不装饰,文就是文采、包装,如果朴实超越包装,实际上就有些粗野了,还是包装后的好看。相反,"文胜质则史",如果包装超过朴实,显然就是虚伪、浮夸了。两者并不太好把握,大部分情况下,团队需要的配合、协同,往往这两种人都会有,互相搭配才好。一个人同时具备两种能力,并且随意切换,是相当难的事情,要达到一种相当高的修炼境界才可以。

"文质彬彬,然后君子",质朴与文采配合得很好才能算是君子,才是完美的。"文质彬彬"本身就不是常人能达到的。显然,这里的文质彬彬与我们今天理解的文质彬彬也不完全是一回事,今天文质彬彬是形容文雅、有文化的样子,与孔夫子讲的君子相差甚远。

## 雍也篇第六(11)

### 原文

子曰:"人之生也直,罔①之生也幸而免。"

### 注释

① 罔:诬罔不直的人。

### 老马释途

发现一个问题:情绪对人影响很大,喜怒哀乐直接影响人的气血运行,这也是中医的逻辑,而且调整起来并不容易。

如何才能平和?控制情绪,需要力量,这种力量实际上就是正直,只有如此,才能无敌。"人之生也直",一个人能够生存是因为他正直。"罔之生也幸而免",如果不正直也能够生存,是因为他侥幸避免了灾祸。

作一个正直的人，只有如此才能够生存，这一观点似乎并不能获得多数人的认可。现实世界中，正直与不正直的人往往同时存在，如果认为正直的人就一定比不正直的人活得好，我相信大部分人不会认同，这让孔夫子作何感想。实际上夫子讲的是真理，但为什么大部分人会做不到呢？圣人畏因，凡夫畏果，大部分人是很难看到真相的，讲多了成为无用之语，还要讲，人家会烦死你。秀才遇见兵，有理讲不清。

# 雍也篇第六（12）

**原文**

子曰："知之者不如好之者，好之者不如乐之者。"

**老马释途**

"知之者不如好之者"，对于学问，懂得它的人不如喜好它的人。只有真正喜欢，才能成为高手与专家，如果只是为了某种目的，实际上是很难达到顶级的。所以讲，爱好是最好的老师。我们带团队的过程中发现，很多人很难有持续的爱好，舒服时是爱好，困难时就会改变。真正的爱好是需要毅力的，而这有时候与梦想有关，有时候或许仅仅是因为喜欢，没有目标与目的。

"好之者不如乐之者"，喜欢学问的人不如以它为乐的人。以此为乐，开心享受，如果有如此心态，那就超越知道与喜欢了，成为大师也就再正常不过了。而这种"乐"本身就是一种价值与利益，如此的话，好像有利益驱动，人们会更加努力，与儒家提倡的重文轻利不符了。

儒家往往看不起物质与金钱的利益，而在精神享受、精神价值方面似乎是鼓励的，低级的物质价值与高尚的精神愉悦也就自然分档次了。问题是，不同的人档次不同，阶段不同，需求不同，不和员工谈收入，老谈情怀，基本上没有什么好结果。

## 雍也篇第六（13）

**原文**

子曰："中人以上，可以语上也；中人以下，不可以语上也。"

**老马释途**

上面这句话说明一个问题，孔子对人的差别还是有深刻认知的，否则也不会谈"中人"以上及以下。如此，应该量才而用，因材施教，为何非要提出一个很高的标准呢？在以后的不断学习中，我们再来研究。

"中人以上，可以语上也"，具备中等智力以上的人，可以给他讲高深的学问。如果智力水平达不到中等，看来很难受到更好的教育。

"中人以下，不可以语上也"，智力中下的，就不要讲高深的学问了，讲白了，听不懂。

## 雍也篇第六（14）

**原文**

樊迟问知①，子曰："务②民之义③，敬鬼神而远之，可谓知矣。"
问仁，曰："仁者先难而后获，可谓仁矣。"

**注释**

① 知：同"智"。
② 务：致力于。
③ 民之义：符合百姓利益的事。

### 老马释途

孔子进一步明确了什么是智慧，什么是仁德。

"务民之义，敬鬼神而远之，可谓知矣。"这就是孔子讲的智慧，致力于为人民做好事，做对人民有意义的事情，尊敬鬼神，但是远离他们，为人民服务才是智慧。这个要求还是很高的。

"仁者先难而后获，可谓仁矣"，这就谈了仁德。先付出，先经历困难，后收获好处与果实，这才是仁德，人间正道是沧桑。但实际中一些人却在做着天上掉馅饼的美梦，希望先获得并非先付出。这就与孔子的认知相差甚远了，而优秀的人实际上都是按照孔子的标准去努力获得回报。

今天开了一下午会，发现真正能站到别人的角度考虑问题，是一件很困难的事情，私心不弃一生不会有气候，帮助别人才能成就自己，为社会创造价值才能在社会上有价值。

## 雍也篇第六（15）

### 原文

子曰："知①者乐水，仁者乐②山；知者动，仁者静；知者乐，仁者寿。"

### 注释

① 知：同"智"。

② 乐：喜爱。

### 老马释途

"知者乐水，仁者乐山"，也就是说，有智慧的人喜欢水，有仁德的人喜欢山。不知道孔夫子是怎么得出这个结论的，现在很多人都喜欢山，喜欢水，似乎与这个有关系。智慧的人要像水一样平和，仁德的人要像山一样高耸。实际

113

上，并没有多少人能弄懂为什么是这样的。

"知者动，仁者静"，有智慧的人很灵动，有仁德的人很安静。实际上，描述的是人在不同情况下的不同状态，用智慧和仁德作了描述。

然后继续讲"知者乐，仁者寿"，有智慧的人会很快乐，有仁德的人会长寿。总而言之，实际上是在暗示大家，一定要智慧，一定要仁德。但是到底怎么才能做到智慧和仁德这里没有明示。智慧和仁德是需要修炼的。这是实际生活中大部分人很难达到智者、仁德境界的很重要的一个原因。提出圣人之学、圣人之道，每个人都可以成为圣人，这是儒家一直宣扬的，并且希望大家去践行。

# 雍也篇第六（16）

## 01

**原文**

子曰："齐一变，至于鲁；鲁一变，至于道。"

## 02

**原文**

子曰："觚①不觚，觚哉！觚哉！"

**注释**

① 觚（gū）：古代盛酒的器具，上圆下方，有棱，容量约有二升。后来觚被改变了，所以孔子认为觚不像觚。

## 03

### 原文

宰我问曰:"仁者,虽告之曰'井有仁①焉',其从之也?"子曰:"何为其然也?君子可逝②也,不可陷③也;可欺也,不可罔也。"

**注释**

① 仁:这里指有仁德的人。

② 逝:往。这里指到井边去看并设法救之。

③ 陷:陷入。

### 老马释途

孔夫子讲"鲁一变,至于道",看来在夫子眼中,齐不如鲁,鲁也不是道。终于发现,夫子也是在自己离开这个世界很久以后,才开始受到人们敬重的。

"君子可逝也,不可陷也;可欺也,不可罔也",君子可以到井边去设法救人,但不可让自己陷入井中;可以被欺骗前往,但是不可被迷惑跳进井中。不太理解,可能还是要修炼吧,为什么把欺骗与愚弄讲出了不同,给君子一个高度,成为大家的向往。

本来挺简单的事情,用通俗的语言往往觉得缺乏高度,讲的高度有了往往脱离现实。人们关注的是比较务实的东西,即使它是短期的,一旦你讲的东西过于长远了,人们难免觉得它是虚无缥缈的。人各有不同,不同阶段接受的东西的深度不同。

# 雍也篇第六（17）

## 01

### 原文

子曰："君子博学于文，约①之以礼，亦可以弗畔矣夫②！"

### 注释

① 约：约束。

② 畔：通"叛"。矣夫：语气词，表示较强烈的感叹。

## 02

### 原文

子见南子①，子路不说②。夫子矢之③曰："予所否④者，天厌之！天厌之！"

### 注释

① 南子：卫灵公夫人，当时把持着卫国的朝政，行为不端。关于她约见孔子一事，《史记·孔子世家》有较生动的记载。

② 说（yuè）：通"悦"。

③ 矢：通"誓"。

④ 否：不正当。

### 老马释途

"君子博学于文,约之以礼,亦可以弗畔矣夫",君子广泛学习典籍,以礼约束自己,就不会离经叛道。好像君子成了旧势力的维护者,保守派的代表,如此也就稳定住了大局,一定程度上也就很难创新了。这本身是一种矛盾,没有稳定哪来创新?没有创新,又哪里来的稳定?老气的君子,旧秩序的延续者形象就这样形成了。

实际上,允许争论,有不同的声音,本身就是一件很重要的事情,全世界只剩下一种观念本身也是有问题的。但是在特定时期,要放下成见与争论,统一思想,上下同欲者胜。争吵是不会有结果的,但允许争吵本身还是有很大价值的。如果只是拿着典籍,我们的进步与生活改善应该也不会发生了。

"予所否者,天厌之",如果我做了不正当不正义的事情,就让上天厌恶我吧!如孔子这般的发誓,也是在很多哲人的文章中经常看到的。没有完美的观点,任何观点都会有一些缺陷,真理往往代表争议,这本身才是真理。

## 雍也篇第六(18)

### 原文

子曰:"中庸①之为德也,其至矣乎!民鲜久矣。"

### 注释

① 中庸:无过无不及。

### 老马释途

"中庸之为德也,其至矣乎!"中庸之道应该是一种道德了,换句话讲,中庸之道为道,是儒家的核心逻辑,也就是孔夫子讲的仁德。

人心最易反复,焦虑,看不出哪些人可以走中庸之道,也怪不得孔子讲"民鲜久矣"。实际上两千多年后的现在，依然如此。这说明什么问题？说明这是一个我们追求的目标，实际上没有几个人可以做到。如此的圣人之道，在应用上难度巨大，与其高高挂起，不如轻松放下，但这会打掉一些人的饭碗，很多的假圣人情何以堪。

本身很简单，说白了就是个生老病死，非要折腾出一堆东西来，最后陷于局中，这既是我们厉害的地方，也是我们无奈的地方。本来想改变世界，最后改变了自己；本来想成为圣人，最后圣人永远成为目标。

## 雍也篇第六（19）

### 原文

子贡曰："如有博施①于民而能济众②，何如？可谓仁乎？"子曰："何事于仁！必也圣乎！尧舜③其犹病④诸⑤！夫仁者，己欲立而立人，己欲达而达人。能近取譬，可谓仁之方也已。"

### 注释

① 施：动词，指施恩。

② 众：众人。

③ 尧、舜：传说中上古时代的两位帝王，儒家认为他们都是圣人。

④ 病：担忧。

⑤ 诸：之于。

### 老马释途

"如有博施于民而能济众，仁乎？"如果有人能够施恩德给人民，还能济世大众，这算仁德吗？孔子认为当然是仁德，看来真正为人民着想不容易啊。

"己欲立而立人，己欲达而达人"，仁者希望自己取得成绩，也能帮助别人取得成绩；希望自己事事通达，也能帮助别人事事通达。帮助别人，成就自己，这才是仁者。怪不得道理都懂，做到的人太少，因为这是圣人的事情，老百姓好像够不着。我们很多人帮助别人的动力不足，成就自己的动力也大不相同，活出自己的精彩即可。如果非要统一一个标准，也是很困难的。所以，自古以来，很多君主的行为明显伤害人民利益，他们要想做到仁，只靠修炼是不够的，道理他们都懂，只是这些君主的利益不在于此，行事仁德的动力就不够。

# 述而篇第七

## 述而篇第七（1）

**原文**

子曰："述①而不作②，信而好古，窃③比于我老彭④。"

**注释**

①述：阐述，传述。

②作：创造。

②窃：私，私自，私下。

③老彭：人名，但究竟指谁，学术界说法不一。有的说是殷商时代一位"好述古事"的"贤大夫"；有的说是老子和彭祖两个人；有的说是殷商时代的彭祖。

**老马释途**

"述而不作"，只做论述而不进行创作。这是孔子的思路，实际上也是很多人在哲学思想上的通用做法。就像我们现在做的，也是这件事情，因为任何一个哲学流派能流传下来，就一定有其可取之处，当然也一定会有其不足。尽信书不如无书，所以我们大部分情况下是挑其可用之处，剔除自己不愿意用的地方。既在吸取，又在摒弃，可能比较适合这类社会科学，因为没有什么思想是固定的，是绝对真理，否则就会成为本本主义，成为障碍，一定也是别有用心。

虽然我们都试图找到真理，但迄今为止应该还是处于讨论阶段，并没有达成共识。百人百样，观点不同，而且都认为自己代表标准，所以述而不作也算一种偷懒又可行的做法吧。

"信而好古"，相信且喜欢古代的思想文化。此处的"古"更多的是周礼。

## 述而篇第七（2）

**原文**

子曰："默而识①之，学而不厌，诲②人不倦，何有于我哉？"

**注释**

① 识：音 zhì，记住的意思。

② 诲：教诲。

**老马释途**

孔子开始三省其身，对标自己做到了哪些标准，哪些没有做到，讲了三个方面，实际上这原本是君子的标准。

"默而识之"，默默记住学到的知识，不要学一点东西就去吹半天牛，低调一些。但好像孔子并非如此做的，好为人师，把知识分享给别人也是一种快乐，好像也没什么大问题。当然，谦虚是需要的。现在自媒体如此发达，似乎人人可以成为专家，人人都可以成为博主，这算是社会的进步，但路遥知马力，能延续的才是专业的，大浪淘沙留下的才是真金。

"学而不厌"，学习而不觉得厌烦。这是进步的前提，所有问题都可以通过学习得以解决。要不断吐故纳新，并永远保持好奇心。但孔子好像比较怀旧，尤其是对周礼，更多的是学习遵循，而非创新颠覆。

"诲人不倦"，教导学生孜孜不倦。这是老师的优势，非要教会学生，也就不足，有点儿固执了。如此，讲孔子是位好的老师应该比较恰当，何其容易，大部分人可以去影响，改变小朋友似乎可以，改变成年人不容易啊。

# 述而篇第七（3）

## 01

**原文**

子曰："德之不修，学之不讲，闻义不能徙①，不善不能改，是吾忧也。"

**注释**

① 徙：音 xǐ，迁移。引申为奔赴，应指践行。

## 02

**原文**

子之燕居①，申申②如也；夭夭③如也。

**注释**

① 燕居：安居、家居、闲居。
② 申申：衣冠整洁。
③ 夭夭：行动迟缓、斯文和舒和的样子。

## 03

**原文**

子曰："甚矣吾衰也！久矣吾不复梦见周公①。"

**注释**

① 周公：姓姬名旦，周文王的儿子，周武王的弟弟，成王的叔父，鲁国国君的始祖，传说是西周典章制度的制定者，他是孔子所崇拜的所谓"圣人"之一。

**老马释途**

孔子开始担忧的内容，实际上就是建议大家去做的事情。"德之不修，学之不讲"，不去修养品德，不去追求学问，这肯定是不行的。修德、求学应该是持续的事情，需要一直在进行。

"闻义不能徙，不善不能改"，知道义就要去践行，有了缺点就应该去改正，否则就不会有价值，是最大的问题。

"申申如也，夭夭如也"，孔子待在家里，穿好衣服，衣冠楚楚，行动斯文还很舒畅。这就是慎独了，何其难也，很多人会觉得自己如果这样做就是神经病了。疫情期间，很多人在家里办公，可以反省一下，我们多少人能像在公司一样穿着得体、高效工作。估计不少人居家办公就彻底放纵自己了吧。人生的修炼无处不在，太多的人没有意识到这个问题。

"甚矣吾衰也！"孔子觉得自己衰老了，有点儿着急了，看来还是在不断完善自己。这值得我们所有人学习，一切只是开始，一切都是起步。

## 述而篇第七（4）

**原文**

子曰："志于道，据于德①，依于仁，游于艺②。"

**注释**

① 德：能够把道贯彻到自己心中而不失掉就叫德。
② 艺：艺指孔子教授学生的礼、乐、射、御、书、数等六艺，都是日常所用。

123

### 老马释途

这一段实际上是夫子的教学纲要,也就是我们常讲的所谓德才兼备,是对君子的要求,包括道、德、仁、义。要弘道,依道而行,进行德行的实践;要有德性,要依靠仁心的觉醒,畅通"六艺",用"六艺"进行熏陶,如此才会德才兼备,成为真正的君子。

"志于道",首先要追求道,有追求真理、大道的志向,基本上可以理解为有崇高的理想与追求。显然不是普通人而是圣人君子的标准,这也是夫子一贯的原则,依道才可能是大道。

"据于德",要根据道德,依德而行,而德也就是心悟道有所获,并且有很多标准需要坚守,基本上也是圣人标准。

"依于仁",依靠仁义,无私仁爱,如此也就大成了,很多问题自然也就没有了。提倡和谐仁义的社会氛围,天下大同也就不远了。善之根长善之苗,开善之花。

"游于艺",应该潜心"六艺":礼、乐、射、御、书、数。通晓六艺,从礼做起,德智体美全面发展,一直延续到今天。

# 述而篇第七(5)

## 01

### 原文

子曰:"自行束修①以上,吾未尝无诲焉。"

### 注释

① 束修:修,音xiū,干肉,又叫脯。束修就是十条干肉。孔子要求他的学生,初次见面时要拿十余干肉作为学费。后来,就把学生送给老师的学费叫做"束修"。

## 02

### 原文

子曰:"不愤①不启,不悱②不发。举一隅③不以三隅反,则不复也。"

### 注释

① 愤:苦思冥想而仍然领会不了的样子。

② 悱:音 fěi,想说又不能明确说出来的样子。

③ 隅:音 yǔ,方位。这里以四方方位比喻事理的各个方面。

### 老马释途

看来学生还是需要见面礼的,怪不得孔夫子讲:"自行束修以上,吾未尝无诲焉",只要有人愿意拿着干肉作为见面礼,我都会给予教诲的。这好像显得有些势利,实际情况是,如果没有付出代价,是否愿意用心学习呢?如果没有付出,别人也不会用心学,实际上是教不会的,最后对师生都没有价值,来学有效,往教无用。

"不愤不启,不悱不发",教导学生,在他实在没有理解但是已经苦思后,再去启发他,这才是有效的;等到他想说又说不明白时候,去启迪他,这才是有价值的。否则,教导也是白教导。看来孔夫子早已悟透了教书育人的逻辑,尤其是教成年人。

"举一隅不以三隅反,则不复也",不能够举一反三的人,不要去教他。换句话讲,能举一反三、触类旁通的人才能去教导,这样才是有价值的。可惜的是,太多人做不到这一点了。从这个角度来讲,很多人教他也没有多大用处,自己才是一切问题的根源,这值得我们去深思。

# 述而篇第七（6）

## 01

**原文**

子食于有丧者之侧，未尝饱也。

## 02

**原文**

子于是日哭，则不歌。

**老马释途**

这两段似乎是一种情景描述，好像讲的是一种情绪，同时也是一种礼仪与规则，是我们所讲的一种标准。

"子食于有丧者之侧，未尝饱也"，孔子在有亲人死去的人旁边吃饭，一般都没有吃饱过。当然，孔子讲的是一种礼节。如此，夫子也是凡人一位，人人可以成为夫子，这很有吸引力。实际上人人成为孔夫子基本上不可能，所以这么多年来可以称为圣人的，也就才两个半。如此看来，过高的标准令人向往，能达到的标准才有价值。

"子于是日哭，则不歌"，如果孔子这几天为吊丧而哭，当天就不会再唱歌。这实际上是一种要求，讲容易，做起来难，诚心正意真的很难，或许夫子也会失望。

## 述而篇第七（7）

### 原文

子谓颜渊曰："用之则行，舍之则藏①，惟我与尔有是夫②！"子路曰："子行三军③，则谁与④？"子曰："暴虎⑤冯河⑥，死而无悔者，吾不与也。必也临事而惧⑦，好谋而成者也。"

### 注释

① 舍之则藏：舍，舍弃，不用。藏，隐藏。

② 夫：语气词，相当于"吧"。

③ 三军：是当时大国所有的军队，每军约一万二千五百人。

④ 与：在一起的意思。

⑤ 暴虎：赤手空拳与老虎进行搏斗。

⑥ 冯河：无船而徒步过河。

⑦ 临事而惧：惧是谨慎、警惕的意思。遇到事情便格外小心谨慎。

### 老马释途

看似孔子与颜回在对话，实际上在告诉我们一些道理。"用之则行，舍之则藏"，用我的时候我就去做，不用我的时候就隐藏起来。这实际上是很难的修炼，有多少英雄不懂得激流勇退，下场悲惨；有多少人过高估计自己，过低估计平台，这也是我们的弱点。

孔子希望什么样的人可以统领三军呢？"必也临事而惧，好谋而成者也"，必定是遇事不惧，小心谨慎，善谋，并且可以完成事情的人，不能是那些有勇无谋的人。发现夫子对人的要求太高，这种标准虽然比对圣人的要求低一点，但十军易得，一将难求，将才少之又少。

希望自己的员工都是优秀人才是每一老板的想法，实际上这个想法基本不会实现，能够保持优秀的是系统，系统能不断升级，优秀的人才最多在某些阶段保持优秀。

# 述而篇第七（8）

## 01

### 原文

子曰："富①而可求②也，虽执鞭之士③，吾亦为之。如不可求，从吾所好。"

### 注释

① 富：指升官发财。

② 求：指合于道，可以去求。

③ 执鞭之士：古代为天子、诸侯和官员出入时手执皮鞭开路的人。意思指地位低下的职事。

## 02

### 原文

子之所慎：齐①、战、疾。

### 注释

① 齐：同斋，斋戒。古人在祭祀前要沐浴更衣，不吃荤，不饮酒，不与妻妾同寝，整洁身心，表示虔诚之心，这叫做斋戒。

### 老马释途

"富而可求也,虽执鞭之士,吾亦为之",如果升官发财可以求得的话,就是干一些拿鞭子的低等差事,我也愿意去干。好像为了升官发财,再苦再累也愿意。很怀疑这是孔子讲的话,这与儒家的重文轻利观点截然不同,看来我们还是要多多学习。接着夫子又讲"如不可求,从吾所好",如果实在不可以升官发财,那就干一些我自己喜欢的事情。合并起来理解就是,要不升官发财,要不干自己喜欢的事情。

有三件事情,孔子比较谨慎:"齐、战、疾",斋戒、战争、疾病。这确实是重大事项。近些年全球公共卫生事件频发,局部地区冲突加剧,把大家弄得都有点儿焦虑,这个时候踏实显得更重要。

## 述而篇第七(9)

### 原文

子在齐闻《韶》①,三月不知肉味,曰:"不图为乐之至于斯也。"

### 注释

①《韶》:舜时古乐曲名。

### 老马释途

"子在齐闻《韶》,三月不知肉味",孔子在齐国听古乐《韶》,非常入迷,很长时间尝不出肉的味道。这里出现了千古名句——三月不知肉味,用来表示体验一种好的东西与经历非常专注,其他事物都不放在心上。看来在两千年前肉还是很香的,不然也不会拿吃肉与欣赏经典音乐来比较。在今天可能已经很难吃到特别香的肉,我们也很难将喜欢之事与吃肉联系起来,但是这种意境还是留下来了。

形已变，意仍然。很多具体的表现在变化，但真正的底层逻辑往往是持续较长时间的。底层逻辑往往也比较简单，大道至简，真正的真理往往是最简单的，包装得很好看的观点往往离题万里，真相往往比较朴素，不太好看。

很多人有个特点，喜欢好看的，看不上朴素无味的。如此看来，不是真相不在，是我们喜欢远离真相，享受虚假，这或许是人性的缺陷。真实与虚假一直分不清楚，怪不得虚拟世界越来越受人欢迎，连元宇宙都来了。

# 述而篇第七（10）

## 01

### 原文

冉有曰："夫子为① 卫君② 乎？"子贡曰："诺③，吾将问之。"入，曰："伯夷、叔齐何人也？"曰："古之贤人也。"曰："怨乎？"曰："求仁而得仁，又何怨？"出，曰："夫子不为也。"

### 注释

① 为：这里是帮助的意思。

② 卫君：卫出公辄，是卫灵公的孙子。他的父亲因得罪卫灵公的夫人南子而被卫灵公驱逐出国。灵公死后，辄被立为国君，其父回国与他争位。

③ 诺：答应的说法。

## 02

### 原文

子曰："饭疏食① 饮水，曲肱② 而枕之，乐亦在其中矣。不义而富且贵，于我如浮云。"

### 注释

① 饭疏食：饭，这里是"吃"的意思，作动词。疏食即粗粮。

② 曲肱：肱，音 gōng，胳膊，由肩至肘的部位。曲肱，即弯着胳膊。

### 老马释途

"求仁而得仁，又何怨？"他们追求仁德，并且获得了仁德，怎么会产生怨恨呢？也就是讲仁德之人不怨，不会埋怨别人，换句话讲，心境平和才是仁德之人。孔夫子已是圣人，没有"怨"这一讲。如此看来，人生的过程重点修炼的是人的情绪、精神，喜怒哀乐本是人之常情，而圣人往往没有了这些情绪，一切平和，顺其自然。从这个角度来讲，与道家有共通之处。

"饭疏食饮水，曲肱而枕之，乐亦在其中矣"，吃着粗茶淡饭，喝着冷水，枕着自己的胳膊睡觉，其乐融融。有点儿像得道的高僧，回归人性的本质，其乐无穷。在这里看到了孔夫子的矛盾之处，实际上儒家一直出世，希望改变这个世界，但是如果淡然独处好像也很幸福，没有必要折腾那么多，整个是道家附体了。

"不义而富且贵，于我如浮云"，通过不正当的手段获得富贵，对我来讲就像浮云。儒家非常强调发心与手段，并不排斥富贵，但是手段一定要阳光，类似于程序正义，义利并举，不能简单地理解重义轻利，只是轻不义之利。

# 述而篇第七（11）

## 01

### 原文

子曰："加① 我数年，五十以学易②，可以无大过矣。"

## 注释

①加：这里通"假"字，给予的意思。

②易：指《周易》，古代占卜用的一部书。

---

## 02

### 原文

子所雅言①，《诗》、《书》、执礼，皆雅言也。

### 注释

①雅言：周王朝的京畿之地在今陕西地区，以陕西语音为标准音的周王朝的官话，在当时被称作"雅言"。孔子平时谈话时用鲁国的方言，但在诵读《诗》、《书》和赞礼时，则以当时陕西语音为准。

### 老马释途

孔子的这两段内容讲的实际上就是好好学习，要读书，讲自己要50岁以后才能读《周易》。从这个角度说明了《周易》的深奥，以及易学对整个中国文化的影响。总体来讲，第一个内容谈的就是学习对人的帮助，对人的价值。

通过孔子的这种描述，我们也发现，实际上孔子对于一些古代的文献更加看重，从这个角度来讲是一种传承，但是从另一个方面来说，儒家是一种相对保守的思想。

# 述而篇第七（12）

## 01

### 原文

叶公①问孔子于子路，子路不对。子曰："女奚不曰，其为人也，发愤忘食，乐以忘忧，不知老之将至云尔②。"

### 注释

① 叶公：叶，音 shè。叶公姓沈，名诸梁，楚国的大夫，封地在叶城（今河南叶县南），所以叫叶公。

② 云尔：云，代词，如此的意思。尔同耳，而已，罢了。

## 02

### 原文

子曰："我非生而知之者，好古，敏以求之者也。"

### 老马释途

"发愤忘食，乐以忘忧"，孔子让子路告诉叶公，自己发愤努力，都忘记了吃饭，非常开心快乐，把一切忧愁都忘记了，完全不知道衰老将至。如果完全投入到一种状态中，是会废寝忘食、心无他物的。

"我非生而知之者，好古，敏以求之者也"，孔子讲自己生来什么也不知道，靠的是勤奋学习，求得知识，并且爱好古代文化，当然是遵周礼，依然保守，依然传承。

# 述而篇第七（13）

## 01

**原文**

子不语怪、力、乱、神。

## 02

**原文**

子曰："三人行，必有我师焉。择其善者而从之，其不善者而改之。"

**老马释途**

孔子不谈怪、力、乱、神，看来遵循规律与大道，不谈新奇特，更不谈鬼神。由此看来，还是遵循人定胜天，并非大道天成，好像这个问题有些矛盾，需要研究。

"三人行，必有我师焉。"要善于学习，实际上两人行，就应该有我所学，每一个人都有他的优点，择其长而用之为才，择其短而用之为废，所以组织首先要清楚需要什么人才。随着环境的变化，人才要具备学习迭代能力，否则就一定会被淘汰。从这个角度讲，选人与学习能力是关键。

发现学习需要心胸，"择其善者而从之，其不善者而改之"，学习别人的优势，看到别人的缺点，自己也有，则改之。换句话讲，不管别人的优点还是缺点，实际上都可以让我们学到东西，这需要理性，更需要胸怀，否则容易去学习别人的优点，而讨厌别人的缺点。实际上，善与不善对我们都是有很大的价值的。

# 述而篇第七（14）

## 01

### 原文

子曰："天生德于予，桓魋①其如予何？"

### 注释

① 桓魋：魋，音 tuí，任宋国主管军事行政的官——司马，是宋桓公的后代。

## 02

### 原文

子曰："二三子①以我为隐乎？吾无隐乎尔。吾无行而不与二三子者，是丘也。"

### 注释

① 二三子：这里指孔子的学生们。

### 老马释途

"天生德于予"，也就是说上天把道德赋予我。孔子认为，只要有了道德，真正的修行到了这个地步，实际上也没有什么事情是可怕的，因为德是最大的力量。如此来讲，实际上道德一直还是儒家思想的核心和关键。

"以我为隐乎？吾无隐乎尔"，学生都以为我有什么东西是隐藏的。实际上我没有隐藏什么。这是经常会发现的一件事情，很多基础一般的人，会盲目地相信别人，但是同时也有一些基础一般的人，会盲目地怀疑别人。实际上，不管是盲目怀疑，还是盲目相信，都是有问题的。盲目相信是缺乏独立思考；盲目怀疑是因为本身自己缺乏自信，内心没有力量。这样的人往往会成为乌合之众，这也是容易产生的一种情况。在我们的组织中，经常会发现这种情况，这就是为什么有时需要我们采取一些措施鼓舞员工。

# 述而篇第七（15）

## 原文

子以四教：文①、行②、忠③、信④。

## 注释

① 文：文献、古籍等。

② 行：指德行，也指社会实践方面的内容。

③ 忠：尽己之谓忠，对人尽心竭力的意思。

④ 信：以实之谓信，诚实的意思。

## 老马释途

孔子从四个方面来教导学生：文、行、忠、信。"文"说明孔子是一个非常念旧的，当然更多的就是遵周公，所以也有一点保守，这是我一直认为儒家有点保守主义的原因。同时，诚信是非常重要的基础，还有就是忠诚，在儒家学说里这些都非常重要。还有就是非常强调行动，虽然孔子没有讲言行一致，但是像社会实践、具体操作等都是很重要的。

儒家非常重视诚信和忠诚，也非常重视行动。但实际上往往有时候给人感觉是讲得多，更偏向于言，行动会少一点，所以才有了后面新儒家的言行一致。

## 述而篇第七（16）

### 原文

子曰："圣人，吾不得而见之矣；得见君子者，斯①可矣。"子曰："善人，吾不得而见之矣；得见有恒②者，斯可矣。亡而为有，虚而为盈，约③而为泰④，难乎有恒矣。"

### 注释

① 斯：就。

② 恒：指恒心。

③ 约：穷困。

④ 泰：这里是奢侈的意思。

### 老马释途

"圣人，吾不得而见之矣；得见君子者，斯可矣。"实际上孔子非常清楚，圣人是不可能看到的，能够见到君子就可以了。那为什么孔子还要让大家做圣人呢？我一直不得其解。做君子实际也很难，只是还有努力达到的可能。

"善人，吾不得而见之矣；得见有恒者，斯可矣。"善人很难见到，只要有恒心向善，在向善的路上，孔子也就知足了。如此看来，孔子还是明白的，向善是常态已经很不错了，真正达到善人的标准很难的。这是一种对人性的失望，还是一种对人们的期许？有些复杂。

不真诚的人是不会有恒心的，最后一段内容基本可以这样理解。夜深人静时，一人独处时我们扪心自问：自己真的有善心吗？真的可以正大光明吗？很难一言以概之。

# 述而篇第七（17）

## 01

### 原文

子钓而不纲①，弋②不射宿③。

**注释**

①纲：大绳。这里作动词用。在水面上拉一根大绳，在大绳上系许多鱼钩来钓鱼，叫纲。

②弋：音 yì，用带绳子的箭来射鸟。

③宿：指归巢歇宿的鸟儿。

## 02

### 原文

子曰："盖有不知而作之者，我无是也。多闻，择其善者而从之；多见而识之；知之次也。"

### 老马释途

凡事应该有所为，有所不为。孔子不用大绳钓鱼，不用箭射归宿的鸟，这也是一种原则。很多时候我们发现有些人为达目标不择手段，更多的还是为了名利。君子爱财，取之有道。如此来看，孔子还是非常讲规矩的。

"有不知而作之者，我无是也"，有一种人什么也不懂，却会凭空编造，我不会这样做。这实际上是有知人的行为，越是无知的人往往越会认为自己无所不知，改变这些人是很有价值的，实际上也是非常困难的。

"多闻，择其善者而从之"，多听听，选择其中善的来学习，这也是一种好学了。即使无知，"多见而识之；知之次也"，多看并且记在心里，这是次一等的"知道"，不知不惧，求知即可。而问题的难点往往在于，不知者也不知自己无知，这才是难的事情。如此，人的教育启发也是相当必要的。

# 述而篇第七（18）

## 原文

互乡①难与言，童子见，门人惑。子曰："与②其进③也，不与其退也，唯何甚？人洁己④以进，与其洁也，不保其往⑤也。"

## 注释

① 互乡：地名，具体所在已无可考。

② 与：赞许。

③ 进、退：一说进步、退步；一说进见请教，退出以后的作为。

④ 洁己：洁身自好，努力修养，成为有德之人。

⑤ 不保其往：保，一说担保，一说保守。往，一说过去，一说将来。

## 老马释途

"与其进也，不与其退也"，赞许他的进步，而不是赞许他的退步，不要一棒子打死，只要在进步、学习，就应该给予机会。

"人洁己以进，与其洁也，不保其往也"，别人已经洁身自好，以取进步，我们要赞赏他的这种进步，不要去纠结他的过往，能够改正错误，应该给予机会。浪子回头金不换，善莫大焉。应该讲在孔子的思想中，从善、从上就应该给予鼓励，不计过往。这实际也形成了中国人的一种民族性格，以德报怨，宽容体谅，就是我们一直延续至今的一种习惯。格局是被委屈撑大的，不必睚眦必报。但在现实生活中，没有几个人可以超越时空，有绝对宽广的胸怀，更多的人还是在自己的认知世界中进行思考，进行行为，如此也就不足为怪了。

大部分人会有短视的时候，会有走向错误道路的时候，我们很难看到认知以外的世界，当然也就很难去追求认知以外的万物。讲白了，每个人都有一个自己的宇宙，如何让其发挥价值，需要组织的规范，更需要组织给予的空间。

# 述而篇第七（19）

## 原文

子曰："仁远乎哉？我欲仁，斯仁至矣。"

## 老马释途

"仁远乎哉？我欲仁，斯仁至矣"，仁德离我们很远吗？我准备行仁德，仁德就会到来。换句话讲，人人皆可仁德，人人皆可圣人，只看你是否愿意。即使孔子认为很多人不善，很多人不仁，但始终认为，只要你愿意行动，这些皆有可能。夫子的菩萨心肠可见一斑，慈悲为怀。

如果我们制定一套让普通人可以言行一致的规范，是否更有价值？在《论语》的学习过程中，对此深有体会，人人成为圣人，社会定将大同。但历史告诉我们，这一直是一个梦想，更务实的选择似乎是我们看到的实际情况，虽短视却更加有效。互联网的迅速发展，科技的进步，让一切变得更加快速，更加现实。一直在思考，慢与快到底如何结合，实际还是一个人生长度如何衡量的问题。丈量个人的一生，还是丈量几世，抑或丈量整个人类社会？夫子属于后者，绝大部分人只能属于前者，甚至比前者还现实。

## 述而篇第七（20）

**原文**

陈司败①问："昭公②知礼乎？"孔子曰："知礼。"孔子退，揖③巫马期④而进之曰："吾闻君子不党⑤，君子亦党乎？君取⑥于吴，为同姓⑦，谓之吴孟子⑧。君而知礼，孰不知礼？"巫马期以告。子曰："丘也幸，苟有过，人必知之。"

**注释**

① 陈司败：陈国主管司法的官，姓名不详，也有人说是齐国大夫，姓陈，名司败。

② 昭公：鲁国的君主，名裯，音 chóu。"昭"是谥号。

③ 揖：作揖，行拱手礼。

④ 巫马期：姓巫马，名施，字子期，孔子的学生。

⑤ 党：偏袒、包庇的意思。

⑥ 取：同娶。

⑦ 为同姓：鲁国和吴国的国君同姓姬。周礼规定：同姓不婚，昭公娶同姓女，是违礼的行为。

⑧ 吴孟子：鲁昭公夫人。春秋时代，国君夫人的称号一般是她出生的国名加上她的姓，但因她姓姬，故称为吴孟子，而不称吴姬。

**老马释途**

孔子认为昭公知礼，最后发现未必，因为有人给他反馈纠正。"子曰：'丘也幸，苟有过，人必知之。'"夫子讲自己很幸运，假设有过错，一定会有人告知他的。实际上，当一个人达到一定高度的时候，别人未必会和他讲实话，这就是我们常讲的，如果只允许一种声音存在的话，那往往是谎言。

在现实生活的组织当中，领导者往往是认知水平最高的，当然，专业技能不一定是最高的。这就会有一个问题：大部分下属提的不同建议，往往是缺乏高度与全局性的，往往会被否定，而这样就会打击下属，最后他就没有了自己的思想，变成了附和，自然就变成了一种声音。如果期望魏征式的人物出现，这种概率又比较低，或往往早早被踢出局。

如此看来，领导者处理下属建议要有艺术，可以不接受建议，但要认同他提建议的行为。当然还有一种处理方式就是建立一种均衡的机制，互相之间有一定程度的制约。毕竟，没有了制约，不管你英明了多少次，一次糊涂足以让所有的英明丧失殆尽。

# 述而篇第七（21）

## 01

### 原文

子与人歌而善，必使反之，而后和之。

## 02

### 原文

子曰："文，莫①吾犹人也。躬行君子，则吾未之有得。"

**注释**

① 莫：约摸、大概、差不多。

**老马释途**

"必使反之，而后和之"，如果一个人的歌曲唱得好，孔子一定会让他再唱一遍，然后自己应和学习。如此看来，夫子很喜欢唱歌，而且喜欢学习，是三人行必有我师的践行者。

"躬行君子，则吾未之有得"，要身体力行地去做一个君子，但是我还没有做到。如此看来，孔子非常善于反省，知道自己知道还是不知道，实际上这是一辈子的修炼。

一个领导者需要清楚自己的优势与劣势，能够团结到能弥补自己劣势的团队成员，分工协作，应该可以取得好的结果。而问题往往出在，对于领导者来讲很难容得下和自己互补的人。这实际上是一个心胸与格局的问题。

换句话讲，领导最需要的能力是格局，其次才是技能。而公司起步的时候，核心是技能，如何能持续发挥技能让企业上一个台阶，又如何能够最后只剩下心胸，更多的是决策，甚至不需要决策，组织也能发展，这实际上就是领导者的修炼，尤其是企业当中。

## 述而篇第七（22）

**原文**

子曰："若圣与仁，则吾岂敢？抑①为之②不厌，诲人不倦，则可谓云尔③已矣。"公西华曰："正唯弟子不能学也。"

**注释**

① 抑："只不过是"的意思。

② 为之：指圣与仁。

③ 云尔：这样说。

**老马释途**

"若圣与仁，则吾岂敢？"如果讲我自己达到圣与仁，我不敢当。夫子还是很谦虚的，换句话讲，孔子也不认为自己是圣贤。这样的话，几千年来就没有什么圣人了。

"抑为之不厌，诲人不倦，则可谓云尔已矣"，自己去践行圣仁也不感到疲倦，还喜欢教导别人，我只是如此而已。实际上能够如此，已经很不容易了，要真正达到圣仁之高位，也只能是一个梦想了。

以前我老犯一个错误——和员工谈公司的未来，实际上这是员工关注的，但不是他们最关心的。员工真正关心的是自己的未来，所以要和他们谈这些。圣和仁是人们关心的，只是很多人近视，看不到那么远，更关心看得到的。总而言之，我们需要圣和仁，但大家更需要面包和牛奶，对此我们领导者要时刻保持清醒，否则组织将会充满虚伪，说一套做一套。

# 述而篇第七（23）

## 01

### 原文

子疾病①，子路请祷②。子曰："有诸③？"子路对曰："有之。《诔》④曰：'祷尔于上下神祇⑤。'"子曰："丘之祷久矣。"

### 注释

① 疾病：疾指有病，病指病情严重。
② 请祷：向鬼神请求和祷告，即祈祷。
③ 有诸：诸，"之于"的合音。意为：有这样的事吗。
④ 《诔》：音 lěi，祈祷文。
⑤ 神祇：祇，音 qí，古代称天神为神，地神为祇。

## 02

### 原文

子曰:"奢则不孙①,俭则固②。与其不孙也,宁固。"

### 注释

① 孙:同逊,恭顺。不孙,即为不顺,这里的意思是"越礼"。

② 固:简陋、鄙陋。这里是寒酸的意思。

### 老马释途

"丘之祷久矣",孔子讲,我很久之前就在祷告了。看来孔圣人并不认为这是封建迷信,而认为这是一种需要。

"奢则不孙,俭则固",孔夫子认为奢侈了就会骄傲,节俭就会显得寒酸,虽然都不好,但是骄傲不如寒酸,宁俭不奢,这是夫子的建议。

实际上二者都不是太好,居中则好,还是中和之道,凡事不能过,不能极端,过犹不及。人生就像一个秋千,荡来荡去,最好的不是停下来,往往是运动中,虽然总觉得差点儿什么,但这恰恰是常态,不差了也就出事了,什么也没有,也没有价值。不奢,也不寒酸,又偶尔会奢侈,偶尔会寒酸,这才是常态。

没有什么完美,完美只是一种追求,需要平和去对待,否则急坏的是自己。如此也算是人生的规律了,不完美的我们一直在追求完美。

# 述而篇第七（24）

## 01

### 原文

子曰："君子坦荡荡①，小人长戚戚②。"

### 注释

① 坦荡荡：心胸宽广、开阔、容忍。

② 长戚戚：经常忧愁、烦恼的样子。

## 02

### 原文

子温而厉，威而不猛，恭而安。

### 老马释途

"君子坦荡荡，小人长戚戚"应该是千古名句，讲君子心胸宽广，而小人经常忧愁，只是没有解释为什么会如此。君子为何坦荡荡？原因很简单，心中有力量。力量来自哪里？来自自信。自信从何来？没有什么原因，如果有，也是一种没有理由的原因。

莫名其妙的自信似乎是很多成功人士的特点，如果再往深处研究，应该是内心的爱与梦想，显然，这不是很多人可以有的。如此，我们都可以有成长的空间，谁不想成为君子啊。

"子温而厉，威而不猛，恭而安"，孔夫子温和而严厉（真正的对立统一），威严却不凶猛，庄重且安详。基本上就是得道高人了，也基本上确立了君子的标准，修养、修炼成为大家的常态。

人生一直存在不足，只有不断进步。问题永远存在，人生就是一辈子遇到问题，同时也是一辈子解决问题的过程。

## 泰伯篇第八

## 泰伯篇第八（1）

### 原文

子曰："泰伯①，其可谓至德也已矣。三②以天下让，民无得而称焉③。"

### 注释

① 泰伯：周代始祖古公亶父的长子。

② 三：多次的意思。

③ 民无得而称焉：百姓找不到合适的词句来赞扬他。

### 老马释途

从本章开始进一步阐述夫子的道德思想的内容。泰伯"三以天下让"，泰伯多次把王位让给季礼，也就是周文王的儿子，才有了后面的周文王、周武王。夫子把泰伯评价为："其可谓至德也已矣。"以他的道德水平可谓高尚，因为把王位让给别人不是件容易的事情，人民不知道该用什么词句来赞扬泰伯，夫子给予泰伯崇高评价。

能够把荣耀、利益让给别人，大公无私，是否就是圣人？这里往往很多人会误解。现实生活中我们经常会听到农夫和蛇的故事。不是你对别人好，别人就会对你好；不是你给别人创造价值，别人就一定会回馈你。升米恩、斗米仇的事情也很多。

不管是付出还是让贤，值得鼓励，但因此就希望获得回报，本身就是一种大公有私的表现，并不是什么道德高尚的事情，但行好事，莫问前程才是。可问题是，没有好的前程也去行好事，不易。

# 泰伯篇第八（2）

## 原文

子曰："恭而无礼则劳①，慎而无礼则葸②，勇而无礼则乱，直而无礼则绞③。君子笃④于亲，则民兴于仁，故旧⑤不遗，则民不偷⑥。"

## 注释

① 劳：辛劳，劳苦。

② 葸：音 xǐ，拘谨，畏惧的样子。

③ 绞：说话尖刻，出口伤人。

④ 笃：厚待、真诚。

⑤ 故旧：故交，老朋友。

⑥ 偷：淡薄。

## 老马释途

继续讲礼的重要性。"恭而无礼则劳，慎而无礼则葸，勇而无礼则乱，直而无礼则绞"，恭敬、谨慎、勇猛、直率本都是正面的，但是如果没有礼仪，就会变成劳苦、拘谨、盲动、尖刻。实际上从不同的角度来看，这本身就是一回事，过犹不及嘛。

孔子认为这个分寸，标准就是礼，让事情一直保持在正面。换句话讲，这应该是标准，只是儒家用了礼这个词，更多的是站在人的角度，从相对微观的角度来讲标准。而西方谈的标准化恰恰是从事情出发，从更宏观的角度，似乎没有从人的角度来谈。

"君子笃于亲，则民兴于仁"，如果君子可以真诚善待自己的亲属，百姓就会兴起"仁"的风气。君子靠以身作则，影响别人。实际上没有制度的规范似乎也不太容易，儒法两家认为的前提不同，方式自然也就不同。

# 泰伯篇第八（3）

## 原文

曾子有疾，召门弟子曰："启①予足！启予手！《诗》云②：'战战兢兢，如临深渊，如履薄冰。'而今而后，吾知免③夫，小子④！"

## 注释

① 启：开启，曾子让学生掀开被子看自己的手脚。

② 诗云：以下三句引自《诗经·小雅·小旻》篇。

③ 免：指身体免于损伤。

④ 小子：对弟子的称呼。

## 老马释途

"战战兢兢，如临深渊，如履薄冰。"这是名句了，实际上这基本上是很多上班族的心情。在不确定的环境下，很多人内心压力很大，可谓战战兢兢，很多人恐惧、逃避，也有人迎难而上。实际上，这个时候的众生相，基本上就是这个人与组织的水平反映，淡定、从容又能顺势变革的定会是强者。

怪不得有人讲，这个世界上真正能活下来的物种不是强大的，更不是弱小的，而是可以迅速应变的。以变应变，以快打快，天下武功，唯快不破，这也是线上公司让线下公司有点儿头大的原因。

时刻让自己如履薄冰，实际是一种状态，一种持续的自我反省，这也应该是成功人士的共同特点。有危机感，每日必三省吾身，慎独，敬畏。

# 泰伯篇第八（4）

## 原文

曾子有疾，孟敬子①问②之。曾子言曰："鸟之将死，其鸣也哀；人之将死，其言也善。君子所贵乎道者三：动容貌③，斯远暴慢④矣；正颜色⑤，斯近信矣；出辞气⑥，斯远鄙倍⑦矣。笾豆之事⑧，则有司⑨存。"

## 注释

① 孟敬子：即鲁国大夫仲孙捷。

② 问：探望、探视。

③ 动容貌：使自己的内心感情表现于面容。

④ 暴慢：粗暴、放肆。

⑤ 正颜色：使自己的脸色庄重严肃。

⑥ 出辞气：出言，说话。指注意说话的言辞和口气。

⑦ 鄙倍：鄙，粗野。倍同背，背理。

⑧ 笾豆之事：笾（音 biān）和豆都是古代祭祀和典礼中的用具。

⑨ 有司：指主管某一方面事务的官吏，这里指主管祭祀、礼仪事务的官吏。

## 老马释途

这里讲的是礼节，形成的千古名句，大家一直沿用至今。"鸟之将死，其鸣也哀；人之将死，其言也善"，飞鸟将要死亡时，它的叫声无比哀伤；一个人将要离开这个世界的时候，他讲的语言也是善良的。这似乎告诉我们一个道理，所有的事情结局都是完美的，不管是什么，既然盖棺定论了，也就不讲什么是非曲直了。死者为大，尊老、尊亡之道也就顺其自然了。

君子应该可以做到如下三点：动容貌，正颜色，出辞气。容貌端正，神色正派，讲话谨慎。从长相、气色、言语来进行标准制定，这实际上是一个结果，我们需要的是达成这个标准的路径。夫子更多是教化，讲道理，这可能是专业人士的普遍特点，而真正干事的人往往可能是利益导向。很多道理往往只是被挂在嘴边，除非他真的能把这些礼当成信仰，内心真正共鸣与认同。

# 泰伯篇第八（5）

## 原文

曾子曰："以能问于不能，以多问于寡，有若无，实若虚；犯而不校①——昔者吾友②尝从事于斯矣。"

### 注释

① 校：音jiào，同较，计较。

② 吾友：我的朋友。旧注上一般都认为这里指颜渊。

### 老马释途

三人行，必有吾师。实际上只有优秀的人才会向别人学习，差的人是不会向别人学习的。之所以比较差，就是因为能力一般，为什么不向别人学习呢？因为认为自己很好，对自己估计太高，或者不愿意暴露自己的弱点，因为缺乏自信。这两种情况下，只能让自己平庸，道理很简单，调整很困难。

以能问于不能，以多问于寡，这反而会成为常态，因为能与多的人清楚一点：不管怎么讲，每个人身上都有闪光点，都可以学到有价值的东西。好学者不断进步，平庸者故步自封，世界自然也就不同了。

"有若无，实若虚，犯而不校"，有学问的人就像没有学问一样，知识广博就像空无所有，被别人侵犯，心胸宽阔，也不会计较。换句话讲也相同——无若有，虚若实，犯而必校，想起来也挺有意思。

## 泰伯篇第八（6）

**原文**

曾子曰："可以托六尺之孤①，可以寄百里之命②，临大节而不可夺也，君子人与？君子人也。"

**注释**

① 托六尺之孤：孤，死去父亲的小孩叫孤，六尺指15岁以下，古人以七尺指成年。托孤，受君主临终前的嘱托辅佐幼君。

② 寄百里之命：寄，寄托、委托。百里之命，指掌握国家政权和命运。

**老马释途**

这里讲什么是君子。可以把"六尺之孤"，把幼小的孤儿托付给他，可以把国家的政权托付给这样的人，这当然应该是君子了。可以信赖，可以承载这些事情的人，临大节而不可夺也，面临生死存亡但丝毫不动摇，如此的标准实际上已经相当高了。

在突发情况下，绝大部分人会陷入焦虑。按照如此标准的话，老夫子讲的君子实在没看到几个。从这个角度来讲，"存天理，灭人欲"，成为儒家提倡的一种思想，影响了中国数千年，使得在很多情况下，人们更关注集体，关注组织，而忽略个人的感受，并且教育大家要接受这种思想。

看来君子就不是常人，有点伟大的人的意思，这本身是一个目标，也是一个枷锁。

# 泰伯篇第八（7）

## 原文

曾子曰："士不可以不弘毅①，任重而道远。仁以为己任，不亦重乎？死而后已，不亦远乎？"

## 注释

① 弘毅：弘，广大。毅，强毅。

## 老马释途

"士不可以不弘毅，任重而道远"，士不可以不刚毅，因为他责任重大，所以必须要有强大的力量。前路不确定，任重必然道远。人间正道是沧桑，没有什么简单的成功路径。

"仁以为己任，不亦重乎？"把"仁"作为自己的责任，是非常重的担子，因为"仁"是一件不能容易实现的事情。但夫子确实确定了这么一个标准，距离大家遥远，当然也成为人们的追求。因为很难达到，所以需要努力，如果很容易达到，实际上也就没有什么价值了。

"死而后已，不亦远乎？"为了这样的目标，大家即使付出生命，也愿意去努力。

# 泰伯篇第八（8）

## 01

**原文**

子曰："兴①于诗，立于礼，成于乐。"

**注释**

① 兴：开始。

## 02

**原文**

子曰："民可使由之，不可使知之。"

**老马释途**

"兴于诗，立于礼，成于乐"，修养从学《诗》开始，学礼让你自立，学乐的时候完成。这里还是在告诉我们礼乐的重要性。虽然并不容易，成为君子当然也不容易，但是标准就这样确立了。

"民可使由之，不可使知之"，对于老百姓，让他执行即可，没有必要让他们知道为什么。如此也就成为愚民，老百姓不了解真相也就成为常态。这里就有些矛盾了，夫子不是一直希望并认为人人可以成为圣人吗？那为什么又不要让老百姓了解"其所以然"。如果这样来看的话，在这里与法家也是相通的。

如此，儒家有理想主义的一面，也有现实主义的一面，也很清楚百姓就是百姓，圣人就是圣人，或许是夫子对现实的妥协吧。

# 泰伯篇第八（9）

## 原文

子曰："好勇疾①贫，乱也。人而不仁②，疾之已甚③，乱也。"

## 注释

① 疾：恨、憎恨。

② 不仁：不符合仁德的人或事。

③ 已甚：已，太。已甚，即太过分。

## 老马释途

"好勇疾贫，乱也"，崇尚勇敢，不喜欢贫穷，就一定会带来祸乱。实际上任何一个组织，任何一个国家，贫富在平均水平的占多数，极端贫穷或极端富裕的人太多，这个组织就会失去根基。当然了，大家都希望富裕，只是每个人对富裕的定义不同，有的人希望是百万身价，有的人可能追求的是百亿身价。财富只是幸福的一个指标，并非所有，但是让大部分人满意是一个组织能力的基本前提。

"人而不仁，疾之已甚，乱也"，对不仁德的人过分憎恶，实际上这个组织也会乱的。从这个角度讲，组织中有各种各样的人，每个人都有可用之处，如何使用好，发挥每一个人的优势才是根本，仁德之人有价值，非仁德之人也有价值。

# 泰伯篇第八（10）

## 原文

子曰："如有周公之才之美，使骄且吝，其余不足观也已。"

子曰："三年学，不至于谷①，不易得也。"

## 注释

① 谷：古代以谷作为官吏的俸禄，这里用"谷"字代表做官。不至于谷，即做不了官。

## 老马释途

"如有周公之才之美，使骄且吝，其余不足观也已"，即使有周公之才，且有周公的好样貌，但是如果骄傲又吝啬，那么其余的方面也就没有什么可谈的价值了。换句话讲，骄傲和吝啬基本上让这个人没有多大的价值了，离君子、仁德也就远了，谦虚、大方才是重要的素质，否则就是不值一提的人。心胸和修养永远是最重要的，才能次之。实际上，没有根基的繁花往往是没有价值的，越有能力的小人，实际上危害越大，修身才能平天下。

"三年学，不至于谷，不易得也"，努力学习了三年都没有当官的想法，这是很不容易的。换句话讲，书中自有黄金屋，没有目标的学习，不求富贵的学习是值得肯定的，看来夫子还是看不上功利的。这实际上是符合人性的，还是违背人性的，为此，我们争论了几千年了。

## 泰伯篇第八（11）

**原文**

子曰："笃信好学，守死善道，危邦不入，乱邦不居。天下有道则见①，无道则隐。邦有道，贫且贱焉，耻也；邦无道，富且贵焉，耻也。"

**注释**

① 见：音 xiàn，同现。

**老马释途**

"笃信好学，守死善道"，信念坚定，努力学习，用生命捍卫真理。这是夫子提倡的，而实际上做到是很困难的，困难之处在于判断什么是真理。对于所有人来说，各有各的真理，真理的标准各有各的讲法，所有人都认为自己掌握了真理，这也就造成大家争论不休的局面。

"危邦不入，乱邦不居"，不参与危险国家的政治，不住在混乱的国家。实际很多人没有选择国家的权力，只能但求多福。宁为安世狗，不为乱世人。

"有道则见，无道则隐"，政治清明就出来做官，政治混乱就隐居山林。颇有道理，顺势而为。乱世出英雄，但这时往往人民过得不好，总要战战兢兢，担惊受怕。我们更希望安居乐业，这样的时代里能出更多的和平英雄。

## 泰伯篇第八（12）

**原文**

子曰："不在其位，不谋其政。"

### 老马释途

"不在其位,不谋其政",不在那个位置上,不要考虑该位置的事情,否则也是白搭。有点儿事不关己,高高挂起的意思,似乎也是一种消极的人生观。从这个角度来讲,夫子的这个思想值得大家重新考虑,先天下之忧而忧,后天下之乐而乐,这才是真正有价值的,才是真正的君子所为。

各扫门前雪一旦成为信条,最后自己的门前雪也没有资格去扫了。如果人人都成了《阿甘正传》中围观的冷漠群众,如此的人民基本上很难有思想,很难有创造力,这样的组织衰败也就自然而然了。

在其位,谋其政,不在其位,也要谋其政。同一个天空下,大家的命运是紧密相连的,没有关你不关我的事情,只有共同的事情。胸怀天下,方能同理别人,才为君子吧!

# 泰伯篇第八(13)

## 01

### 原文

子曰:"师挚之始①,《关雎》之乱②,洋洋乎盈耳哉!"

### 注释

①师挚之始:师挚是鲁国的太师。"始"是乐曲的开端,即序曲。古代奏乐,开端叫"升歌",一般由太师演奏,师挚是太师,所以这里说是"师挚之始"。

②《关雎》之乱:"始"是乐曲的开端,"乱"是乐曲的终了。"乱"是合奏乐。此时奏《关雎》乐章,所以叫《关雎》之乱"。

## 02

### 原文

子曰:"狂①而不直,侗②而不愿③,悾悾④而不信,吾不知之矣。"

### 注释

① 狂:急躁、急进。

② 侗:音 tóng,幼稚无知。

③ 愿:谨慎、小心、朴实。

④ 悾悾:音 kōng,同空,诚恳的样子。

### 老马释途

看来孔子还是很欣赏音乐的,"洋洋乎盈耳哉"!一个人在艺术上有所造诣,实际上是生命幸福的重要组成部分,人的情感、情绪是人生中的重要部分,是人性中的核心内容,否则很难体会到愉悦。这本身是人性绽放的前提,但这方面也可能成为人性堕落的开始。没有独立的理性思维将会是灾难性的,过度理性又会缺乏人生的幸福,人这种生物需求真是很多。

"狂而不直,侗而不愿,悾悾而不信,吾不知之矣",狂放而不率直,愚昧不谨慎,诚恳而不守信,孔子认为没有这样的人,显然有些人格分裂了。

实际上儒家体系下的虚伪往往很普遍,圣人、君子的要求如此高,不得不假装可以,说一套做一套成为很多人的标配,这不是夫子的本意,但又能奈何?标准低点儿,都能做到,才能普遍,否则只能是少数人的天下,大部分人的虚伪与无知。

## 泰伯篇第八（14）

**原文**

子曰："学如不及，犹恐失之。"

**老马释途**

"学如不及，犹恐失之"，学习知识，担心追不上别人，学到了还怕失去。满足求知欲，希望进步，这也就是学习的动力了。

学习实际上是一个奢侈品，也是一定程度的痛苦蜕变，当然在现代社会，学习就是竞争力的重要来源。真正的难点在于吸收，因为吸收意味着改变，而改变自己是相当困难的事情。只是追求幸福，大家都有动力，大家缺乏的是否定自己的勇气。

越是无知的人，越认为学习多余，有知者反而认为学习无止境，敬畏未知世界。无知者往往认为自己是一切，拥有天下，不存在未知，因为他不会发现他的无知。这种人既有可能真无知，也有可能是有知产生的荣耀的光环，导致自己真正失去了眼睛，失去了探索的精神，又回到了最初无知的开始。学习可以解决一切问题，学习也会产生新的问题，但我们仍然需要靠学习解决所有问题。

## 泰伯篇第八（15）

01

**原文**

子曰："巍巍[1]乎，舜禹[2]之有天下也而不与[3]焉！"

## 注释

① 巍巍：崇高、高大的样子。

② 舜禹：舜是传说中的圣君明主。禹是夏朝的第一个国君。传说古代尧禅位给舜，舜后来又禅位给禹。

③ 与：参与、相关的意思。

## 02

### 原文

子曰："大哉尧①之为君也！巍巍乎，唯天为大，唯尧则②之。荡荡③乎，民无能名④焉。巍巍乎其有成功也，焕⑤乎其有文章！"

### 注释

① 尧：中国古代传说中的圣君。

② 则：效法、为准。

③ 荡荡：广大的样子。

④ 名：形容、称说、称赞。

⑤ 焕：光辉。

### 老马释途

"巍巍乎，舜禹之有天下也而不与焉"，舜禹真是崇高伟大，得到了天下而不专享，而且还禅让给别人，确实可称为君子，甚至是圣人。而问题是这种禅让是否可以延续呢？如果上来一个不愿意禅让的君主呢？事情是否就会变糟糕呢？虽然希望人人是尧、舜、禹，但对人性的考验往往令人失望，禅让本身就不是一个可以持续的事情。

一个组织的延续与传承对于组织来讲至关重要，关乎到组织能否长青，能否真正有持续性。所以，很多企业在传承上苦下功夫，很多国家也为此制定了很多法律。组织的传承问题解决了，财富的传承问题解决了，很多事情才可以持续。

虽然夫子讲了很多尧的功绩——其有成功也，焕乎其有文章，但是尧、舜、禹三世后，就变了天。夫子的回忆只是回忆，组织的延续问题仍然没有解决。如此，相信组织，将其赋予生命，比相信某个圣人似乎更能让人们放心，让组织更有生命力。

# 泰伯篇第八（16）

## 原文

舜有臣五人①而天下治。武王曰："予有乱臣十人②。"孔子曰："才难，不其然乎？唐虞之际③，于斯④为盛，有妇人焉⑤，九人而已。三分天下有其二⑥，以服事殷。周之德，其可谓至德也已矣。"

## 注释

① 舜有臣五人：传说是禹、稷、契、皋陶、伯益等人。契：音 xiè；陶：音 yáo。

② 乱臣：据《说文解字》："乱，治也。"此处所说的"乱臣"应为"治国之臣"。

③ 唐虞之际：尧曾封于唐，故称"唐尧"。舜曾封于虞，故称"虞舜"。唐虞，是唐尧与虞舜的并称。

④ 斯：指周武王时期。

⑤ 有妇人焉：指武王的乱臣十人中有武王之妻邑姜。

⑥ 三分天下有其二：《逸周书·程典篇》说："文王令九州之侯，奉勤于商"。相传当时分九州，文王得六州，是三分之二。

## 老马释途

"舜有臣五人而天下治"，舜拥有五位贤臣辅佐他，所以天下大治。"才难"，孔子也认为人才难得。换句话讲，人是一切问题的根源，所以我们认为凡事需要人才，事成不成，关键在于人。王道无近功，万事人为本，似乎能人、英雄、明君、贤臣成为必然。

如此，人的修炼、人的挑选成为核心，而实际上人是比较复杂的，贤臣干起傻事来有时候比傻臣都傻，明君糊涂起来几年就能把祖宗留下的基业给败光，不然怎么会有"秦二世而亡"。儒家的认识一直没有跳出人的范畴，实际上从组织的长青与强大来讲，系统更关键，组织搭建、制度建设更关键，虽然这些内容也是人创立的，但是这些内容更稳定。

# 泰伯篇第八（17）

## 原文

子曰："禹，吾无间①然矣。菲②饮食而致③孝乎鬼神，恶衣服而致美乎黻冕④；卑⑤宫室而尽力乎沟洫⑥。禹，吾无间然矣。"

## 注释

①间：空隙的意思。此处用作动词。

②菲：菲薄，不丰厚。

③致：致力、努力。

④黻冕：音 fú miǎn，祭祀时穿的礼服叫黻；祭祀时戴的帽子叫冕。

⑤卑：低矮。

⑥沟洫：洫，音 xù，沟渠。

## 老马释途

夫子继续称赞禹，基本上就是圣人的标准了。"吾无间然矣"，也就是对禹没有什么可非议的了，他算是完人了。尧、舜、禹一直在历史中被称为圣明君主，我实际上一直有些怀疑，因为后代的君王中再没有出现类似有如此优秀品德的人，一直颇为奇怪，到底是我们把古人想得太美好了，还是我们现代人做得太糟糕了？

"菲饮食""恶衣服"，吃得简单，穿得朴素，没有什么太多的个人需求，更多的是为了人民，为了天下。实在想不出后世的很多帝王穷奢极欲是怎么回事，难道是人心不古了，还是人心本是如此？夫子认为人人皆可为圣人，可能更多的是受了尧、舜、禹的影响，是人们内心善意表达的代表，但是放在众生来看，很多还是令人失望的。

不同的前提假定，不同的价值观，大家自然会有不同的结论。

# 子罕篇第九

## 子罕篇第九（1）

### 原文

子罕<sup>①</sup>言利，与<sup>②</sup>命与仁。

### 注释

① 罕：稀少，很少。
② 与：赞同、肯定。

### 老马释途

"子罕言利"，孔子很少谈利益，他更多的还是在追求仁、德这些内容。这在一定程度上造就了我们传统文化中一个非常重要的内容——轻利，认为谈利比较低俗，甚至认为谈利就是一种恶，这种思想实际上影响了我们两千多年。

但是如果大家都不谈利益，那么整个社会的进步、价值的创造也就无从谈起，创新也就很难发生。就从这个角度来讲，当然孔子的这一思想也是一种保守，是一种原地踏步，实际上在过去很多朝代已经发生了这种情况。

夫子的意思是让大家要重视仁德，不要太过关注利，但实际上，利益是我们很多人能够感受到和喜欢追逐的东西。有真正能达到的仁德的人，但是特别少，从这个角度来讲，有可能导致大家心中想利，嘴上谈德，产生一种虚伪。当然也有一种情况，就是可能让大家真正地重德轻利，把自私自利放到后面，那么整个社会也就成大同社会了。

## 子罕篇第九（2）

**原文**

达巷党人①曰："大哉孔子！博学而无所成名②。"子闻之，谓门弟子曰："吾何执？执御乎？执射乎？吾执御矣。"

**注释**

① 达巷党人：古代五百家为一党，达巷是党名。这是说达巷党这地方的人。
② 博学而无所成名：学问渊博，因而不能以某一方面来称道他。

**老马释途**

很多人在夸奖孔子"博学而无所成名"，说孔子博学多才，不能只称赞他某一方面优秀，基本上就是一种很高的评价了。孔子听到以后，实际上有点儿不安，非常谦虚地说，实际上我什么也没有。从这个角度来讲，孔子是君子，是谦虚之人，仁德之人就应该谦虚，谦虚是我们人性中非常重要的一种美德，并且也成为我们中华民族文化中非常重要的一个美德，这种美德一直到今天，依然是绝大部分人认为需要遵守和坚定的。

但是从另一个角度来讲，如果谦虚过头，往往会产生虚伪，或者说，在当今的这种数字化社会，如果不表达、不传播，好的事物未必会被别人发现，会出现劣币驱逐良币。所以从这个角度来讲，凡事都是多面的，我们追求仁德，追求谦虚，忽略了创新，也忽略了表达是一种内敛，有时候会产生很多误会，谦虚是一种庄重，但有时候可能误导给人感觉是一种虚伪。

# 子罕篇第九（3）

## 01

### 原文

子曰："麻冕①，礼也；今也纯②，俭③，吾从众。拜下④，礼也；今拜乎上，泰⑤也。虽违众，吾从下。"

### 注释

① 麻冕：麻布制成的礼帽。

② 纯：丝绸，黑色的丝。

③ 俭：俭省，麻冕费工，用丝则俭省。

④ 拜下：大臣面见君主前，先在堂下跪拜，再到堂上跪拜。

⑤ 泰：这里指骄纵、傲慢。

## 02

### 原文

子绝四：毋意①，毋必②，毋固③，毋我④。

### 注释

① 意：同臆，猜想、猜疑。

② 必：必定。

③ 固：固执己见。

④ 我：这里指自私之心。

### 老马释途

孔子在讲礼，实际上是一种规则的体现，也影响了我们很多年，仪式感是很重要的。他传递的是一种思想，一种文化，一种精神。很多隐性的东西需要显性地展示和强化。

"拜下，礼也"，几个字讲清楚了乾隆皇帝要求西方特使的跪礼。因为这个事，东西方当时没有打通，经过足够的时间后，"礼"便形成了约定俗成，成为价值观。

"毋意，毋必，毋固，毋我"，是夫子认为需要杜绝的四种毛病：不瞎猜，不会不知变通，不会固执，不会主观武断。发现夫子的自我理解也非常适合用"武断"来衡量，怎么会那么肯定地讲了这么多道理呢？

有决心与固执往往并存，发现有多大优点就有多大不足，有多少荣耀可能就有多少无奈，凡事是多面的。计较与认真只一步之遥，猜疑与审视也只差一张纸，武断与果断也是很难分辨的一对"双胞胎"。

## 子罕篇第九（4）

### 原文

子畏于匡①，曰："文王②既没，文不在兹③乎？天之将丧斯文也，后死者④不得与⑤于斯文也；天之未丧斯文也，匡人其如予何⑥？"

### 注释

①畏于匡：匡，地名，在今河南省长垣县西南。畏，受到威胁。孔子从卫国到陈国去经过匡地。匡人曾受到鲁国阳虎的掠夺和残杀。孔子的相貌与阳虎相像，匡人误以孔子就是阳虎，所以将他围困。

②文王：周文王，姓姬名昌，西周开国之君周武王的父亲，是孔子认为的古代圣贤之一。

③兹：这里，指孔子自己。

④后死者：孔子这里指自己。

⑤ 与：同"举"，这里是掌握的意思。

⑥ 如予何：奈我何，把我怎么样。

### 老马释途

"文王既没，文不在兹乎"，文王去世以后，周代的礼乐制度却在我这里了。夫子一直非常尊崇周礼，认为他当时所处的时代是礼崩乐坏的时代，认为过去是好的，保守主义就此形成了。

保守主义的好处是稳步推进，突变一般会被认为是不健康的。因为正常的生物规律才是符合逻辑的，但难以避免的就是创新与变革的缺乏。

变革一般是令人激动的，而它的破坏性同样是巨大的。稳定有序与渐变一般是正常状况。一个组织的良好成长应该是持续不断地渐变，墨守成规一般会带来巨大的波动，这也是我们常见的规律。

## 子罕篇第九（5）

### 原文

太宰①问于子贡曰："夫子圣者与？何其多能也？"子贡曰："固天纵②之将圣，又多能也。"

子闻之，曰："太宰知我乎！吾少也贱，故多能鄙事③。君子多乎哉？不多也。"

### 注释

① 太宰：官名，掌握国君宫廷事务。这里的太宰，有人说是吴国的太宰伯，但不能确认。

② 纵：让，使，赋予。

③ 鄙事：卑贱的事情。

## 老马释途

"夫子圣者与？何其多能也"，孔子是圣人吧，怎么有那么多才能？如此看来，成为君子、圣人，需要掌握很多技能，似乎是圣人必经之路。

夫子却说："吾少也贱，故多能鄙事。"是因为自己从小地位低贱，所以才学了很多技能，并不是因为自己成为所谓的君子，才有这么多技能。这里因果搞反了，在现实生活中，因果顺序搞反往往是常态。比如很多人认为因为穷，所以没有本事；因为环境不好，所以不挣钱；因为机会不好，所以没有成功。实际情况恰好相反，因为没有本事，所以才穷；因为没有赚到钱，所以才会觉得环境不好；因为没有为获得成功准备条件，所以机会来了也抓不住，机会只给有准备的人。

怪不得说"凡夫畏果，圣人畏因"，优秀的人往往能真正抓住原因，从因入手；一般的人常常抓住果，盯住"果"，不去改变"因"，所以也不会有希望的结果出现。

# 子罕篇第九（6）

## 原文

子曰："吾有知乎哉？无知也。有鄙夫①问于我，空空如也②。我叩③其两端④而竭⑤焉。"

### 注释

① 鄙夫：孔子称乡下人、社会下层的人。

② 空空如也：指孔子自己心中空空无知。

③ 叩：叩问、询问。

④ 两端：两头，指正反、始终、上下方面。

⑤ 竭：穷尽、尽力追究。

### 老马释途

"吾有知乎哉？无知也"，我有知识吗？没有。孔子认为自己无知，不知道是谦虚还是真的认为自己无知。越是有水平的人，才会发现自己的无知，没有水平的人实际上是很难发现自己无知的，知晓自己无知的前提条件实际上是很高的。

"我叩其两端而竭焉"，我试图从事物的两端去探寻，并且全面说明，才把事情讲明白。夫子说明了一个道理：从两极视全貌，事物的边界是事物的核心，只有了解了边界，才能掌握事物的本质。

人和人的区别就是在对一件事物边界的判断上。同一座山，大家看到的边界不同；同一条河，大家看到的边界亦不同。边界足够宽，足够大，似乎预示着心胸与格局足够宽、足够大。还要有眼界，眼观万物，不同的眼界映射出不同的真相，这也是大家争论的地方，甚至为此发动战争，表面看是因为利益，实际根源在认知。

## 子罕篇第九（7）

### 01

### 原文

子曰："凤鸟①不至，河不出图②，吾已矣夫！"

### 注释

① 凤鸟：古代传说中的一种神鸟。传说凤鸟在舜和周文王时代都出现过，它的出现象征着"圣王"将要出世。

② 河不出图：传说在上古伏羲氏时代，黄河中有龙马背负八卦图而出。它的出现也象征着"圣王"将要出世。

## 02

### 原文

子见齐衰①者，冕衣裳者②与瞽③者，见之，虽少，必作④；过之，必趋⑤。

### 注释

① 齐衰：音 zī cuī，丧服，古时用麻布制成。

② 冕衣裳者：冕，官帽；衣，上衣；裳，下服，这里统指官服。冕衣裳者指贵族。

③ 瞽：音 gǔ，盲。

④ 作：站起来，表示敬意。

⑤ 趋：快步走，表示敬意。

### 老马释途

"凤鸟不至，河不出图"，凤凰不来，河图不出现，看来这辈子又完了。夫子感叹自己一事无成，只能说明自我要求甚高，我们生活中见到的更多的是小富即安，自以为是，如此谦虚自省也只有夫子了。

实际上，人和人的差别是巨大的，而这个巨大的差别实际上就是标准不同。成功的标准相同，做人的标准不同，而这个不同实际是来源于认知，来源于梦想。知道太多、行动太少的人数不胜数，在平常情况下，这种表现不会太明显，遇到突发情况，紧急状态下，人的众生相就比较接近真相了。

"见之，虽少，必作"，夫子遇到穿丧服、礼服的人，为了表示尊敬，即使对方很年轻，也会站起来表示恭敬。夫子重礼，以身作则，这是一种同理心，也是一种修炼，能够多想别人，少考虑自己，何其难也。

# 子罕篇第九（8）

## 原文

颜渊喟①然叹曰："仰之弥②高，钻③之弥坚，瞻④之在前，忽焉在后。夫子循循然善诱人⑤，博我以文，约我以礼，欲罢不能。即竭吾才，如有所立卓尔⑥。虽欲从之，末由⑦也已。"

## 注释

① 喟：音 kuì，叹息的样子。

② 弥：更加，越发。

③ 钻：钻研。

④ 瞻：音 zhān，往前看。

⑤ 循循然善诱人：循循然，有次序地。诱，劝导，引导。

⑥ 卓尔：卓越的样子。

⑦ 末由：末，无、没有。由，途径，路径。这里是没有办法的意思。

## 老马释途

颜渊绕着弯拍了夫子的马屁，但也基本上确定自己也成不了夫子这样的圣人。如此，这种圣人标准就很容易成为看的，讲的，而不是做的了。

"瞻之在前，忽焉在后"，明明看起来是在前面，怎么忽然又到了后面。讲白了，物极必反，夫子的很多思想颜渊也不能领会。

"虽欲从之，末由也已"，我虽然想追随上去，但是也没有什么办法呀。自叹不如。这是一位学生对老师的尊敬之情，但同时也是一般普通人的心声。说明掌握这个世界密码的人似乎只是少数，并非人人可行，但又似乎违背了孔子的逻辑——人人皆可成为圣人。

承认人人平等，又要承认人与人之间的区别，这本身是一对矛盾，但也统一在一起。大家都理解的应该为常识，但现实情况是对常识仍然存在太多分歧。人类的争斗、争论虽然会带来痛苦，但好像也是某些人的爱好。

## 子罕篇第九（9）

**原文**

子疾病，子路使门人为臣①。病闲②，曰："久矣哉，由之行诈也。无臣而为有臣，吾谁欺？欺天乎？且予与其死于臣之手也，无宁③死于二三子之手乎？且予纵不得大葬④，予死于道路乎？"

**注释**

① 为臣：臣，指家臣，总管。孔子当时不是大夫，没有家臣，但子路叫门人充当孔子的家臣，准备由此人负责总管安葬孔子之事。

② 病闲：或作"病间"，病情减轻。

③ 无宁：宁可。"无"是发语词，没有意义。

④ 大葬：指大夫的葬礼。

**老马释途**

圣人也是人，孔子对于大家给他准备治丧有点儿情绪，看来生与死还是没有看淡。

"无臣而为有臣，吾谁欺？"不应该为我设立治丧之臣却设立了，这是要欺骗谁呢？

"有的人活着，他已经死了；有的人死了，他还活着。"儒家的生死观并没有那么豁达，更多的还是礼仪，精神的东西需要多一点，修炼的内容可以少一点。

# 子罕篇第九（10）

## 01

### 原文

子贡曰："有美玉于斯，韫椟①而藏诸？求善贾②而沽诸？"

子曰："沽③之哉，沽之哉！我待贾者也。"

### 注释

① 韫椟：音 yùn dú，收藏物件的柜子。

② 善贾：识货的商人。

③ 沽：卖出去。

## 02

### 原文

子欲居九夷①。或曰："陋②，如之何？"子曰："君子居之，何陋之有？"

### 注释

① 九夷：中国古代对于东方少数民族的通称。

② 陋：鄙野，文化闭塞，不开化。

### 老马释途

"沽之哉！我待贾者也"，卖掉它，我正在等识货的人。好马配好鞍，宝剑配英雄，不知道是玉成就了人，还是人成就了玉；不知道是平台成就了个人，还是个人成就了平台。实际上是相互成就。问题往往出在过高估计自己，过低估计别人，这几乎是所有人都会犯的错误，而这恰好是内心缺乏力量的表现。自信者才会信人，自疑者必然疑人，但需要表现得强大来支撑自己。

在正常情况下，人们的表现往往不真实，只有在大喜或大难面前，才会表现出真相。一个组织，一个团队，一个人，实际上是类似的。

"君子居之，何陋之有？"君子居住的地方，怎么会简陋呢？山不在高，有仙则名；水不在深，有龙则灵。你中有我，我中有你，改变别人是个笑话，自己的认知才是关键，只有自己才能改变自己而已。

# 子罕篇第九（11）

## 01

**原文**

子曰："吾自卫反鲁①，然后乐正②，雅、颂③各得其所。"

**注释**

① 自卫反鲁：公元前484年（鲁哀公十一年）冬，孔子从卫国返回鲁国，结束了14年游离不定的生活。

② 乐正：调整乐曲的篇章。

③ 雅、颂：这是《诗经》中两类不同的诗的名称。也是指雅乐、颂乐等乐曲名称。

## 02

### 原文

子曰："出则事公卿，入则事父兄，丧事不敢不勉，不为酒困，何有于我哉。"

### 老马释途

夫子在自我反省，在陈述自己的行为，讲白了就是在不断进步。实际上成长都是困难的，要不断精进，最简单实则最困难，太多人在这里上不去了。

"吾自卫返鲁，然后乐正"，从卫国回到鲁国后开始整理乐曲。讲得平常，好像没有什么特别之处。

"出则事公卿，入则事父兄"，在外地侍候公卿，在家侍奉父母兄弟。不知道自己做到了什么，为别人服务，为别人创造价值，为社会创造价值，似乎是君子的一般思考，太多人基本考虑自己，最后反而没有自己，这真是一件简单又复杂的事情。"丧事不敢不勉，不为酒困"，有丧事要努力去办，不能为酒所困。夫子在反省自己是否做得到。

只要有反省能力，一般就有进步能力，就会有进化能力。这一定是优秀的物种，何其简单，但又何其难做到。

# 子罕篇第九（12）

### 原文

子在川上曰："逝者如斯夫，不舍昼夜。"

### 老马释途

"逝者如斯夫，不舍昼夜"，夫子站在小河边感叹，道出了人生的无常。时间就像河水一样，不分白天晚上奔流而去，人生最宝贵的东西就这样在不断地流走，以至于人们一直在感叹，似乎也无能为力，只能借助于一些神话故事来进行穿越，希望能控制时间与空间。

我们一直认为人定胜天，实际上我们什么也胜不了，只是万物中一物，自以为万物之灵而已。人有生老病死，所有生物都有开始，也就决定了都有结束，没有只有开始没有结束的生物。长生不老一直存在于幻想之中，只争朝夕也就成为努力奋斗者的依据，百年如一日也成为懒惰者的借口。终归都是一个结果，也没有什么值得研究的，改变不了，享受生活也是一种态度。

科技的进步日新月异，无外乎是在现有时间、空间内提高效率，如果什么时候可以改变时空了，那人们也就真的解放了。

# 子罕篇第九（13）

## 原文

子曰："吾未见好德如好色者也。"

## 老马释途

"吾未见好德如好色者也"，夫子讲，我没有见过像好色那样好德的人。换句话讲，"好色"容易，"好德"难。

好色是人的天性，"食色性也"，符合天性的事情每个人都会具备，自然而然，不需要努力，"好德"实际上是需要修炼的。"德"的具备看来需要巨大的努力，没有办法成为天性，而这恰恰是夫子倡导的。

好色之人天天见，好德之人很少见，"多"所以显得平常，"少"所以很有价值。

在企业经营过程中，类似事件也很多。遵守规则的不讲话，到处讲别人坏话的一般不遵守规则，但往往会争夺道德制高点，进行道德绑架。这可能并非夫子"明明德"的本意，但确实广泛存在。不讲规则讲道德的，常常是无德之人，讲规则不讲道德的，恰恰可能是有德之人。

## 子罕篇第九（14）

**原文**

子曰："譬如为山，未成一篑①，止，吾止也；譬如平地，虽覆一篑，进，吾往也。"

**注释**

① 篑：音 kuì，土筐。

② 平：填平。

**老马释途**

"止，吾止也"，这时要停下来，是因为我要停下来。换句话讲，自己说了算，主观主义。从这个角度来讲，夫子也是唯心主义的。

心到哪儿，人可以到哪儿，行为可以到哪儿，语言同时也到哪儿，这基本上是内心强大、无欲无求的圣人了。

一些人实际上是分裂的，讲是讲的，做是做的，想是想的，如此也就很难言行一致了。似乎找到了新儒家言行一致的来源，虽然夫子没有讲透，但传递的是这样的思想，真是不容易。

晚上开了个会，发现这种能力源于心力，似乎找到了阳明心学的起点。

"进，吾往也"，需要前进，我就可以前进。君子坦荡荡，小人长戚戚。一切的根源都在自己的内心，外在的所有只是反射而已，心即一切也。

# 子罕篇第九（15）

## 01

**原文**

子曰："语之而不惰者，其回也与！"

## 02

**原文**

子谓颜渊曰："惜乎！吾见其进也，未见其止也。"

**老马释途**

这是两小段对颜回的评价，基本的意思就是"生命不息，战斗不止"，天行健，君子当自强不息。

"语之而不惰者"，对于学问的追索，从来没有懈怠过。活到老，学到老，活到80岁还需要学吗？这是常识，但又是绝大部分人永远不能企及的。

"吾见其进也，未见其止也"，我只见到颜回不断前进，没有见到他停止过。颜回基本是奋斗终生。人生就是一场不断折腾的修行，很多人放弃了修行，所以没有到达未来。自我修炼是多么难的一件事情啊，宁愿去修理地球。实际上，修理自己恰恰是最简单的事情，如此，颜回是看清楚的人，更是夫子倡导的逻辑。

"我"是一切的根源，人定胜天是个笑话，"我"能定的就是自己，前提是还要足够强大，否则什么也定不了。

## 子罕篇第九（16）

**原文**

子曰："苗而不秀①者有矣夫；秀而不实者有矣夫！"

**注释**

① 秀：稻、麦等庄稼吐穗扬花叫秀。

**老马释途**

"苗而不秀者有矣"，禾苗长好了，也不一定开花。实际上从另一个角度告诉我们，不是说你做好一些事情就一定有好的结果，也不是说在某些方面取得成功，就一定能够继续成功。

"秀而不实者有矣"，即使你开花了，不结果也是正常的。努力了，付出了，没有结果也是正常的。实际上很多时候都是这样的，但是大部分人付出的时候就想着收获。真正的收获往往是在不经意间来的，你真正期望的时候，它未必能够到达。你觉得很困难，坚持不下去了，却又咬紧牙关坚持下去的时候，发现目标就达成了。

## 子罕篇第九（17）

**原文**

子曰："后生可畏，焉知来者之不如今也？四十、五十而无闻焉，斯亦不足畏也已。"

**老马释途**

"后生可畏",年轻人是很值得敬畏的。我特别奇怪孔子会讲这句话。实际上,孔夫子一直给人的感觉是尊老,虽然也讲爱幼,但是更认为年轻人一定要按照过去的逻辑来做事。所以,我们对儒家的理解可能只是某一方面,或者说有些片面。后生代表着未来,世界是大家的,但归根结底世界一定是年轻人的。

年轻人的叛逆往往令我们不太舒服,但年轻人的叛逆往往是创新的源泉,往往代表未来,代表更广阔的天下,鼓励年轻人创新,这样的组织,这样的民族才更有未来。

## 子罕篇第九(18)

**原文**

子曰:"法语之言①,能无从乎?改之为贵。巽与之言②,能无说③乎?绎④之为贵。说而不绎,从而不改,吾末⑤如之何也已矣。"

**注释**

① 法语之言:法,指礼仪规则。这里指以礼法规则正言规劝。
② 巽与之言:巽,恭顺,谦逊。与,称许,赞许。这里指恭顺赞许的话。
③ 说:音yuè,同"悦"。
④ 绎:原义为"抽丝",这里指推究,追求,分析,鉴别。
⑤ 末:没有。

**老马释途**

"法语之言,能无从乎?"符合礼法的规劝谁能不听呢?认知到了才会听,认知没到,讲什么也没有用,教育的价值可能就在这里。但是实际上改变人的只有他自己,这需要真正内心的强大,而这个强大来源于自己内心的真实。无欲则刚，心存大爱，真正利他，胸怀天下，才是力量的来源。自己内省，是否真正有育人之念，有改变产业的心力与梦想。

"绎之为贵"，只有认真推究，才是有意义的。思考自己是很困难的，思考别人是容易的。自知者明，知人者智，有智慧的人不少，明白的人不多。

"说而不绎，从而不改"，只听了高兴而不去分析，认同别人的建议而不去改变，这就没有多大意义了。但这基本是对贤人的要求，大部分的人知都未知，更何谈行动出效果。如此看来，夫子的要求还是很高的。

这一直是一个困惑夫子的内容，似乎是要求部分人做到的，但似乎又要拯救全人类。这是一种巧合还是一种必然呢？或者本身就是一个梦想，还是空想？

# 子罕篇第九（19）

## 原文

子曰："主忠信①，毋②友不如己③者，过④则勿惮⑤改。"

### 注释

① 主忠信：以忠信为主。

② 毋：通"无"，"不要"的意思。

③ 不如己：一般解释为不如自己。另一种解释说："不如己者，不类乎己，所谓'道不同不相为谋'也。"把"如"解释为"类似"。后一种解释更为符合孔子的原意。

④ 过：过错、过失。

⑤ 惮：音 dàn，害怕、畏惧。

### 老马释途

"主忠信，毋友不如己者"，忠信的人，一般不会交往比自己差的人。这一点是非常重要的。我们很多人交往很多朋友，但实际上在朋友圈中自己是最优秀的，经常和一些比自己差的人在一起，是很难进步的，最终一定也很难成为君子，更不要谈成为贤人和所谓的圣人。孔子在两千多年前就讲到了这一点。但是，和比自己强的人交往，实际上有时候是有压力的，需要成长。所以，很多人想进步，但并不愿意和比自己强的人相处，因为有压力，不舒适。

"过则勿惮改"，犯了过错，就不要怕改正。人非圣贤，孰能无过，过错本质上就是一个人进步的机会。不管是组织，还是个人，只要面对问题，面对过错，那么它就会成为进步的机会。如果我们逃避问题和逃避过错，那么问题只会变成更大的问题，过错只会变成更大的过错。讲起来容易，做起来不易，我们还是要修行和修炼，反思与反省。

## 子罕篇第九（20）

### 原文

子曰："三军①可夺帅也，匹夫②不可夺志也。"

### 注释

① 三军：12500人为一军，三军包括大国所有的军队。此处言其多。

② 匹夫：平民百姓，主要指男子。

### 老马释途

"三军可夺帅也，匹夫不可夺志也"，军队的主帅可以被夺去，一般人的志向不可以被迫改变。换句话讲，改变人的志向是相当难的，夺去主帅已相当难，改变志向比它更难。

改变人是一件非常难的事情，但又是一件非常伟大的事情。要从认知上，从梦想、目标上去调整，一旦一个组织或一个人的目标改变了，那么一切就都改变了。

每一个人都是固执的，同时也有一种信仰，没有信仰的人虽然肉体还活着，但精神已经死了。没有精神自由的人，实际上就是乌合之众，匹夫被夺志基本上也就成为废人了。夫子看来是很清楚的，解放人性，追求志向，这个社会才会有活力，这个组织才会有创新能力。

# 子罕篇第九（21）

## 原文

子曰："衣①敝缊袍②，与衣狐貉③者立而不耻者，其由也与？'不忮不求④，何用不臧？'"子路终身诵之。子曰："是道也，何足以臧？"

## 注释

① 衣：穿，当动词用。

② 敝缊袍：敝，坏。缊，音yùn，旧的丝棉絮。这里指破旧的丝棉袍。

③ 狐貉：用狐和貉的皮做的裘皮衣服。

④ 不忮不求，何用不臧：这两句见《诗经·邶风·雄雉》篇。忮，音zhì，害的意思。臧，善，好。

## 老马释途

这段内容实际上是孔子在夸自己的学生，不贪不骗人，穿着破烂的衣服都不觉得不好意思，说白了内心很强大，这也是修炼成君子、圣贤的方向。

子路听完以后，就不断在讲这两句话，但是孔子觉得实际上做到这两点未必就是很好。换句话讲，这只是达到了基本的层面，更高的水平需要更高的修炼。

我们越来越发现，孔子的要求实在太高了，儒家的标准实在太高了，实在不是大多数人能做到的事情，而是精英分子做的事情。越来越发现这不是一件简单的事情，我不知道这是夫子故意的，还是我们的水平太差？

# 子罕篇第九（22）

## 01

**原文**

子曰："岁寒，然后知松柏之后凋也。"

## 02

**原文**

子曰："知者不惑，仁者不忧，勇者不惧。"

### 老马释途

"岁寒，然后知松柏之后凋也"，天气冷了，才会知道松柏是最后凋零的。大潮退去，才知道谁在裸泳，很多事情只有发生了才能看得到。疾风知劲草，一个人在平时的表现往往不准确，只有在面对危机时，表现的才是真相。

"知者不惑，仁者不忧，勇者不惧"，有智慧的人不会迷惑，有仁德的人不会忧愁，勇敢的人不会畏惧。对比一下自己，既会迷惑，又会忧愁，很多时候内心也很恐惧。如此的话，我们与知者、仁者、勇者相去甚远。学习了一辈子，结论只有一个，那就是认识到自己很无知；愁苦了一辈子，发现自己离仁德甚远，经常内心会恐惧，会患得患失，很难做到心平气和。夫子是圣人，大家都想成为圣人，发现几乎不可能，只能继续修行，一直在路上，从来没有达成。

## 子罕篇第九（23）

### 原文

子曰："可与共学，未可与适道①；可与适道，未可与立②；可与立，未可与权③。"

### 注释

① 适道：适，往。这里是志于道，追求道的意思。

② 立：坚持道而不变。

③ 权：秤锤。这里引申为权衡轻重。

### 老马释途

"可与共学，未可与适道"，可以一并学习的人，未必可以达到"得道"的高度。看来夫子还是很清楚的，学习者众，得道者寡，没有那么容易得道，真正的真相是大家都在路上。

"可与适道，未可与立"，可以一起达到道的境界的人，未必能一起立身共事。讲白了，得道者也未必能出世，在世间把事情完成，把思想变成行动，并且产生价值也是不同的事情。

"可与立，未可与权"，能一起立身行事的人，也未必能一起权衡形势，灵活变通。如果做到共学、适道、与立、与权，那么基本上也就成为圣贤之人了。

比较现实的方式应该是一个组织或团队达到这个要求，有一个人达到其中一部分已经相当不错了，希望样样精通，基本上也就只能是一个想法。

# 子罕篇第九（24）

## 原文

"唐棣①之华，偏其反而②。岂不尔思？室是远而③。"子曰："未之思也，夫何远之有？"

## 注释

① 唐棣：一种植物，属蔷薇科，落叶灌木。
② 偏其反而：形容花摇动的样子。
③ 室是远而：只是住的地方太远了。

## 老马释途

"未之思也，夫何远之有？"还是没有真正想念，如果真正想念，有什么遥远的呢？实际上，心理的因素往往是跨越时空的，恋人的思念，亲人的想念，距离越远思念越甚。

人的情感这么多年来似乎变化并不大，变化最快的是技术，然后是外在的环境，包括社会的形态，以及生产关系。这些更多的是人们内心追求的外在表现，当然，技术的巨大进步也在改变我们的认知和思维，但是对人性中的情感、情绪似乎影响极小。和旧石器时代的古代人比起来，现代人的喜怒哀乐也是基本保持稳定，这才是人性中最需要研究的，当然包括思念与想念。这更多应该是"心"的东西，并非"脑"的东西。

# 乡党篇第十

## 乡党篇第十（1）

### 原文

孔子于乡党，恂恂①如也，似不能言者。其在宗庙、朝廷，便便②言，唯谨尔。

### 注释

① 恂恂（xún xún）：温和恭顺。

② 便便：辩，善于辞令。

### 老马释途

"孔子于乡党，恂恂如也，似不能言者"，夫子在家乡显得非常温和恭顺，就像一个不会说话的人。这样显然显得很有礼貌，表示夫子有君子之风。我们都被教育过不太过于表现自己的风采，低调务实才是礼仪之本。好处在于没有什么大的错误，坏处在于很难有什么突破创新，有点儿死气沉沉的样子。

"便便言，唯谨尔"，在朝堂上讲话，也善于言辞，只是讲得比较礼貌罢了。有礼有节，积极表达，但要注意礼数。本来是一个真诚有礼的事，有人做成了虚伪、表里不一，凡事不能绝对，绝对化容易走向反面，还是积极面对。中庸之道才是大道，一个人如此，一个组织也是如此。组织能力比个人能力更为重要。

# 乡党篇第十（2）

## 01

**原文**

朝，与下大夫言，侃侃[1]如也；与上大夫言，訚訚[2]如也。君在，踧踖[3]如也，与与[4]如也。

**注释**

① 侃侃：说话理直气壮、不卑不亢、温和快乐的样子。
② 訚訚（yín）：正直，和颜悦色而又能直言诤辩。
③ 踧踖（cù jí）：恭敬而不安的样子。
④ 与与：小心谨慎、威仪适中的样子。

## 02

**原文**

君召使摈[1]，色勃如也[2]；足躩[3]如也。揖所与立，左右手，衣前后，襜[4]如也。趋进，翼如也[5]。宾退，必复命曰："宾不顾矣。"

**注释**

① 摈（bìn）：动词，招待宾客。
② 色勃如也：脸色立即庄重起来。
③ 足躩（zújué）：脚步快的样子。
④ 襜（chān）：整齐之貌。
⑤ 翼如也：如鸟儿展翅一样。

### 老马释途

继续描述夫子的言语与行为，基本就是君子的范本了。从两千多年前开始，形成了这种君子之风，一直尊崇到现在。

"侃侃如也""訚訚如也""与与如也"，温和快乐，正直恭谨，威仪适当，这基本上就礼仪，就是标准。

"揖所与立，左右手"，向左右两边的人拱手作揖，衣服整齐，对客人礼貌有加。这段勾勒了中国传统文化中的君子形象，有礼、有节、低调、恭敬、正直，基本上好听的词语都用上了。但同时也会有一个问题：如果只是表面如此，不是真情流露，实际内心险恶，那就是虚伪客套，很难产生真正的价值，很难讲人话、接地气。

组织中出现这种做足表面功夫的领导往往会让组织丧失活力，诚心正意才能平天下，才能真正真诚无敌。可惜的是真诚的底层逻辑是内心强大，来源于信仰，来源于格物致知，胸怀天下，何其难也。

# 乡党篇第十（3）

### 原文

入公门，鞠躬如①也，如不容。立不中门，行不履阈②。过位，色勃如也，足躩如也，其言似不足者。摄齐③升堂，鞠躬如也，屏气似不息者。出，降一等④，逞⑤颜色，怡怡如也。没阶⑥，趋进，翼如也。复其位，踧踖如也。

### 注释

① 鞠躬如：谨慎而恭敬的样子。

② 履阈：阈，音 yù，门槛。脚踩门槛。

③ 摄齐：齐，音 zī，衣服的下摆；摄，提起。提起衣服的下摆。

④ 降一等：从台阶上走下一级。

⑤ 逞：舒展开，松口气。

⑥ 没阶：走完了台阶。

### 老马释途

继续拿夫子的行为来举例，说明礼节的重要性，基本上成为君子的标配。

人们老讲英国人的绅士风范，实际上我们儒家也是非常讲究的，只是几千年后的今天很多东西没有广泛传承下来，有时候在某些特殊的场合仍然可以看到儒家追求的礼仪、礼节。仪式与礼节虽然有些烦琐，但却是组织必不可少的，有助于形成群体性的行为约定俗成，最后就会成为一种惯例。这种力量大到宗教，小到习惯，是我们精神家园中重要的组成部分。

"立不中门，行不履阈"，不站在门的中间，不去踩踏门槛。这都是一种谦虚与礼貌的行为。"复其位，踧踖如也"，回到自己的位置，显出非常恭敬的样子，这也就是礼节了。

礼节实际上就是规则的一种，背后是价值观与准则。现在很多组织中出现的纠纷根源就在价值观，其次才是我们常讲的利益。

# 乡党篇第十（4）

### 原文

执圭①，鞠躬如也，如不胜。上如揖，下如授。勃如战色②，足蹜蹜③，如有循④。享礼⑤，有容色。私觌⑥，愉愉如也。

### 注释

① 圭：一种上圆下方的玉器，举行典礼时，不同身份的人拿着不同的圭。出使邻国，大夫拿着圭作为代表君主的凭信。

② 战色：战战兢兢的样子。

③ 蹜蹜：音 sù，小步走路的样子。

④ 如有循：循，沿着。好像沿着一条直线往前走一样。

⑤ 享礼：享，献上。指向对方贡献礼物的仪式。使者受到接见后，接着举行献礼仪式。

⑥ 觌：音 dí，会见。

### 老马释途

"上如揖,下如授",向上举时好像在作揖,向下的时候像是给人递东西,表现得非常恭敬,很重视礼节,谦恭成为君子的标配。

"私觌,愉愉如也",私下与国君会见时,夫子也显得很开心,既恭敬又轻松,这也就是不卑不亢。大部分情况下,人们容易走向两个极端:没有信心或极端自负。事情没有达成之前,心虚,没有底气,缺乏力量;事情与目标达到了,甚至超额完成了,立马变得信心爆棚,又会缺乏谦逊之心,目空一切,就走到了另一个极端。

就像恭敬的礼仪一样,要不成了拍马屁,要不没有礼貌,核心还在于内心的想法。有求于别人容易卑,无求于别人容易亢,实际上还是利益心没有放下。

有无利益都能恭敬、愉悦,都可收放自如,谦逊有礼,这也是夫子示范给我们的标准。

# 乡党篇第十（5）

### 原文

君子不以绀緅饰①,红紫不以为亵服②。当暑,袗絺绤③,必表而出之④。缁衣⑤,羔裘⑥;素衣,麑⑦裘;黄衣,狐裘。亵裘长,短右袂⑧。必有寝衣⑨,长一身有半。狐貉之厚以居⑩。去丧,无所不佩。非帷裳⑪,必杀之⑫。羔裘玄冠⑬不以吊⑭。吉月⑮,必朝服而朝。

### 注释

① 不以绀緅饰:绀,音gàn,深青透红,斋戒时服装的颜色。緅,音zōu,黑中透红,丧服的颜色。这里是说,不以深青透红或黑中透红颜色的布给平常穿的衣服镶上边作饰物。

② 红紫不以为亵服:亵服,平时在家里穿的衣服。古人认为,红紫不是正色,便服不宜用红紫色。

③ 袗絺绤:袗,音zhěn,单衣。絺,音chī,细葛布。绤,音xì,粗葛布。这里是说,

穿粗的或细的葛布单衣。

④ 必表而出之：把麻布单衣穿在外面，里面还要衬有内衣。

⑤ 缁衣：黑色的衣服。

⑥ 羔裘：羔皮衣。古代的羔裘都是黑羊皮，毛皮向外。

⑦ 麑：音 ní，小鹿，白色。

⑧ 短右袂：袂，音 mèi，袖子。右袖短一点，是为了便于做事。

⑨ 寝衣：睡衣。

⑩ 狐貉之厚以居：狐貉之厚，厚毛的狐貉皮。居，坐。

⑪ 帷裳：上朝和祭祀时穿的礼服，用整幅布制作，不加以裁剪，折叠缝上。

⑫ 必杀之：一定要裁去多余的布。杀，裁。

⑬ 羔裘玄冠：黑色皮礼帽。

⑭ 不以吊：不用于丧事。

⑮ 吉月：每月初一，一说正月初一。

## 老马释途

这段开始讲穿着的标准，发现到今天已经几乎全部失传了，很少有人按这个标准穿着。儒家的标准已经很详细了，不是简单的一种思想与主张，而是形成了一整套标准与规则，并且成为统治者治理国家的工具。独尊儒术似乎有一定的必然性，成为中国传统文化中非常重要的组成部分，遗憾的是这种继承太过强大，以至于可变革与创新的空间较小，形成一种僵化，最终表现为一定程度的落后也就自然而然了。

当然，任何一种思想都有其不足之处，很难讲谁是完美的，而这往往是人类争论的基本根源。由于认知不同、价值观不同，对同一件事情的判断有可能截然不同。对一种事物的价值也很难有统一的判断标准，可能有人认为价值千金，有人认为一文不值，这需要有统一的前提才能衡量。而经济活动的行为恰好有了这种统一的可能，大家共赢，获取利益，一旦扯上价值观，很难有共识。

"吉月，必朝服而朝"，每月初一必须穿上朝服去拜访君主，盛装而朝，既是礼仪，又是管控。

# 乡党篇第十（6）

## 01

### 原文

齐①，必有明衣②，布。齐必变食③，居必迁坐④。

**注释**

① 齐：同斋。

② 明衣：斋前沐浴后穿的浴衣。

③ 变食：改变平常的饮食。指不饮酒，不吃葱、蒜等有刺激味的东西。

④ 居必迁坐：指从内室迁到外室居住，不和妻妾同房。

## 02

### 原文

食不厌精，脍①不厌细。食饐②而餲③，鱼馁④而肉败⑤，不食。色恶，不食。臭恶，不食。失饪⑥，不食。不时⑦，不食。割不正⑧，不食。不得其酱，不食。肉虽多，不使胜食气⑨。唯酒无量，不及乱（10）。沽酒市脯⑪，不食。不撤姜食，不多食。

**注释**

① 脍：音kuài，切细的鱼、肉。

② 饐：音yì，陈旧。食物放置时间长了。

③ 餲：音ài，变味了。

④ 馁：音 něi，鱼腐烂，这里指鱼不新鲜。

⑤ 败：肉腐烂，这里指肉不新鲜。

⑥ 饪：烹调制作饭菜。

⑦ 时：应时，时鲜。

⑧ 割不正：肉切得不方正。

⑨ 气：同"饩"，音 xì，即粮食。

⑩ 不及乱：乱，指酒醉。不到酒醉时。

⑪ 脯：音 fǔ，熟肉干。

## 老马释途

"齐，必有明衣"，斋戒沐浴时，一定有浴衣，这也是标准。记得小时候穷得澡都没得洗，自然谈不上浴衣了。显然，这个标准不是给普通老百姓的，是一种相对高端的标准。当然，在当下，这都不是问题了。看来衣食足才能知礼仪，遗憾的是没有谈到如何创造财富，可能更多的是通过农业，只是耻于谈利，也就缺失了。

"齐必变食，居必迁坐"，斋戒时，需要改变饮食，改变居住的地方，以示正式，这也几乎成为众多宗教的标准。一个组织一定要把思想具象化，形成行为、习惯，最后才是我们所认为的组织行为。虚的做实的，实的以虚为依据，仅此而已。

接下来讲的是吃的标准，这也不能，那也不能，好像物质丰富的样子。"唯酒无量，不及乱"，酒可以喝，但不要过量，喝多。规定得如此细节，实属不易，根源还是在思想，在价值观，所有的行为只是价值观的显示性动作而已，找到这个点，本质也就清楚了。

# 乡党篇第十（7）

## 01

**原文**

祭于公，不宿肉①，祭肉②不出三日。出三日，不食之矣。

**注释**

① 不宿肉：不使肉过夜。古代大夫参加国君祭祀后可以得到国君赐的祭肉。但祭祀活动一般要持续二三天，所以这些肉就已经不新鲜，不能再过夜了。

② 祭肉：祭祀用的肉。

## 02

**原文**

食不语，寝不言。

## 03

**原文**

虽疏食菜羹①，瓜祭②，必齐③如也。

**注释**

① 菜羹：用菜做成的汤。

② 瓜祭：古人在吃饭前，把席上各种食品分出少许，放在食具之间祭祖。

③ 齐：同斋。

## 04

**原文**

席①不正，不坐。

**注释**

① 席：铺于地面的席子上，古代用于跪坐。

## 05

**原文**

乡人饮酒①，杖者②出，斯出矣。

**注释**

① 乡人饮酒：指当时的乡饮酒礼。

② 杖者：拿拐杖的人，指老年人。

## 06

**原文**

乡人傩①，朝服而立于阼阶②。

## 注释

① 傩：音 nuó。古代迎神驱鬼的宗教仪式。

② 阼阶：阼，音 zuò，东面的台阶。主人立在大堂东面的台阶，在这里欢迎客人。

## 07

### 原文

问①人于他邦，再拜而送之②。

### 注释

① 问：问候。古代人在问候时往往要致送礼物。

② 再拜而送之：在送别客人时，两次拜别。

### 老马释途

继续讲吃的标准。"不宿肉""出三日，不食之矣"，不吃过夜的肉，超过三天的祭肉就不吃了。"食不语，寝不言"，吃饭的时候就吃饭，不要交谈，睡觉时不要讲话，恭恭敬敬，礼貌有加。

"虽疏食菜羹，瓜祭"，虽然是简单的饭菜，也要拿一部分先祭祖，祖上为大。可惜的是，这些习俗已经逐渐消失了，没有文化的根，还是一件令人沮丧的事情。

"席不正，不坐""杖者出，斯出矣"，铺的席子不正，就不能坐下。老人们先走出去，自己才能出去。祭祖、尊老的思想一直延续到今天。

标准如此细节，已经到了日常生活的方方面面，怪不得儒家得到人们认同。可以执行落地的内容永远是干货，比较起来，道家的高深更甚，普及也就自然差很多了。

从组织治理的角度，有高度，有思想，有行为，有结果，似乎才是更有现实意义。人们总是不愿意思考，虽然一小部分人会有主动性，但大部分人想得开，随波逐流而已。

## 乡党篇第十（8）

### 01

**原文**

康子馈药，拜而受之。曰："丘未达，不敢尝。"

### 02

**原文**

厩焚。子退朝，曰："伤人乎？"不问马。

### 03

**原文**

君赐食，必正席先尝之。君赐腥①，必熟而荐②之。君赐生，必畜之。侍食于君，君祭，先饭。

**注释**

① 腥：生肉。
② 荐：供奉。

## 04

### 原文

疾，君视之，东首①，加朝服，拖绅②。

### 注释

① 东首：头朝东。

② 绅：束在腰间的大带子。

### 老马释途

夫子的行为基本上就是君子的标准了，很懂礼仪，也很保守。"丘未达，不敢尝"，因为本人不了解药性，所以这样的药不敢吃。儒家的保守主义风格维护了君王的统治，维持了社会的运转，但似乎缺乏一些创新与突破，更多的是原地踏步，缺乏一种奋斗精神。从这个意义上来讲，似乎是保守主义，基本上很少谈及技术的进步，更多的是维护。

"'伤人乎？'不问马"，看来人最重要，马无所谓，以人为贵。

"东首，加朝服，拖绅"，虽然病倒了，国君前来探望，也要严格遵守礼仪，头朝东躺着，身上盖上朝服，拖上腰间的大带子。君为上体现得相当明确，不过一直有一点令人疑惑：这些是否是人性中真正需要的呢？

儒家思想中个人的分量不大，更多的还是社会、国家、家庭，这也是东西方思想上很重要的一个不同点。从企业治理的角度看，也是如此，但双方如何平衡，值得我们研究。

# 乡党篇第十（9）

## 01

**原文**

君命召，不俟驾行矣。

## 02

**原文**

入太庙，每事问。

## 03

**原文**

朋友[①]死，无所归，曰："于我殡[②]。"

**注释**

① 朋友：指与孔子志同道合的人。
② 殡：停放灵柩和埋葬都可以叫殡，这里是泛指丧葬事务。

## 04

### 原文

朋友之馈，虽车马，非祭肉，不拜。

## 05

### 原文

寝不尸，居不客。

### 老马释途

礼仪标准的形成是很重要的，行事逐渐会沉淀为一种思想与信仰，用孔子的行为来告诉大家君子的标准。

"君命召，不俟驾行矣"，国君召见孔子，车还没有准备好，孔子就赶紧步行走了。君为上的思想很受统治者喜欢，同时也奠定了社会上的一种秩序观，也就成为一种价值观，形成了一种价值判断的标准。

"朋友死，无所归，曰：'于我殡。'"，朋友去世了，没有亲属为其办理丧事，孔子说，我来办吧。逝者为大，这些事情都是应该的，言行一致，基本上是孔子的标准，没有对错，只是一种选择，最后成为正确与规则。实际上都是一种自己认为正确，这往往是我们讲的文明的冲突。

现在出现的很多冲突，双方各有说法，大家都很有道理，表面上是利益，本质上是价值观不同，但如果人们只有一种统一的价值观，似乎也少了多样化，不够丰富多彩。

我们更多应该讨论不同价值观体系下的共同体，难就难在这个共同体的未来走向何方，往往取决于大家的三观，这似乎是一个无解的难题。

# 乡党篇第十（10）

## 01

**原文**

见齐衰①者，虽狎②，必变。见冕者与瞽者③，虽亵④，必以貌。凶服⑤者式⑥之。式负版者⑦。有盛馔⑧，必变色而作⑨。迅雷风烈必变。

**注释**

① 齐衰：zī cuī，指丧服。

② 狎：音 xiá，亲近的意思。

③ 瞽者：盲人，指乐师。

④ 亵：音 xiè，常见、熟悉。

⑤ 凶服：丧服。

⑥ 式：同轼，古代车辆前部的横木。这里作动词用。遇见地位高的人或其他人时，驭手身子向前微俯，伏在横木上，以示尊敬或者同情。这在当时是一种礼节。

⑦ 负版者：背负国家图籍的人。当时无纸，用木版来书写，故称"版"。

⑧ 馔：音 zhuàn，饮食。盛馔，盛大的宴席。

⑨ 作：站起来。

## 02

**原文**

升车，必正立，执绥①。车中，不内顾②，不疾言③，不亲指④。

## 注释

① 绥：上车时扶手用的索带。

② 内顾：回头看。

③ 疾言：大声说话。

④ 不亲指：不用手势比划。

## 03

### 原文

色斯举矣①，翔而后集②。曰："山梁雌雉③，时哉时哉！④"子路共⑤之，三嗅而作⑥。

### 注释

① 色斯举矣：色，脸色。举，鸟飞起来。

② 翔而后集：飞翔一阵，然后落到树上。鸟群停在树上叫"集"。

③ 山梁雌雉：聚集在山梁上的母野鸡。

④ 时哉时哉：得其时呀！得其时呀！这是说野鸡时运好，能自由飞翔，自由落下。

⑤ 共：同"拱"。

⑥ 三嗅而作：嗅应为昊字之误。昊，音jiù，鸟张开两翅。一本作"戛"字，鸟的长啸声。

### 老马释途

"见齐衰者，虽狎，必变"，见到身着丧服的人，即使很熟悉，也要变得庄重。要有同理心，包括被请客时候的表情等。尊重别人，同理心是核心，以礼待之应该是基本逻辑。

"升车，必正立，执绥"，上车后一定要先端正，站好，然后拉着扶手，规规矩矩。没有规矩，不成方圆，只是这未必是人之本性。如此看来，夫子更多关注的是要求，是对社会礼仪的要求，而非人之本性的释放。当然，夫子认为人的本性应该是善的。

  不管人性的假设是什么，最后都会有自己的标准与规矩，这似乎是每一流派哲学思想的共通之处，只是各有特色而已。这往往形成了国家或各种组织的争议，真正的共存还是需要约定的。当然，战争、争议也会是解决问题的备选方案。天下大同，真的只能是一个梦想了。

  如果外星球文明出现，或许会让我们星球的思想归于一统，有外部的威胁，内部就容易统一，没有外部压力，内部就自己开始成为对头，这似乎是人性。

# 先进篇第十一

## 先进篇第十一（1）

**原文**

子曰："先进①于礼乐，野人②也；后进③于礼乐，君子④也。如用之，则吾从先进。"

**注释**

① 先进：指先在学习礼乐方面有所进益而后再做官的人。后进则是反过来。

② 野人：朴素粗鲁的人或指乡野平民。

③ 后进：先做官后学习礼乐的人。

④ 君子：这里指统治者，贵族。

**老马释途**

基本上发现人是需要教育的，不然和野人没有什么区别。当然，人的本性是好的，所以是可以教化的。养子不教如养驴，养女不教如养猪，所以学习礼乐就很重要了。

"先进于礼乐，野人也"，先学礼乐，再去做官，是没有家庭背景的乡野平民，所以只能通过这条路走向仕途。基本上也奠定了官比民优的逻辑，似乎没有官为民服务的逻辑。如此，学而优则仕，也就成为大家的路径，官本主义似乎成为儒家宣扬的东西，为人民服务成为很困难的事情。

"后进于礼乐，君子也"，先当官后学礼乐的一般是权贵的后代。如此子承父业似乎再正常不过了。当然，夫子建议用人还是先用先学礼乐的人。书中自有黄金屋，书中自有颜如玉，为什么读书也成一件功利性这么强的事了？似乎有些与重义轻利自相矛盾。

# 先进篇第十一（2）

## 01

**原文**

子曰："从我于陈、蔡①者，皆不及门②也。"

**注释**

① 陈、蔡：均为国名。

② 不及门：门，这里指受教的场所。不及门，是说不在跟前受教。

## 02

**原文**

子曰："孝哉闵子骞！人不间①于其父母昆②弟之言。"

**注释**

① 间：非难、批评、挑剔。

② 昆：哥哥，兄长。

## 03

**原文**

德行①：颜渊、闵子骞、冉伯牛、仲弓。言语②：宰我、子贡。政事③：冉有、季路。文学④：子游、子夏。

> **注释**
>
> ① 德行：指能实行孝悌、忠恕等道德。
>
> ② 言语：指善于辞令，能办理外交。
>
> ③ 政事：指能从事政治事务。
>
> ④ 文学：指通晓诗书礼乐等古代文献。

## 04

**原文**

子曰："回也非助我者也，于吾言无所不说。"

## 05

**原文**

南容三复白圭①，孔子以其兄之子妻之。

> **注释**
>
> ① 白圭：白圭指《诗经·大雅·抑》的诗句："白圭之玷，尚可磨也，斯言之玷，不可为也。"意思是白玉上的污点还可以磨掉，我们言论中有毛病，就无法挽回了。这是告诫人们要谨慎自己的言语。

## 06

**原文**

季康子问："弟子孰为好学？"孔子对曰："有颜回者好学，不幸短命死矣，今也则亡。"

### 老马释途

这么一大段基本上是孔子对自己几位学生的评价,能培养出优秀的学生是所有老师的愿望,但是整体下来会发现,真正达到老师要求的学生实在是少数。

号称数千弟子的夫子,叫得上名来的也就72弟子,这一直是我比较困惑的。教育希望培养出人才,而真正的顶尖人才少之又少,所谓的精英教育只是部分天才的摇篮,普通人还是占了大部分。

实际上,教育应该培养出每个人的自我,天生我材必有用,每一个鲜活的生命都是有价值的,不是非要成为什么圣贤。很多人认为考不上985、211学校,好像就是失败,去了职业院校基本成为下三等。真正的教育应该是培养出独立自主、健康发展的个体,每个人都不应是标准化的产品,应该是独一无二的自己。

这几年中国职业教育兴起,这应该是一个巨大的进步,似乎每一个普通人才是真正的圣贤。

# 先进篇第十一(3)

## 01

### 原文

颜渊死,颜路①请子之车以为之椁②。子曰:"才不才,亦各言其子也。鲤③也死,有棺而无椁。吾不徒行以为之椁。以吾从大夫之后④,不可徒行也。"

### 注释

① 颜路:颜无繇(yóu),字路,颜渊的父亲,也是孔子的学生。

② 椁:音 guǒ,古人所用棺材,内为棺,外为椁。

③ 鲤：孔子的儿子，字伯鱼，死时50岁。

④ 从大夫之后：跟随在大夫们的后面，意即当过大夫。孔子在鲁国曾任司寇，是大夫一级的官员。

## 02

**原文**

颜渊死，子曰："噫！天丧予！天丧予！"

## 03

**原文**

颜渊死，子哭之恸①。从者曰："子恸矣。"曰："有恸乎？非夫②人之为恸而谁为？"

**注释**

① 恸：哀伤过度，过于悲痛。

② 夫：音fú，指示代词，此处指颜渊。

## 04

**原文**

颜渊死，门人欲厚葬①之，子曰："不可。"门人厚葬之。子曰："回也视予犹父也，予不得视犹子也②。非我也，夫③二三子也。"

## 注释

① 厚葬：隆重地安葬。

② 予不得视犹子也：我不能把他当亲生儿子一样看待。

③ 夫：语助词。

## 老马释途

颜回去世了，这里记录了这么多段夫子的言语和行为，可见颜回这位学生在夫子心目中的位置。

听说颜回走了，夫子讲："天丧予！天丧予！"上天要亡我。可以判断出颜回的分量，并且夫子为颜回悲痛过度，受到了别人的批评，夫子明确表达是需要的。如此看来，圣人也很讲情义，也是普通人，有点儿让夫子回归人情味。

看似无情，实则有情；看似有情，实则无情，圣人无外乎平常人，也有七情六欲。

当然，人人成为圣人也就成为可能，在这里觉得夫子如此亲切。发现儒家塑造的圣人既有超越"人"的内容，又有"人"的一面，并未真正成为独立的神，这和"上帝"还是有很大区别的。

如此，既反映了东方的综合，又反映了东方的纠结。

# 先进篇第十一（4）

## 原文

季路问事鬼神。子曰："未能事人，焉能事鬼？"曰："敢问死。"曰："未知生，焉知死？"

### 老马释途

"未能事人，焉能事鬼？"人都没有侍奉好，又怎么能侍奉鬼神？讲白了鬼神很重要，但不如人重要，所以在我们的价值体系里实际上是人为本，什么鬼呀、神呀常常成为摆设，我们需要的时候就摆出来，不需要的时候就放回去，真正的信仰还是自己。

"未知生，焉知死？"不知道生的道理，又怎能知道死的道理呢？事实是知道了生的道理，也很难知道死的道理；知道了死的道理，往往才能真正理解生。因为对于任何人来讲，生的长度太短，死的长度很长。当一个人看透"死"，实际上也就看透生了。以终为始，明白了绝大部分时间我们的状态是什么，一瞬间的生实际上显得微不足道。

没有什么事情是不可为的，只是某些条件下，某些组织与个人是不可为的，换一下角色似乎又会可行起来。短暂的生命纠结本身就是一种缺乏眼光的行为，而我们往往都缺乏这个眼光。

# 先进篇第十一（5）

## 01

### 原文

闵子侍侧，訚訚①如也；子路，行行②如也；冉有、子贡，侃侃③如也。子乐。"若由也，不得其死然。"

### 注释

① 訚訚：訚，音 yín。和颜悦色的样子。

② 行行：行，音 hàng。刚强的样子。

③ 侃侃：说话理直气壮。

## 02

### 原文

鲁人①为长府②。闵子骞曰:"仍旧贯③,如之何?何必改作?"子曰:"夫人④不言,言必有中。"

**注释**

① 鲁人:这里指鲁国的当权者。这就是人和民的区别。

② 为长府:为,这里是改建的意思。藏财货、兵器等的仓库叫"府",长府是鲁国的国库名。

③ 仍旧贯:贯,事,例。沿袭老样子。

④ 夫人:夫,音 fú,这个人。

## 03

### 原文

子曰:"由之瑟①奚为于丘之门②?"门人不敬子路。子曰:"由也升堂矣,未入于室③也。"

**注释**

① 瑟:音 sè,一种古乐器,与古琴相似。

② 奚为于丘之门:奚,为什么。为,弹。为什么在我这里弹呢?

③ 升堂入室:堂是正厅,室是内室,用以形容学习程度的深浅。

**老马释途**

从夫子对自己几位学生的评价可以看得出,夫子还是比较了解大家的。同一位老师教的学生却各不相同，各有特点。看得出关键还是自身，君子之道，圣人之道，看来还是听天由命了。作为圣人的夫子也无可奈何。影响人，让自己改变，让改变发生才是正道。每一个人都是不确定的，但实际上从更高的角度来讲，每一个人又是确定的，确定的是人性。

"夫人不言，言必有中"，这个人不怎么多讲话，但是一讲就会讲到关键点。没有什么废话，言多语失，少说为上，这也应该是儒家的观点与理念。在当今市场经济大潮中似乎有些突破，推广、传播实际上还是非常需要的，当然低调也是必须的，所以人们总结出做人要低调，做事要高调。实际上，做人和做事，很多时候是分不太清楚的。

"由也升堂矣，未入于室也"，仲由学习已经很好了，只是还未学到家而已。对仲由夫子还是很肯定的，激励仲由继续努力。世界具体表现的复杂性往往超过每一个人的认知，但从更高层面来看，似乎也就是那么点儿事，但任何一点儿事落到个人身上，都是影响一生的。

# 先进篇第十一（6）

## 原文

子贡问："师与商①也孰贤？"子曰："师也过，商也不及。"曰："然则师愈②与？"子曰："过犹不及。"

## 注释

① 师与商：师，颛孙师，即子张。商，卜商，即子夏。
② 愈：胜过，强些。

## 老马释途

"师与商也孰贤？"子贡问夫子，这两个人哪位会更贤明呢？"师也过，商也不及。"夫子回答的意思是一位过头了，一位又达不到。子贡以为过头的应该更好一点儿,这样引出了儒家非常重要的一个思想——中庸之道。

"过犹不及",超过了与达不到是一回事,都不恰当。增之一分则太长,减之一分则太短,这才应该是最适合的。中和之道一直绵延几千年,这实际上与道家的物极必反暗合。正反的东西往往是一回事,相爱相杀,相生相克,才应是根本。大智慧往往以蠢傻的形式出现,很多时候让人始料未及。天下大道,合久必分,分久必合,否极泰来,泰极否来,似乎是大道。

一个组织的持续发展与增长也就成为难题,当然,同时也就成为课题。太多的喜怒哀乐伴随,太多的逆势而行,增减以维持组织的更多荣光,可惜的是这都是过程,顺其自然才好。

# 先进篇第十一(7)

## 01

### 原文

季氏富于周公①,而求也为之聚敛②而附益③之。子曰:"非吾徒也。小子鸣鼓而攻之可也。"

### 注释

① 季氏富于周公:季氏比周朝的公侯还要富有。

② 聚敛:积聚和收集钱财,即搜刮。

③ 益:增加。

## 02

### 原文

柴①也愚②，参也鲁③，师也辟④，由也喭⑤。

> ①柴：高柴，字子羔，孔子学生。
> 
> ②愚：旧注云：愚直之愚，指愚而耿直，不是傻的意思。
> 
> ③鲁：迟钝。
> 
> ④辟：音pì，偏，偏激，邪。
> 
> ⑤喭：音yàn，鲁莽，粗鲁，刚猛。

## 03

### 原文

子曰："回也其庶①乎，屡空②。赐不受命，而货殖③焉，亿④则屡中。"

> ①庶：庶几，相近。这里指颜渊的学问道德接近于完善。
> 
> ②空：贫困、匮乏。
> 
> ③货殖：做买卖。
> 
> ④亿：同"臆"，猜测，估计。

### 老马释途

孔子不认冉求这个徒弟，"非吾徒也，小子鸣鼓而攻之，可也"，他不是我的学生，可以大张旗鼓地去攻击他。冉求受到了批评，看来圣人教出来的学生也有不好的。没有完美的事物，只能不断地追求与修炼，否则就只有受挫与无奈。

写得正是开心，飞机颠了一下，心中一惊，有些恐慌，坐了这么多年飞机，内心对话梳理了许久，还是不到位，修行不足呀。讲起来容易，知道也好像容易，真正知道并做到何其难，怪不得冉求令夫子失望，夫子也只能无可奈何。

夫子对颜回还是满意的，有如下评价："回也其庶乎"，颜回道德学问也近乎完美了吧，但是呢，也有很大不足。"屡空"，常常贫困，看来生活也不如意，这也是颜回的短板。如此看来，真正的圣人、完人也就只能有那么几个人了，更多的还是在文章上，或者在历史记录里，只是夫子不愿意承认，否则，人性本善似乎受到挑战，好像人性本恶了。所以夫子的学生集法家之大成，形成性恶说，也就再正常不过了。

# 先进篇第十一（8）

## 01

### 原文

子张问善人①之道，子曰："不践迹②，亦不入于室③。"

### 注释

① 善人：指本质善良但没有经过学习的人。

② 践迹：迹，脚印。踩着前人的脚印走。

③ 入于室：比喻学问和修养达到了精深地步。

## 02

### 原文

子曰："论笃是与①，君子者乎？色庄者乎？"

### 注释

① 论笃是与：论，言论。笃，诚恳。与，赞许。意思是对说话笃实诚恳的人表示赞许。

### 老马释途

"不践迹，亦不入于室"，不顺着前人的脚印向前走，其学问修养也难以到家。如此形成了保守与温和。可问题是循迹而至，初期似乎可以，一直如此，难免墨守成规，创新也就消失了，变成原地打转，这本身需要反思。

当然，对夫子说的内容不能一言以蔽之，换句话讲，修养到家与修养破圈并非完全对立，本质上是殊途同归，相生相克。就像两个人一样，性格相反，既会非常吸引，又会非常排斥，简单地认为吸引或排斥显得有些幼稚，没掌握规律。喜欢可能是害你的，讨厌的可能是救你的，也未可知，这种玄妙才是真正的存在。

"论笃是与，君子者乎？色庄者乎？"君子与伪君子表面上没有什么区别，底层逻辑上来讲，似乎也很容易相互转化，过与不及实际是一回事。捧杀似乎告诉我们一个道理，过度的好可能会坏，非常坏可能会成为好，玄妙至极。胜不可骄，平平淡淡才是真。知道道理容易，践行这个道理往往需要一生的努力。

# 先进篇第十一（9）

### 原文

子路问："闻斯行诸①？"子曰："有父兄在，如之何其闻斯行之？"冉有问：

"闻斯行诸？"子曰："闻斯行之。"

公西华曰："由也问闻斯行诸，子曰，'有父兄在'；求也问闻斯行诸，子曰，'闻斯行之'。赤也惑，敢问。"子曰："求也退，故进之；由也兼人②，故退之。"

### 注释

① 诸："之乎"二字的合音。

② 兼人：好勇过人。

### 老马释途

看来夫子对自己的徒弟很是了解，因材施教，针对性很强，同一种情况下，给出完全不同的处理方法。

"闻斯行诸？"听到就应该马上行动吗？对于仲由，孔子的意见是先听听兄长们的意见，不急于马上行动。对于冉求，孔子的意见是应该听到了就马上行动。突然间发现，平时我们对着一帮人开会，讲同样的东西，有效性似乎并不高。广而告之的应该更多是一些思想性、通用性的内容，真正的落实细节还是应该因人而异，不能简单地就事论事。

虽然复杂了点儿，但还是颇为有效的，这一点恰好是我们对事不对人这种论调的很大缺陷。人性的复杂，看来夫子是有深刻见解的，但是让每一个人充满善意应该是终极目标。

"求也退，故进之；由也兼人，故退之"，冉求总是退缩，少些魄力，所以要鼓励他；仲由好勇过人，所以要约束他。讲得很微观了，再高深的大道，无外乎也就是生活中的点点滴滴。一通百通，但也总有不足；百无一通，也总会有有价值的地方。

# 先进篇第十一（10）

## 01

**原文**

子畏于匡，颜渊后。子曰："吾以女为死矣。"曰："子在，回何敢死？"

## 02

**原文**

季子然①问："仲由、冉求可谓大臣与？"子曰："吾以子为异之问，曾②由与求之问。所谓大臣者，以道事君，不可则止。今由与求也，可谓具臣③矣。"曰："然则从之④者与？"子曰："弑父与君，亦不从也。"

**注释**

① 季子然：鲁国季氏的同族人。

② 曾：乃。

③ 具臣：普通的臣子。

④ 之：代名词，这里指季氏。当时冉求和子路都是季氏的家臣。

## 03

**原文**

子路使子羔为费宰。子曰："贼①夫人之子②。"子路曰："有民人焉，有社稷③焉，何必读书，然后为学？"子曰："是故恶夫佞者。"

### 注释

① 贼：害。

② 夫人之子：指子羔。孔子认为他没有经过很好的学习就去从政，这会害了他自己的。

③ 社稷：社，土地神。稷，谷神。这里"社稷"指祭祀土地神和谷神的地方，即社稷坛。古代国都及各地都设立社稷坛，分别由国君和地方长官主祭，故社稷成为国家政权的象征。

### 老马释途

"所谓大臣者，以道事君，不可则止"，所谓的臣子，就是用道义来侍奉君上，如果行不通，完全可以辞职。但实际情况中，在中国漫长的封建专制社会，可用则用，不能用则废。普天之下，莫非王土，你必须服从使唤，不能想干就干，不想干就不干。

孔子当时毕竟有很多国君可以选择，可能没有想到后面大一统的中华一个时期只有一位国君，并且很多国君做不到大公无私，成为圣贤。

"弑父与君，亦不从也"，弑父、杀君主的事情他们是不会做的。君父在孔子这里拥有至高的位置。两千多年的封建社会历史中，你方唱罢我登场，从艰难起步到顺利上位，到日落黄昏，政权更迭，几乎成为一种规律，分久必合，合久必分。

就像一家企业一样，基业长青何其难，没有优秀的企业，只有时代的企业，要跨越时代，与时俱进是唯一的可能。

## 先进篇第十一（11）

### 原文

子路、曾皙①、冉有、公西华侍坐。子曰："以吾一日长乎尔，毋吾以也②。居③则曰：'不吾知也！'如或知尔，则何以哉④？"

子路率尔⑤而对曰："千乘之国，摄⑥乎大国之间，加之以师旅，因之以饥馑，由也为之，比及⑦三年，可使有勇，且知方⑧也。"

夫子哂⑨之。"求，尔何如？"对曰："方六七十⑩，如⑪五六十，求也为之，比及三年，可使足民。如其礼乐，以俟君子。"

"赤，尔何如？"对曰："非曰能之，愿学焉。宗庙之事⑫，如会同⑬，端章甫⑭，愿为小相⑮焉。""点，尔何如？"鼓瑟希⑯，铿尔，舍瑟而作⑰，对曰："异乎三子者之撰。"子曰："何伤乎？亦各言其志也。"曰："莫⑱春者，春服既成，冠者⑲五六人，童子六七人，浴乎沂⑳，风乎舞雩㉑，咏而归。"夫子喟然叹曰："吾与点也！"

三子者出，曾皙后。曾皙曰："夫三子者之言何如？"子曰："亦各言其志也已矣。"曰："夫子何哂由也？"曰："为国以礼。其言不让，是故哂之。"唯㉒求则非邦也与？""安见方六七十如五六十而非邦也者？""唯赤则非邦也与？""宗庙会同，非诸侯而何？赤也为之小，孰能为之大？"

### 注释

①曾皙：名点，字子皙，曾参的父亲，也是孔子的学生。

②以吾一日长乎尔，毋吾以也：虽然我比你们的年龄稍长一些，但你们不要因此受到拘束而不敢说话。

③居：平日。

④则何以哉：何以，即何以为用。

⑤率尔：轻率、急切。

⑥摄：迫于、夹于。

⑦比及：比，音 bì。等到。

⑧方：方向。

⑨哂：音 shěn，讥讽地微笑。

⑩方六七十：纵横各六七十里。

⑪如：或者。

⑫宗庙之事：指祭祀之事。

⑬会同：诸侯会见。

⑭ 端章甫：端，古代礼服的名称。章甫，古代礼帽的名称。

⑮ 相：赞礼人，司仪。

⑯ 希：同"稀"，指弹瑟的速度放慢，节奏逐渐稀疏。

⑰ 作：站起来。（大部分翻译都是站起来，但是忖度实际情况可以翻译为起直起身子，即挺身。）

⑱ 莫：同"暮"。

⑲ 冠者：成年人。古代子弟到20岁时行冠礼，表示已经成年。

⑳ 浴乎沂：沂，水名，发源于山东南部，流经江苏北部入海。在水边洗头面手足。

㉑ 舞雩：雩，音yú。地名，原是祭天求雨的地方，在今山东曲阜。

㉒ 唯：语首词，没有什么意义。

## 老马释途

一段长长的对话，表达了夫子的观点，指出了几位学生的不足，发现对自己没有价值的事情，很难有动力去推进。但是解决了这种私心也很难实现目标，在"自私"问题上的道德审判与人性判断，往往成为不同思想的分歧。在夫子看来，"亦各言其志也已矣"。大家谈的都是自己的志向而已，显然成不了气候，也就是说，夫子认为"自私"非善，这个思想一直影响了我们几千年，所以到今天都一直批评别人自私自利，并以此为耻，认为毫不利己、专门利人才是榜样。

非要把利己与利人分开，本身就是一件很有问题的分法。物极必反，对立统一，这可能本来就是一件事情，不是非此即彼的零和游戏，应该是共存、共融的，帮助别人本身也在成就自己。一个连自己都不爱的人，我想很难有力量爱别人，但只想着爱自己，也似乎很难有力量为社会创造价值。

"为国以礼。其言不让，是故哂之"，治国要讲礼让，他讲话毫不谦让，所以才笑话他。礼让、讲礼貌成为大家的习惯，当然，有时也会当仁不让，综合理解，似乎更接近真相。

# 颜渊篇第十二

## 颜渊篇第十二（1）

**原文**

颜渊问仁。子曰："克己复礼①为仁。一日克己复礼，天下归仁焉②。为仁由己，而由人乎哉？"颜渊曰："请问其目③。"子曰："非礼勿视，非礼勿听，非礼勿言，非礼勿动。"颜渊曰："回虽不敏，请事④斯语矣。"

**注释**

① 克己复礼：克己，克制自己。复礼，使自己的言行符合于礼的要求。

② 归仁：归，归顺。仁，即仁道。

③ 目：具体的条目。目和纲相对。

④ 事：从事，照着去做。

**老马释途**

这一段谈出了千古名句，说明了"仁"为何物，也就是圣贤的追求之道。更多的还是从自身，从我们的内心去追求，自我修炼，心即一切，这样对改变世界好像没有多大兴趣。

"克己复礼为仁"，克制约束自己，按照礼仪与规范去做事情，这就是仁。管理自己还是根本，这应该深刻地影响了我们，"我"是一切的根源，我心即世界，世界即我心。人生就是一个通过遵守规范与礼仪，通过自我修炼，和自己一些不好的苗头、思绪、恶习做斗争的过程。一旦做到了，大家就会认为你是仁人了。关键问题来了：礼是什么，规范是什么？这就是秩序的根本。

"为仁由己"，修行仁德主要靠自己。内观，观心成为一种我们公认的习惯与约定俗成，但似乎天时大过人为，只是天时不可违，可以修正的也只剩下自己了。

最后，夫子再次明确何为克己复礼——"非礼勿视，非礼勿听，非礼勿言，非礼勿动"，不合礼的事，不看、不听、不讲、不做，基本又是少数人才可达到，大众只能望而兴叹。如何让每一个普通人可以通过努力做到，好像才是真正的难题，否则只能曲高和寡，应者多多，行者寥寥了。

## 颜渊篇第十二（2）

**原文**

仲弓问仁。子曰："出门如见大宾，使民如承大祭①；己所不欲，勿施于人；在邦无怨，在家无怨②。"仲弓曰："雍虽不敏，请事斯语矣。"

**注释**

① 出门如见大宾，使民如承大祭：出门办事和役使百姓，都要像迎接贵宾和进行大祭时那样恭敬严肃。

② 在邦无怨，在家无怨：邦，诸侯统治的国家。家，卿大夫统治的封地。

**老马释途**

"出门如见大宾，使民如承大祭"，出门办事就像接待贵宾一样，役使百姓像参加重大祭祀一样，隆重而认真对待，这也是"仁"。似乎少了人性的自然与轻松，创新与破局在这里并不受欢迎，如此，保守主义占据了制高点。

"己所不欲，勿施于人"，将心比心，自己都不喜欢的事情，不要强加给别人。基本上确定了做人的标准。实际上，自己喜欢的也未必适合强加给别人。现实生活中，我们常犯的毛病恰好是喜欢把我们认为好的东西强加给我们的朋友。实际上，人们需要的是他所希望得到的，并且是通过自己主导得到的，否则会缺乏成就感，你的帮助反而会产生怨恨，"升米恩，斗米仇"就成了常态。己所欲，也未必要施于人，人所欲，恰当施于人，似乎才是道理。

多想想别人，少想想自己，克制自己的私欲，也就成为圣贤的倡导。遗憾的是很多人难以达到，但起码还是有了一种导向，一种对大家无声的约束。越来越发现，大部分人的认同未必是真相，恰恰可能是离题万里，少部分人的判断可能更靠近于真相，更有价值。

# 颜渊篇第十二（3）

## 01

**原文**

司马牛①问仁。子曰："仁者，其言也讱②。"曰："其言也讱，斯③谓之仁已乎？"子曰："为之难，言之得无讱乎"。

**注释**

① 司马牛：姓司马，名耕，字子牛，孔子的学生。

② 讱：音 rèn，话难说出口。这里引申为说话谨慎。

③ 斯：就。

## 02

**原文**

司马牛问君子。子曰："君子不忧不惧。"曰："不忧不惧，斯谓之君子已乎？"子曰："内省不疚，夫何忧何惧？"

**老马释途**

继续谈何为"仁"。什么样的人才算君子？"仁者，其言也讱"，仁人说话要谨慎。这种理念影响了我们的民族性格。枪打出头鸟，谨言慎行，缺乏创新能力，似乎这才是"仁"。理由是什么？"为之难，言之得无讱乎？"做起来很难，讲起来能不谨慎吗？因为不好做，所以要给自己留有余地，似乎有点儿不敢承担责任。

当然，谦虚使人进步，但在创新过程中，没有把握的尝试非常重要。作为一个领导者，在没有条件的情况下对未来进行科学预测与动员团队积往往是其关键能力，这似乎有所不"仁"。

"君子不忧不惧"，君子就是不忧愁，不恐惧。原因是什么？"内省不疚，夫何忧何惧？"问心无愧，有什么忧惧的？似乎有些小我了，先天下之忧而忧，后天下之乐而乐，不忧自我忧天下，不惧自身惧天下。如果从更广阔的角度来讲，夫子这样的"仁"与"君子"，是否有一些精致利己主义了？还是本人浅薄，未领会深意。

# 颜渊篇第十二（4）

## 原文

司马牛忧曰："人皆有兄弟，我独亡。"子夏曰："商闻之矣：'死生有命，富贵在天。'君子敬而无失，与人恭而有礼，四海之内，皆兄弟也。君子何患乎无兄弟也？"

## 老马释途

"人皆有兄弟，我独亡。"司马牛如此感叹："别人都有兄弟姐妹，只有我没有"，他应该是独生子。子夏劝他说："生死有命，富贵在天"，生死富贵天注定，顺其自然而已，没有必要去纠结这些事情，更何况四海之内皆兄弟，君子何患无兄弟呢？这高度又到了天下，告别了小我，和上一段的"内省不疚，夫何忧何惧"似乎又有些不同，上升到了一个更宏观的高度，是天下观而非自我观，离开了自身,上升到了天下本一家的高度。

"君子敬而无失,与人恭而有礼",君子只要严肃认真地对待所做的事情,对人恭敬且合乎礼节,那就天下人皆为兄弟。只要有君子的心胸与行为,以为就拥有了天下,当然,天下也就皆为一家了。

事情本身是什么并不重要,重要的是你的心胸,你的思想与认知,认知即一切,思想是什么我们就是什么。

# 颜渊篇第十二(5)

## 原文

子张问明。子曰:"浸润之谮①,肤受之愬②,不行焉,可谓明也已矣。浸润之谮,肤受之愬,不行焉,可谓远③也已矣。"

### 注释

① 浸润之谮:谮,音zèn,像水那样一点一滴地渗进来的谗言,不易觉察。

② 肤受之愬:愬,音sù,像皮肤感觉到疼痛那样的诬告,即直接的诽谤。

③ 远:明之至,明智的最高境界。

### 老马释途

何谓明,何谓远?什么是明智,什么叫有远见?孔子进行了简单的总结。"浸润之谮,肤受之愬,不行焉",像水一样那样慢慢浸透的谗言与坏话,也就是慢慢悄无声息的谗言渗透,在你这里行不通,那就应该是明智,以及有远见了。显然,这是一个难题。

古往今来,有多少人倒在谗言之下,有多少君主被小人所误,又有多少人被小人所害。远见与明智一直是一种很难具备的素质,虽然我们日常这样夸老板、夸领导,实际上很多英明的领导就这样被送到丢人堆里去了,很多变成了穿新装的皇帝,看来还是兼听则明。

像切肤之痛那样直接的诽谤在你这里也行不通，那就是明智与有远见了。戒急用忍何其难，今天早上我还发了顿脾气，想起来惭愧，用情易怒，用心易伤，还是要修炼起来。

## 颜渊篇第十二（6）

**原文**

子贡问政。子曰："足食，足兵，民信之矣。"子贡曰："必不得已而去，于斯三者何先？"曰："去兵。"子贡曰："必不得已而去，于斯二者何先？"曰："去食。自古皆有死，民无信不立。"

**老马释途**

老师和学生在一起谈如何治理国家，夫子认为关键是三点："足食，足兵，民信之矣。"也就是讲，粮食充足，军备充足，人民信任政府，这三点是关键。最后的顺序是，军备最不需要，人民信任最为关键。

"民无信不立"，也就是老百姓对政府的信任是关键。实际上这里有个误区，就像在一个企业内部，员工信任公司，公司信任员工，这是最好的。而实际上这种状态很难持续，有时候信任，有时候不信任，这应该是常态，动态应该是常态。组织能力中信任也是最重要的，但这是一个结果，需要很多的条件才能真正达到，一旦达到，组织将会迸发出强大的能力。

## 颜渊篇第十二（7）

**原文**

棘子成[①]曰："君子质而已矣，何以文为？"子贡曰："惜乎，夫子之说君子也！驷不及舌②。文犹质也，质犹文也，虎豹之鞟③，犹犬羊之鞟。"

### 注释

① 棘子成：卫国大夫。古代大夫都可以被尊称为夫子，所以子贡这样称呼他。

② 驷不及舌：指话一说出口，就收不回来了。驷，拉一辆车的四匹马。

③ 鞟：音 kuò，去掉毛的皮，即革。

### 老马释途

"君子质而已矣，何以文为？"君子在于本质，又何必在乎表面工作？这实际上是人们经常的观点，当然未必如此。实际上，不管对组织，还是对个人来讲，很多形式的东西还是很有价值的，所以人们才会谈到仪式感。我们具有社会属性，环境与仪式有时候会对我们产生重大影响，甚至让本质发生变化。

故才讲"文犹质也，质犹文也"，文采即为本质，本质就是文采。形式与内容有时候分不太清楚，实际是你中有我，我中有你。不能非要分个你我，分个黑白，分个对错，用二元对立的思维来思考问题。实际上，所有事都是多面的、系统的，这样更符合规律，人们会更加成熟一点，不会极端。这也是我们看到成熟的组织与个人与不成熟的组织与个人的巨大差别。

换句话讲，眼中揉得了沙子，人们也就成熟了；眼中容得了石头，就基本上可以接近君子了。

# 颜渊篇第十二（8）

### 原文

哀公问于有若曰："年饥，用不足，如之何？"有若对曰："盍彻乎①？"曰："二②，吾犹不足，如之何其彻也？"对曰："百姓足，君孰与不足？百姓不足，君孰与足？"

## 注释

① 盍彻乎：盍，何不。彻，西周奴隶主国家的一种田税制度。旧注曰："什一而税谓之彻。"

② 二：抽取十分之二的税。

## 老马释途

"年饥，用不足，如之何？"遭遇饥荒，国家财政困难，该怎么办？有若给出的方案是降低赋税，实际上这好像有问题。公司都没钱，员工如何能赚到钱？回答是这样的："百姓足，君孰与不足？百姓不足，君孰与足？"如果百姓富足了，国家怎么会不富足？如果百姓不富足，贫困了，君上又如何能够富足？如果民富国穷，似乎也不妙；如果国富民穷，这样的国也很难持续。实际上恰当的方式应该是双赢，否则是双输，没有什么一输一赢，因为只有双赢，这个组织才会有战斗力，才会维持下去。

零和游戏害死人，双赢才是未来。

# 颜渊篇第十二（9）

## 原文

子张问崇德①辨惑②。子曰："主忠信，徙义③，崇德也。爱之欲其生，恶之欲其死，既欲其生，又欲其死，是惑也。'诚不以富，亦祗以异④'。"

## 注释

① 崇德：提高道德修养的水平。

② 惑：迷惑，不分是非。

③ 徙义：徙，迁移。向义靠拢。

④ 诚不以富，亦祗以异：祗：音zhī，这是《诗经·小雅·我行其野》篇的最后两句。此诗表现了一个被遗弃的女子对其丈夫喜新厌旧的愤怒情绪。孔子在这里引此句，令人费解。

### 老马释途

"崇德辨惑",如何提高自己的道德修养,如何提高自己辨别是非的能力,看来道德修养与辨别是非应该是有价值的能力,会对自己有很大的好处,当然也应该对别人有很大好处,这一直成为我们为人处事的最高标准。

"主忠信,徙义",以忠信为主,让自己的行为向义靠拢,就可以提高自己的道德修养了。重义轻利一直是儒家的核心要义,也是道德标准,为什么要费这么大劲教育大家这样做呢?就是因为这实际上是违背很多人的本意的,重利未必重义,要重义就需要教化,轻利的人少之又少,否则也就有些多余了,或者就会讲一套干一套。

"爱之欲其生,恶之欲其死",喜欢一个人就希望他活下去,讨厌一个人就希望他死去。一会儿望其生,一会儿望其死,显然太过小家子气,看不出半点儿仁义,人性的弱点暴露无遗。不因爱而喜,不因恶而厌,这基本上就是圣人了。

## 颜渊篇第十二(10)

### 原文

齐景公①问政于孔子。孔子对曰:"君君、臣臣、父父、子子。"公曰:"善哉!信如君不君、臣不臣、父不父、子不子,虽有粟,吾得而食诸?"

### 注释

① 齐景公:姓姜,名杵臼,齐国国君。

### 老马释途

"问政于孔子",换句话讲,就是咨询孔夫子如何治国。夫子讲:"君君、臣臣、父父、子子",君主要像君主,臣子要像臣子,父亲要像父亲,儿子要像儿子。实际上，讲的是要有秩序，没有规矩不成方圆，基本上形成了规范，礼仪不可更改，不可逾越。讲来讲去，就是定规范、定标准、定制度，统治者的真正权力实际上就是制定规则的权力。

真正的区别在于制定规则的底层逻辑，是从统治者出发，还是从老百姓出发，到底代表什么人的观点与利益。历史上的争议真正的问题在这里，是非之争，真理之争，实际上都是游戏，本质是价值观之争，或者是利益之争。大家的道理都很有道理，均可自洽，而实际问题往往不是这些问题。

## 颜渊篇第十二（11）

### 01

**原文**

子曰："片言①可以折狱②者，其由也与③？"子路无宿诺④。

**注释**

① 片言：诉讼双方中一方的言辞，即片面之词，古时也叫"单辞"。
② 折狱：狱，案件。折狱即断案。
③ 其由也与：大概只有仲由吧。
④ 宿诺：宿，久。拖了很久而没有兑现的诺言。

### 02

**原文**

子曰："听讼①，吾犹人也。必也使无讼②乎！"

## 注释

① 听讼：审理诉讼案件。
② 使无讼：使人们之间没有诉讼案件之事。

## 老马释途

谈起了诉讼，打官司，似乎夫子不太喜欢打官司。一直到今天，这似乎成为我们共同的认识，宁愿私下交流，不愿对簿公堂。

"听讼，吾犹人也。必也使无讼乎！"夫子讲自己审理案件与别人没有什么区别，更重要的是让人们之间不要产生诉讼，认为这种事情不是什么有价值的事情。实际上人和人的争议，甚至诉讼却是常态，因为各自有各自的理解，各自有各自的观点，这似乎是平等交流的可能。当然，前提是法官要公平，要客观。这本身在君王为老大的旧社会是不可能发生的，法官必须为君王服务，干脆君王就是法官了。

# 颜渊篇第十二（12）

## 01

### 原文

子张问政。子曰："居之无倦，行之以忠。"

## 02

### 原文

子曰："博学于文，约之以礼，亦可以弗畔① 矣夫！"

## 注释

① 畔：通"叛"。

### 老马释途

"居之无倦，行之以忠"，在官位的时候从不懈怠，执行政令的时候要忠心。这样处理政事应该是好同志，但基本上执政努力，执政为皇上，没有看出执政为民的意思。关键问题在于"忠"于谁，实际上，这是一个组织、一个国家的核心问题。当然，在夫子这里，更多的是忠君爱国，不是爱国忠君，更非爱民忠君。

就像我们在企业经营中，到底是以客户为中心还是以股东为中心？虽然这个问题并不一定对立，大部分人也很容易告诉我们以客户为中心，而在实际操作中，可能更多的还是股东价值第一。做到以客户为中心并非易事，当然，统一起来会更加完美。

"博学于文，约之以礼，亦可以弗畔矣夫！"广泛学习文化知识，用礼来约束自己的行为，就会符合秩序，不会离经叛道了。当然学的是圣贤之书，遵循的是圣贤之礼，什么样的制度塑造什么样的人，什么样的文化塑造什么样的组织。

# 颜渊篇第十二（13）

### 原文

子曰："君子成人之美，不成人之恶。小人反是。"

### 老马释途

"君子成人之美，不成人之恶，小人反是"，这是经典语录，很是流行，意思是君子会成全别人的好事，但是不会促成别人的坏事，小人恰好是相反的。勿以善小而不为，勿以恶小而为之。实际上讲的都是同一个道理，君子与小人对立得非常明显，好坏的标准也很清晰，是非分明。而实际生活中，何为美事，何为恶事，并非简单可以衡量。谁为善，谁为恶，双方都能拿出依据。最后发现底层逻辑是大家的价值观不同，代表的利益也不同。

这常常会出现，谈的是善恶，讲的是是非，背后实际上是利益，是价值观的分歧，往往最后交给了历史，由后人去评说。如此，争议是常态，统一基本没有可能，各自活出自己的真理，又能协调共存，才是现实的正道。

# 颜渊篇第十二（14）

## 01

### 原文

季康子问政于孔子。孔子对曰："政者，正也。子帅以正，孰敢不正？"

## 02

### 原文

季康子患盗，问于孔子。孔子对曰："苟子之不欲，虽赏之不窃。"

### 老马释途

"政者，正也"，执政就是正道，走上正道就是正确的执政理念。"子帅以正，孰敢不正？"你带头走正道，还有谁不走正道呢？上梁正，下梁自然也就正了，基本上可以理解为这个含义。

问题的争论就到了何为正道上，到底什么决定正道呢？不同的人群，不同的层次，出现了不同的正道，大家都拿着有争议的令牌去号令别人。

根本的争议来自对正义与正道的判断，这不仅是利益的问题，还是认知问题，也是价值观的问题。从这个角度来讲，领导者与执政者具备最大的影响力与决定作用，所以有下一段的说法也就很正常了。

"苟子之不欲，虽赏之不窃"，如果你不贪图财物，即使奖励偷盗，他们也不会干这样的事情。通俗地讲，下属的表现往往是上司问题的反映。修身齐天下的味道很重，并没有去探讨系统的建设、机制的架构，这实际也是儒家的一个特点。

# 颜渊篇第十二（15）

## 原文

季康子问政于孔子曰："如杀无道①，以就有道②，何如？"孔子对曰："子为政，焉用杀？子欲善而民善矣。君子之德风，小人之德草。草上之风③，必偃④。"

### 注释

① 无道：指无道的人。
② 有道：指有道的人。
③ 草上之风：指风加之于草。
④ 偃：仆，倒。

### 老马释途

继续谈治国理政，基本上延续了上行下效的逻辑，如"杀无道，以就有道"，如果杀掉无道的人，成就有道的人，怎么样？显然这是法家的逻辑，夫子认为，"子为政，焉用杀？子欲善而民善矣"，治理政事不需要杀戮，你自己行善，百姓自然会行善，上行下效，天下大同。实际上从历史上看，没有几个皇帝能做到夫子讲的为善、有德，这种标准基本上是个目标，并非大多数人可以企及。

认为人性本善应是根本，所以也就很难去考虑限制，更多的是教化，而实际上行为并非如此，所以儒表法里也就成为历史常态。

"草上之风，必偃"，风吹草动，草随风走，老百姓一定是跟着君主走的，因为王上也难免有不足，出现任何问题也就正常了。一人治国也就成为常态，一人亡国也极有可能出现，这种不稳定实际上是需要考虑的。

# 颜渊篇第十二（16）

## 原文

子张问："士何如斯可谓之达①矣？"子曰："何哉，尔所谓达者？"子张对曰："在邦必闻②，在家必闻。"子曰："是闻也，非达也。夫达也者，质直而好义，察言而观色，虑以下人③。在邦必达，在家必达。夫闻也者，色取仁而行违，居之不疑。在邦必闻，在家必闻。"

### 注释

① 达：通达，显达。

② 闻：有名望。

③ 下人：下，动词。对人谦恭有礼。

### 老马释途

一段对话在讨论"达"与"闻"的区别。"在邦必闻，在家必闻"，子张觉得在国家做官有一定的名望，在大夫采邑里也有一定的名望，这应该是"达"了吧。孔子认为这不是"达"，只能算是闻。

夫子认为，"质直而好义，察言而观色，虑以下人"，这才是"达"。品质正直，遵循礼仪，善于察言观色，谦逊待人，才能算得上"达"，而"闻"表面上看过得去，实际上未必如此。

平常人、君子、贤人、圣人，基本上把人分成了几种，夫子努力讲了这么多，就是希望可以推动大家成为君子、圣贤，做到"达与闻"，而在现实生活中，平常人是常态，圣贤寥寥，君子也不多见。不知道是夫子只是给大家提供一种向往或驱动力，让大家去努力争取即可，能否达到并不重要，还是本身标准太高了。

圣贤之道成为少数人的道，应该也不是夫子的本意，他应该也是希望我们能创造出圣贤的价值。

# 颜渊篇第十二（17）

## 01

### 原文

樊迟从游于舞雩之下，曰："敢问崇德、修慝①、辨惑。"子曰："善哉问！先事后得②，非崇德与？攻其恶，无攻人之恶，非修慝与？一朝之忿③，忘其身，以及其亲，非惑与？"

### 注释

① 修慝：慝：音 tè，改正邪恶的念头。

② 先事后得：先致力于事，把利禄放在后面。

③ 忿：忿怒，气愤。

## 02

### 原文

樊迟问仁。子曰:"爱人。"问知。子曰:"知人。"樊迟未达。子曰:"举直错诸枉①,能使枉者直。"樊迟退,见子夏曰:"乡②也吾见于夫子而问知,子曰'举直错诸枉,能使枉者直',何谓也?"子夏曰:"富哉言乎!舜有天下,选于众,举皋陶③,不仁者远④矣。汤⑤有天下,选于众,举伊尹⑥,不仁者远矣。"

### 注释

①举直错诸枉:错,同"措",放置。诸,这是"之于"二字的合音。枉,不正直,邪恶。意为选拔直者,罢黜枉者。

②乡:同"向",过去。

③皋陶:音 gāo yáo,传说中舜时掌握刑法的大臣。

④远:动词,远离,远去。

⑤汤:商朝的第一个君主,名履。

⑥伊尹:汤的宰相,曾辅助汤灭夏兴商。

### 老马释途

讲如何修炼,如何提升品德与修养,如何解决疑惑。夫子如此回答"先事后得,非崇德与",先致力于事情,然后才会有所收获,不就是提高品德了吗?也就是说,实践出真知,实践可以修炼品德。入世的思想就很清楚了。君子当生命不息,战斗不止,投身于时代大潮的具体实践中,这也是修炼品德的具体行为。

"攻其恶,无攻人之恶",批判自己的错误,而不批判别人的错误,这就是改正自己的邪念。"忘其身,以及其亲",由于气愤忘记了自己的安危,甚至牵连自己的亲人,这就是迷惑、糊涂。

后面继续讨论什么是"仁",夫子讲"爱人";什么是智慧,夫子认为就是"知人"。物以类聚,人以群分。"举直错诸枉,能使枉者直",选拔正直的人,使其位置高于邪恶之人,那么邪恶之人也可变得正直,讲白了,上行下效。

今天听到一个领导夸另一个领导的词,听得汗颜,有点像悼词,基本上已经是无以复加的称赞,这种马屁都可以拍,是否正直的人失位造成的呢?

## 颜渊篇第十二(18)

**原文**

子贡问友。子曰:"忠告而善道之,不可则止,毋自辱焉。"
曾子曰:"君子以文会友,以友辅仁。"

**老马释途**

这一段主要是夫子教大家如何交朋友。"忠告而善道之,不可则止",要和朋友讲实话,有什么问题要忠告他,要表达你的意见,但是,如果人家朋友不听,你也不用勉强,就停止劝他,不要强人所难。

"以文会友,以友辅仁",孔子一直提倡要有文化,要学习,所以才会以文章交朋友,然后用朋友来支撑他的仁德和帮助他,也就是朋友之间相互帮助,相互支持。很显然,这是夫子所讲的交朋友的基本逻辑。

当然,没有谈其他的利益,但更多的也是一种相互的价值创造。实际上在现代生活中,真正去体会朋友之间的逻辑,相互之间的价值创造,相互之间的帮助才是真谛。当然,有的人宁愿把它称为相互利用,总是带上这种标签,让这件事情就变得复杂。为什么谈到钱就不好呢?儒家的这种思想有一定的局限,但也给现代社会的我们一个思考:我们是否也能做到这么高标准呢?

# 子路篇第十三

## 子路篇第十三（1）

### 01

**原文**

子路问政。子曰:"先之劳之①。"请益②。曰:"无倦③。"

**注释**

① 先之劳之:先,引导,先导,即教化;之,指老百姓。做在老百姓之前,使老百姓勤劳。

② 益:请求增加一些。

③ 无倦:不厌倦,不松懈。

### 02

**原文**

仲弓为季氏宰,问政。子曰:"先有司①,赦小过,举贤才。"曰:"焉知贤才而举之?"曰:"举尔所知。尔所不知,人其舍诸②?"

**注释**

① 有司:古代负责具体事务的官吏。

② 诸:"之乎"二字的合音。

**老马释途**

如何处理好政事?"先之,劳之,无倦。想老百姓所想,干老百姓所急,顺应民意，努力辛劳投入，不要疲倦，这就是好官了。

"先有司，赦小过，举贤才"，给别人做表率，自己先做到，赦免犯小错误的人，选拔任用有才能的人，这些都是治国理政的重要手段。讲得比较具体，无外乎自己做表率，用好人才，凝聚好人心，领导者的修为与品德就很关键了，基本上是圣人才能当个好皇帝了。

夫子这个毛病和柏拉图类似，自己认为圣人最好，就让圣人当皇帝，柏拉图认为哲学家好，就让哲学家当国王。如此看来，都有一些先入为主、想当然。实际上在历史的长河中，真正成为君王的，基本上也是普通人，能够成为圣贤的君王几乎没有。水至清则无鱼，苛责太甚往往给百姓带来灾难。

"举尔所知。尔所不知，人其舍诸"，提拔你知道的人才。你不知道但确实有能力的人，别人也会提拔他的。做好自己，何必寄希望于别人呢？

# 子路篇第十三（2）

## 原文

子路曰："卫君[1]待子而为政，子将奚[2]先？"子曰："必也正名[3]乎！"子路曰："有是哉，子之迂[4]也！奚其正？"子曰："野哉，由也！君子于其所不知，盖阙[5]如也。名不正，则言不顺；言不顺，则事不成；事不成，则礼乐不兴；礼乐不兴，则刑罚不中[6]；刑罚不中，则民无所措手足。故君子名之必可言也，言之必可行也。君子于其言，无所苟[7]而已矣。"

## 注释

[1] 卫君：卫出公，名辄，卫灵公之孙。其父蒯聩被卫灵公驱逐出国，卫灵公死后，蒯辄继位。蒯聩要回国争夺君位，遭到蒯辄拒绝。这里，孔子对此事提出了自己的看法。

[2] 奚（xī）：什么。

[3] 正名：正名分。

[4] 迂：迂腐。

[5] 阙：同"缺"，存疑的意思。

⑥ 中：得当。

⑦ 苟：苟且，马马虎虎。

### 老马释途

夫子给出一个影响我们几千年的建议，也就是如何管理国家。"必也正名乎"，也就是必须在名分上用词准确，先正名。子路甚至认为夫子有些多余，为此，夫子讲出了下边一段影响深远的话语。

"名不正，则言不顺；言不顺，则事不成；事不成，则礼乐不兴；礼乐不兴，则刑罚不中；刑罚不中，则民无所措手足"，名不正则讲话就不合乎情理；话语不合乎情理，事情就办不成；事情办不成，那么礼乐就不能昌盛，不能被大家认可；礼乐不兴，刑罚也就很难得当，结果就是人民手足无措，不知道是非标准了。

通俗地讲，讲什么，就做成什么，人们就信奉什么，信仰需要胜利来支撑。如此，可以制定刑罚，大家才会信服。驱动组织向着信仰迈进，才能形成秩序，形成规范。

也就是讲，正名成为关键，不断取得实效，形成规范是支撑点，如此，组织就会形成共识与战斗力。

# 子路篇第十三（3）

### 原文

樊迟请学稼。子曰："吾不如老农。"请学为圃①。曰："吾不如老圃。"樊迟出。子曰："小人哉，樊须也！上好礼，则民莫敢不敬；上好义，则民莫敢不服；上好信，则民莫敢不用情②。夫如是，则四方之民襁③负其子而至矣，焉用稼？"

### 注释

① 圃（pǔ）：菜地，引申为种菜。

② 用情：情，情实。以真心实情来对待。

③ 襁（qiǎng）：背婴孩的背篓。

### 老马释途

夫子讲，种地我不如老农，种菜我不如菜农，暗示的意思是，我们可以让别人种菜、种地，原因是什么呢？下文就开始进一步说明。

"上好礼，则民莫敢不敬"，居上位者如果讲究礼节，讲究规则，那么百姓就会有敬畏之心，上梁正，下梁才会正。

"上好义，则民莫敢不服"，居上位的人如果讲究道义，那么人民就会服从。讲白了，就是皇帝要是圣人、君子，这样才能领导这个国家。

"上好信，则民莫敢不用情"，居上位者讲究信用，人民也会真心真意，真情换真义。

总而言之，上梁正，下梁才会正，如此看来在封建社会儒家的圣人之训是专门给统治阶层看的，老百姓未必需要，读圣贤书成了成功人士的标配。

# 子路篇第十三（4）

## 01

### 原文

子曰："诵《诗》三百，授之以政，不达①；使于四方，不能专对②。虽多，亦奚以③为？"

### 注释

① 达：通达。这里是会运用的意思。
② 专对：独立对答。
③ 以：用。

## 02

### 原文

子曰:"其身正,不令而行;其身不正,虽令不从。"

子曰:"鲁卫之政,兄弟也。"

### 老马释途

"诵《诗》三百,授之以政,不达",把《诗经》倒背如流,让他来处理政务,却不知道处理。因为理论是理论,实践就是实践,这实际上是后面新儒家一直解决的问题,要言行一致。

实际上多懂些道理还是有好处的,起码会有一种道德感的形成,也就是价值观,这对于一个组织也是很重要的。这实际上一直是儒家倡导的,凡事德为先,并对人们进行德化教育,用价值观来约束人们,让人们自我约束,可惜的是,慎独太难,还是需要规章制度的限制与监督,否则也很脆弱,或者表面、内在两张皮。

"其身正,不令而行;其身不正,虽令不从",自己行为端正,不命令也会执行;如果自己行为不端,即使强制,老百姓也不会执行你的命令。令行禁止的前提是居上要身先士卒,在思想上要高尚,在行为上要合礼,要求别人的自己先做到,管理团队、领导组织无外乎如此。

# 子路篇第十三（5）

### 原文

子谓卫公子荆:"善居室。始有,曰:'苟合矣。'少有,曰:'苟完矣。'富有,曰:'苟美矣。'"

子适卫，冉有仆。子曰："庶①矣哉！"冉有曰："既庶矣，又何加焉？"曰："富之。"曰："既富矣，又何加焉？"曰："教之。"

### 注释

① 庶：多。

### 老马释途

夫子讲了一段卫国的大夫理财的故事。在我们的印象中，儒家是重义轻利，耻于谈钱，不谈钱，实际上这是少见的，也是值得我们思考的。

夫子到卫国去，看到卫国人口众多，冉由就问他："卫国人口已经很多了，我们还要干什么呢？"夫子说"富之"，也就是让他们富裕。然后冉有继续问："既富矣，又何加焉？"也就是说，如果他们富了以后，还需要做什么呢？夫子回答道：要教化他们。实际上讲了一个执政的基本理念：让老百姓生活富裕是基本，然后在生活富裕的基础上，再去教化他们，让他们的道德更加高尚，成为君子，甚至圣贤，然后用内心的驱动力和价值观去驱动他的善意，为向社会作出贡献。当然，夫子是不太愿意制定太多的刑法的。

从这个角度，夫子是不是也在透露一种思想：生活富裕是基础，在生活水平达到一定程度的情况下，再来谈思想，再来谈教化，再来谈价值观，再来谈修养，似乎才更具可能性？当然，夫子并没有这么明确讲。

# 子路篇第十三（6）

## 01

### 原文

子曰："苟有用我者，期月而已可也，三年有成。"

## 02

### 原文

子曰："'善人为邦百年，亦可以胜残去杀矣。'诚哉是言也！"

### 老马释途

这两段内容说明夫子很有信心治理国家，遗憾的是夫子本身并没有获得治理国家的机会，所以从这个角度讲，还是理论派了。但是我们发现很多专家都有这个问题，包括我自己，也自诩为专家，并且教了很多人，发现自己做的时候不是那么回事。最后发现大框架没有问题，问题出在了细节，成功是系统的，很多细节问题可能会让大框架失灵。千里之堤，溃于蚁穴，这一点夫子可能未必感受得到。

"三年有成"，夫子的意思是，假设有人任用我来管理国家，我三年时间就会治理得很有成果。"善人为邦百年，亦可以胜残去杀矣"，如果有好人来管理国家，百年后就可以废除刑罚了。可惜的是，古今中外，这种国家并没有出现，是夫子乐观了，还是我们太不争气了？

## 子路篇第十三（7）

### 原文

子曰："如有王者，必世而后仁。"
子曰："苟正其身矣，于从政乎何有？不能正其身，如正人何？"

### 老马释途

"如有王者，必世而后仁"，如果有王者兴起，就必定需要差不多三十年才可以实现。三十年河东，三十年河西，如此看来，三十年基本上算半个轮回。这种文化深刻地影响了我们，罗马不是一天建成的，任何事情的结果都是长期的结果。突变应该是我们没有发现联系，可能并非突然变化，或突然成功，这恰恰和我们的天性相违背，需要教育认知达到这个水准。

"不能正其身，如正人何？"不能够端正自己的行为，如何能去端正别人的行为呢？身先士卒，做好表率应该是关键。正人君子治国，天下太平；奸诈小人治国，祸国殃民。完全依赖君上的英明，既简单又复杂，简单在只是选一个合适的人，复杂在人性的变化何其难测，靠系统是否更加稳定，问题是谁来建这个系统呢？又是一个巨大挑战。

# 子路篇第十三（8）

## 01

### 原文

冉子退朝。子曰："何晏也？"对曰："有政。"子曰："其事也，如有政，虽不吾以，吾其与闻之。"

## 02

### 原文

定公问："一言而可以兴邦，有诸？"孔子对曰："言不可以若是，其几也。人之言曰：'为君难，为臣不易。'如知为君之难也，不几乎一言而兴邦乎？"

曰："一言而丧邦，有诸？"孔子对曰："言不可以若是，其几也。人之言曰：'予无乐乎为君，唯其言而莫予违也。'如其善而莫之违也，不亦善乎？如不善而莫之违也，不几乎一言而丧邦乎？"

### 老马释途

继续谈治国理政。在我们的观念中，治国理政是最重要的事，是国家大事。而实际上对老百姓来说，吃喝拉撒、家庭和谐也是大事。

就像夫子讲的"如有政，虽不吾以，吾其与闻之"，如果有政事，即使国君不找我，我也会听说的。也就是讲国家大事关乎每个人，大家都在时时关心国家大事。

"一言而可以兴邦""一言而丧邦"，这些流传千古的名句又告诉我们做一个英明的国君多么重要，君主一句话可以让国家兴旺，也可以一句话让国家沦丧。把一国安危系于国君一人是时代的局限，实际上历史是人民创造的，人民才能决定国家兴衰。

## 子路篇第十三（9）

### 原文

叶公问政。子曰："近者悦，远者来。"

### 老马释途

继续谈处理政事的秘诀。"近者悦，远者来"，做好手边的事，让身边的人愉悦，让远处的人来投奔。做好分内事，其他大事也就顺其自然变好了。

就像一家企业，老的业务发展到一定程度就总是想着增加新的业务，结果是老的业务变差了，新的业务也没有什么突破。

发现大家都喜欢干长远的事、新鲜事，尤其是创新型领导者往往会犯这种错误。实际上近悦远来，就像我们服务客户，服务好老客户，口碑在外，新客户自然会源源不断。如果老客户不满意,新客户自然也不会有。

换句话讲,做好了自己,世界也就变好了。

## 子路篇第十三(10)

### 原文

子夏为莒父①宰,问政。子曰:"无欲速,无见小利。欲速,则不达,见小利则大事不成。"

### 注释

① 莒父:鲁国的一个城邑,在今山东省莒县境内。

### 老马释途

"无欲速,无见小利",不贪图快,不图小利,这样才能成就大事,这也是对圣贤、君子的基本要求。大家都有梦想,都想成为君子,而实际情况是,大部分人认为能有小利即可,希望天上掉馅饼。显然夫子对人性过于乐观了,讲的很多东西与实际不符。

"欲速,则不达,见小利,则大事不成",求快反而速度会更慢,贪图小利一定难成大事。可惜的是太多的人只想小利,想一夜暴富,并不想做大事、追求伟大。顺其自然、小富即安反而受很多人欢迎。出世、入世,伟大、平凡,本就是物极必反,虽有不同,却又相连,值得我们思考,怎么选择也就是偏好问题了。

# 子路篇第十三（11）

## 01

### 原文

叶公语孔子曰："吾党有直躬①者，其父攘②羊，而子证之。"孔子曰："吾党之直者异于是：父为子隐，子为父隐，直在其中矣。"

### 注释

① 直躬：坦白直率。

② 攘：偷窃。

## 02

### 原文

樊迟问仁。子曰："居处恭，执事敬，与人忠。虽之夷狄，不可弃也。"

### 老马释途

何为正直诚实？举了一个例子："其父攘羊，而子证之"，父亲偷了羊，儿子去指证。这显然是不孝。在儒家文化中，这种情况并非正直诚实。显然，从这个角度来讲，法大于情，但法律不外乎人情，否则就是恶法，这是我们几千年来形成的文化。所以西方社会生活中，邻居看到隔壁父母打小孩，报个警，孩子会被带走，保护起来，父母会被关起来，在我们眼里显然有点儿践踏亲情了。所以下边夫子就讲明白了这件事情。

"父为子隐，子为父隐，直在其中矣"，父亲为儿子隐瞒，儿子也为父亲隐瞒，正直就在其中了。显然，孔子认为父子亲情远大于法律制度，先有家后有国，先有家规后有国法。孔子的这种观念具有历史的局限性，与封建社会倡导的三纲五常有一定联系，如果放到现代社会，则已经不再适用了。

# 子路篇第十三（12）

## 原文

子贡问曰："何如斯可谓之士①矣？"子曰："行己有耻，使于四方，不辱君命，可谓士矣。"

曰："敢问其次。"曰："宗族称孝焉，乡党称弟焉。"

曰："敢问其次。"曰："言必信，行必果②，硁硁③然小人哉！抑亦可以为次矣。"

曰："今之从政者何如？"子曰："噫！斗筲之人④，何足算也？"

## 注释

① 士：士在周代贵族中位于最底层。此后，士成为古代社会知识分子的通称。
② 果：果断、坚决。
③ 硁硁（kēng）：象声词，敲击石头的声音。这里引申为像石块那样坚硬。
④ 斗筲（shāo）之人：器量狭小的人。

## 老马释途

子贡问夫子何为士，夫子曰："行己有耻，使于四方，不辱君命，可谓士矣。"在干事的时候有耻辱之心，出使四方，能够完成君主交代的任务，这样的人可以称之为"士"。换句话讲，说起来有一套，干活又有一套，又很有原则，也算是不错了。

再差一级的呢？夫子认为"宗族称孝焉，乡党称弟焉"，宗亲夸他孝敬，乡亲夸奖他尊敬兄长，这也算名声不错了。

又问，再差一等的呢？"言必信，行必果"，自己说到做到，做事一定有结果，非常果断。我们认为这已经是不错的修为了。绝大部分人实际上到不了这个水平，但在夫子这里，认为这样的人有点儿固执己见，不懂权变应对，这应该是小人了。如此看来，夫子也很清楚，圣贤、君子的标准只是少数人的专利。

## 子路篇第十三（13）

### 01

**原文**

子曰："不得中行①而与之，必也狂狷②乎！狂者进取，狷者有所不为也。"

**注释**

① 中行：行为合乎中庸。

② 狷（juàn）：拘谨，有所不为。

**老马释途**

"不得中行而与之"，找不到行为中庸的人去交往。儒家一直以中庸之道为立世之本，而实际上很难有人做到中庸，绝大部分人是非此即彼。中庸需要内心的极度强大，认清楚事物的本质，不是非黑即白，常态应该是灰度，明白很多事情是可以互相转化的，这本身是需要一种极高的认知能力才能达到的。所以，中庸之道、中和之道，实际上基本上是君子之道、圣贤之道。

"必也狂狷乎"，所以，只能找一些狂者、狷者来交往，因为这些人最起码洁身自好，基本上能达到要求，也是有一定水平的人。实际上，我们仔细再来看一下，别说中和之道，就是狂狷之人实际上也是少数。我们不得不承认的一个现实是，绝大部分人达不到儒家所讲的这种标准，别说圣贤、君子的标准达不到，按照夫子的讲法，大部分人应该都是小人。

狂者勇于进取，狷者最起码有底线，不会去做坏事。如果我们有很多这样的朋友，已经谢天谢地了。

# 子路篇第十三（14）

## 原文

子曰："南人有言曰：'人而无恒，不可以作巫医①。'善夫！"

"不恒其德，或承之羞②。"子曰："不占③而已矣。"

## 注释

① 巫医：用卜筮为人治病的人。

② 不恒其德，或承之羞：此二句引自《易经·恒卦·爻辞》。

③ 占：占卜。

## 老马释途

"人而无恒，不可以作巫医"，如果一个人没有恒心的话，是不能当巫医的。借此来说明恒心的重要性。实际上坚守一件事情是非常困难的，因为了解皮毛并不难，而如果往深处钻研，困难程度会越来越高，所以大量的人会半途而废。做到60分比较简单，做到90分的人寥寥，做到100分基本就没有什么人了。另外，外界有很多诱惑，类似于围城，城内觉得城外好，总觉得新奇。还有一点，人性中有一种思想叫喜新厌旧，所以也就坚持不下去了。

"不恒其德，或承之羞"，不能够坚持德行的人，总要受到耻辱。如果坚持德行，基本上难于上青天了，很多人坚持早上锻炼这种小事都快要小命了，儒家的美好标准对于大多数人来讲只是个美好的目标。

## 子路篇第十三（15）

### 原文

子曰："君子和①而不同②，小人同而不和。"

### 注释

① 和：不同的东西和谐地配合叫做和，各方面之间彼此不同。

② 同：相同的东西相加或与人相混同，叫做同。各方面之间完全相同。

### 老马释途

"君子和而不同，小人同而不和"，这应该是流传甚广的一句话。君子求和谐，但还会保持自己的特色，不与别人混同；小人只要求完全一致，而不求协调、和谐。

和谐需要对别人尊重，但又要保持自己的特色，这实际不是一个愿不愿意的问题，应该是一个能不能够的问题。这需要同理心，需要胸怀，也需要独立的认知与观点。大部分情况下，我们的表现可以分为两种：一种情况是，坚持己见，不认同别人，是非明确，非黑即白，陷入极端；另一种情况是，人云亦云，没有自己的观点，做墙头草，投机主义，推卸责任，寻求不负责任的收益。

敢于承担，又能胸怀宽广，能容不同意见，基本上就是君子了。这是修炼的结果，无形中好像并没有这个内容，或者说这个内容被灰尘蒙住。

## 子路篇第十三（16）

**原文**

子贡问曰："乡人①皆好之，何如？"子曰："未可也。"

"乡人皆恶之，何如？"子曰："未可也。不如乡人之善者好之，其不善者恶之。"

**注释**

① 乡人：同乡的人。

**老马释途**

"乡人皆好之，何如？"乡人都喜欢他，这个人如何？夫子认为这个人不行。继续问道；"乡人皆恶之，何如？"如果乡人都讨厌他，这个人又如何呢？夫子认为这个人也不行。就像我们评价一个人，大部分人讲他好好呢，还是大部分人讲他坏好？这可真是一个问题，真实情况是誉满天下必谤满天下，没有什么是一边倒的，如果是一边倒，一定有一半人在说假话，这才是真实情况。

"不如乡人之善者好之，其不善者恶之"，最好是乡人中的好人都喜欢他，乡中的恶人都讨厌他，这才是夫子认为的好人。但问题往往出现在何为善人，何为恶人，很多时候的分歧不好用善恶来分，实际上是价值观与利益的不同造成的，这本身就开始了争论，很难真正达成共识。

# 子路篇第十三（17）

## 原文

子曰："君子易事①而难说②也。说之不以道，不说也；及其使人也，器之③。小人难事而易说也。说之虽不以道，说也；及其使人也，求备焉。"

## 注释

① 易事：易于与人相处共事。

② 难说：难于取得他的欢喜。

③ 器之：量才使用他。

## 老马释途

继续分析君子与小人的区别。这是夫子在《论语》中经常讲到的，起码大家都想做君子，认为小人是不好的，有道德标签。实际上，在现实生活中没有几个人可以成为君子，因为君子的标准还是非常高的。

"君子易事而难说也"，为君子办事，实际上非常简单，没有那么复杂，但是讨他喜欢并不容易。"小人难事而易说也"，在小人底下工作很难，讨他的欢喜却很容易。君子之交淡如水，君子似乎没有太多的个人情绪，而小人似乎很容易成为表面的好友。

"君子使人也，器之；小人使人也，求备焉"，君子用人，总会量才而用；小人用人，总会吹毛求疵。这实际上是用人水平问题，也是领导能力问题，只是夫子赋予了道德标签——"君子与小人"，导致很难实事求是，非常情绪化、道德化，常常会把事情搞复杂，离题万里。

## 子路篇第十三（18）

**原文**

子曰："君子泰而不骄，小人骄而不泰。"

**老马释途**

继续谈君子与小人的区别，看完这个标准，发现我们基本上是"小人"。如此，我们理解的君子与小人的道德标准，实际不是关键，关键上实际是水平的差距，这个就要靠修炼了。

"君子泰而不骄，小人骄而不泰"，君子坦荡安详而不傲慢，小人傲慢而不坦荡、坦然。事实上，在名利面前，大部分人是骄傲或自卑的，不卑不亢、坦坦荡荡基本上都是要经历无数人生历练，方有可能达到。如此看来，君子应该是生活中的强者，小人应该是普通老百姓了。就像在企业经营中，对有些成绩的员工往往要泼点儿凉水，对受打击的伙伴要给些鼓励，否则基本上就此停滞了。如此看来，人还是很矫情的。

## 子路篇第十三（19）

**原文**

子曰："刚、毅、木、讷，近仁。"

**老马释途**

讲了几种品格，都接近于"仁"，如果自我评测一下，很多时候是做不到的，所以在危机时才会做出错误决策,在顺利时也会做出错误决策,只有在没有特殊情况的正常状态下,似乎才能勉强靠近一些。需不断修炼。

"刚",刚强,有韧性,需强大的心力;"毅",果敢,可以临危不乱,果断决策,只有极少的人可以真正做到;"木",就是朴实、平和,好像有点儿傻,实为大智若愚;"讷",为谨慎、冷静。这几个字做到了,那就是仁人了。不知道夫子是否意识到达到这样的标准需要多大的努力,大部分基本上也就是讲讲,能做到的人少之又少。

# 子路篇第十三(20)

## 原文

子路问曰:"何如斯可谓之士矣?"子曰:"切切偲偲①,怡怡②如也,可谓士矣。朋友切切偲偲,兄弟怡怡。"

### 注释

① 偲偲(sī):勉励、督促、诚恳的样子。
② 怡怡(yí):和气、亲切、顺从的样子。

## 老马释途

"何如斯可谓之士矣?"什么叫"士"呢?夫子开始讲"士"的标准。夫子谈的对人的标准都较高,不知道夫子是否认识到这一点,我们可以对照他的标准衡量一下自己,基本上就剩下惭愧了。

"切切偲偲,怡怡如也",互相帮助,互相监督,互相鼓励,相处得和和气气,这就是"士"。"朋友切切偲偲,兄弟怡怡",进一步说明朋友之间互相帮助、督促,兄弟间相处和气,这才是真正的"士"。我仔细对照了下,发展自己离孔子的标准甚远。竟然发现我这种意识到差距的已经是高水平了,因为大部分人的问题不在于做不到,而在于根本意识不到自己没有做到,甚至没有做到却认为自己做到了。

就像一个组织里一个即将被淘汰的老人,一直陶醉在自己曾经给企业创造的价值中,没有意识到得到这个价值的关键是组织的支撑,不思进取,最后被淘汰,认为组织是过河拆桥,没有意识到河过了桥已没用,你应该变成有用的另外一种状态。当然,组织的问题是要提醒、告诉他,可惜的是,接受自己的无能真是很困难。

# 子路篇第十三(21)

### 原文

子曰:"善人教民七年,亦可以即戎矣。"
子曰:"以不教民战,是谓弃之。"

### 老马释途

谈到了教育的重要性,实际上在现代人力资本领域,教育都是非常核心的,对于人力资本的价值有很大影响,从2000多年前的儒家开始也是如此。

"善人教民七年,亦可以即戎矣",把老百姓好好教育训练七年,就能让他们去打仗了。自古以来,都有一批有志之士提倡教育治国,最终好像都未成功。讲白了,在国家治理中,教育只是其中一部分而已,是促进国家治理、人类发展的工具之一,需要与其他手段配合,才能达到良好效果。

人和人的根本差别实际上就是认知,而改变认知有很多方法,教育往往起到很重要的作用,当然,环境、精力、遗传似乎也很重要。从这个角度来讲,人是可塑的,但大部分人的可塑空间有限,因为我们都是普通人。

## 宪问篇第十四

## 宪问篇第十四（1）

### 原文

宪①问耻。子曰："邦有道，谷②；邦无道，谷，耻也。""克、伐③、怨、欲不行焉，可以为仁矣？"子曰："可以为难矣，仁则吾不知也。"

### 注释

① 宪：姓原，名宪，孔子的学生。

② 谷：这里指做官者的俸禄。

③ 伐：自夸。

### 老马释途

"邦有道，谷；邦无道，谷，耻也"，谈到了耻辱的问题，当国家有道的时候要拿工资，这应该是正常的，如果国家无道的时候再拿工资就是耻辱了。意思是当官是为了正义，为了老百姓，而不是为了皇帝。实际上，纵观历史，当官也要养家，基本生活保障是所有人的需求。似乎在这件事情上，孔子认为当官不应获利太多，应该是服务百姓，服务有道的"邦"。

"克、伐、怨、欲不行焉，可以为仁矣？"好胜、自夸、怨恨、贪欲都不具备的人，应该可以称为仁人了吧？夫子认为还不足够，但是做到这些也很不容易，到达"仁"的难度可想而知。

夫子的标准成为大家共同的标准，但是我们基本上达不到。知不知道更重要，是否做到不太重要，因为能做到者寥寥。当然，作为目标，方向似乎又很有价值，但总觉得不太真实，营造了未来，脱离了当下，很特别的体验。

## 宪问篇第十四（2）

**原文**

子曰："士而怀居①，不足以为士矣。"

**注释**

①怀居：怀，思念，留恋。居，家居，指留恋家居的安逸生活。

**老马释途**

"士而怀居，不足以为士矣"，士如果留恋安居的生活，就不能称为"士"了。好男儿志在四方，留恋安逸的生活，很难有大作为，胸怀天下才可能得天下。

民族的才是世界的，很多特色根本是不能忘记的，但是世界的又是超越民族的，只有这样才能拥有更大空间。就像一家企业，坚持特色与优势才能取得成功，但有一定小成以后，又要否定自己的过往优势，进行所谓的创新才能再上台阶，这是一件很辛苦的事情。坚持什么，创新什么，真正的难题在这里，犯错误几乎成为必然，付出代价也是必然，没有轻轻松松的进步，都是痛苦的迭代。

## 宪问篇第十四（3）

**原文**

子曰："邦有道，危①言危行；邦无道，危行言孙②。"

**注释**

①危：直，正直。
②孙：同"逊"。

### 老马释途

"邦有道，危言危行"，国家政治清明，国家有道，要言行正直。

"邦无道，危行言孙"，如果国家政治不清明，行为要正直，但是言语要谨慎小心。看来夫子很清楚，国君会认为防民之口胜于防川。所以，国有道的时候，做正直之事，呼吁正直之事，言行一致；国家无道的时候，行事要正直，讲话不可妄言。讲白了，免遭不测之灾，还是要明哲保身，识时务者为俊杰，不行无用之事，典型的实用主义，缺乏一种抗争精神，是一种保守主义的气息。

为人处世的这种逻辑基本上影响了我们几千年，除非万不得已，百姓都是顺命而为。真正的争议与战斗更多发生在皇家与贵族之间，或皇家内部，老百姓更多在看热闹，高呼万岁，至于是谁万岁都可以。

# 宪问篇第十四（4）

### 原文

子曰："有德者必有言，有言者不必有德。仁者必有勇，勇者不必有仁。"

### 老马释途

"有德者必有言，有言者不必有德"，谈了两个字：德、言。有德行的人一定有善言，不会恶语伤人，这本身就是一种德的表现。但是有善言的人不一定有德行，显然条件未必够。

"仁者必有勇，勇者不必有仁"，仁德之人人一定非常勇敢，但是勇敢的人不一定仁德。和上文类似，认为仁的标准要远高于勇，就像一家企业，不赚钱不是好企业，只是赚钱也不一定是好企业。好企业不仅要盈利，还要对社会有价值，受到人们的爱与尊重，这就是另一个高度了。要促进正义，推动社会进步，而不能唯利是图，这就是企业家和商人的区别，这就有了道德标签。

西方经济学的奠基人亚当·斯密在《国富论》中提出了"看不见的手"：市

场经济，同时又在《道德情操论》中提出了正义、道德、爱与认同。财富只是目标，真正的目的是获得人们的爱与认同，从自己成功到帮助别人成功，从利己迈向了利他的台阶，最后发现实际上是一个台阶的两个角度而已。

# 宪问篇第十四（5）

## 01

**原文**

南宫适①问于孔子曰："羿②善射，奡③荡舟④，俱不得其死然。禹稷⑤躬稼而有天下。"夫子不答。南宫适出。子曰："君子哉若人！尚德哉若人！"

**注释**

① 南宫适（kuò）：即南容。

② 羿（yì）：传说中夏代有穷国的国君，善于射箭，曾夺夏太康的王位，后被其臣寒浞所杀。

③ 奡（ào）：传说中寒浞的儿子，后来为夏少康所杀。

④ 荡舟：用手推船。传说中奡力大，善于水战。

⑤ 禹稷：禹，夏朝的开国之君，善于治水，注重发展农业。稷，传说是周朝的祖先，又为谷神，教民种植庄稼。

## 02

**原文**

子曰："君子而不仁者有矣夫，未有小人而仁者也。"

**老马释途**

这两小段谈的是君子、小人以及仁德,可惜的是,大部分人的表现只能算是小人,仁德的标准大部分人无法达到。

南宫适问了一个问题,夫子没有回答,南宫适也没有再讲什么。夫子评价道:这个人是君子啊,这个人尚德。尊重别人,不强求也是一种仁德。

"君子而不仁者有矣夫,未有小人而仁者也",君子中不仁德的人是有的吧,但小人中不会有仁德的人。也就是讲仁德要高于君子,仁德之人基本上是圣贤之人了,君子中只有部分符合仁德的条件。至于小人吗,其中是没有仁德的人。

要求向善,要求大家成为君子,鼓励大家学圣贤之道,似乎也抢占了道德高地,人们也很难反对,至于言行是否一致,则另当别论。

# 宪问篇第十四(6)

## 01

**原文**

子曰:"爱之,能勿劳乎?忠焉,能勿诲乎?"

## 02

**原文**

子曰:"为命①,裨谌②草创之,世叔③讨论之,行人④子羽⑤修饰之,东里⑥子产润色之。"

## 注释

① 命：指国家的政令。

② 裨谌（pí chén）：人名，郑国的大夫。

③ 世叔：即子太叔，名游吉，郑国的大夫。子产死后，继子产为郑国宰相。

④ 行人：官名，掌管朝觐聘问，即外交事务。

⑤ 子羽：郑国大夫公孙挥的字。

⑥ 东里：地名，郑国大夫子产居住的地方。

## 老马释途

"爱之，能勿劳乎？"爱他，能不叫他辛劳吗？显然很难，这是人性，爱一个人、担心一个人往往会错位，可能去干预一个人，这个"爱"就容易变成别人的压力，物极必反就会出现了。真正做到"爱之"而不干预，这本身需要修炼。帮助别人是我们经常倡导的，实际上这是一件非常困难的事情，就像借钱给别人，往往得罪人，双方成为仇人的不少。帮人需要智慧，只是一股热情是不够的，只有有过经历的人才会知道。

就像捐赠这件事情，很多人觉得不就是捐个钱吗，有什么难的。实际上，因为捐赠带来诸多问题的情况时有发生。捐赠实际上是一个很有难度的技术活，否则就会变成"杀富济贫"，而这样的结果往往是都贫穷了。

"忠焉，能勿诲乎？"忠于他，能不对他进行教诲吗？显然如果太过好为人师，搞不好就变成一个讨厌鬼。只有自己认识到问题才是会真正改变，别人是讲不清楚的，最多是提醒，只能期待他自我改变。

至于下边一段夫子讲郑国的外交辞令怎么来的，似乎没有什么太深的寓意，也就不再讨论了。

# 宪问篇第十四（7）

## 01

### 原文

或问子产。子曰："惠人也。"问子西①。曰："彼哉！彼哉！"问管仲。曰："人也②。夺伯氏③骈邑④三百，饭疏食，没齿⑤无怨言。"

### 注释

① 子西：这里的子西指楚国的令尹，名申。

② 人也：即此人也。

③ 伯氏：齐国的大夫。

④ 骈邑：地名，伯氏的采邑。

⑤ 没齿：死。

## 02

### 原文

子曰："贫而无怨难，富而无骄易。"

## 03

### 原文

子曰："孟公绰①为赵魏老②则优③，不可以为滕、薛④大夫。"

### 注释

① 孟公绰：鲁国大夫，属于孟孙氏家族。

② 老：这里指古代大夫的家臣。

③ 优：有余。

④ 滕薛：滕，诸侯国家，在今山东滕县。薛，诸侯国家，在今山东滕县东南一带。

### 老马释途

"贫而无怨难，富而无骄易"，贫穷却不抱怨是很难的，富裕而不骄纵是比较容易的。实际情况应该是不怨，所以无贫，因为无怨就会反省自己，提升自己，自然不会贫穷。如果有怨气，只知道埋怨别人，自己自然不会进步。富裕了不骄纵实际也是小概率事件，如果是小富，很多人会骄纵，只有过了这个坎，真正能为富而仁，为富而平和，那就是大富大贵，这个段位是不会骄纵的了。

这一段夫子评价了两个人，一个是子产，一个是孟公绰，认为后者有一定的才能，但也要放对地方才行，夫子似乎不太多讲这些内容。实际生活中，没有几个人能成为完人，每个人都有不完善的地方，也有有优势的方面。作为管理者，管理的关键是把人放到合适的地方，发挥他的优势，限制他的劣势，或找人补齐他的劣势，这才是用人之道。希望员工修炼成君子、贤人，存有这种希望是我们管理者常犯的错误。

在企业的实际变革中，把人才降维使用往往会创造价值，拔高使用往往比较困难。实际上，不管什么岗位都可以做到拔尖，优秀未必需要成为全才，甚至成为君子、贤人，完全没有必要。

## 宪问篇第十四（8）

### 原文

子路问成人①。子曰："若臧武仲②之知，公绰之不欲，卞庄子③之勇，冉求之艺，文之以礼乐，亦可以为成人矣。"曰："今之成人者何必然？见利思义，见危授命，久要④不忘平生之言，亦可以为成人矣。"

## 注释

① 成人：人格完备的完人。
② 臧武仲：鲁国大夫臧孙纥。
③ 卞庄子：鲁国下邑大夫。
④ 久要：长久处于穷困中。

## 老马释途

这一段探讨什么是完人，我们可以自我对照，可怜的是我们与完人相去甚远，是夫子的问题，还是我们的问题？反正我们扛着这个要求已经几千年了，达到的人实在寥寥。

"若臧武仲之知，公绰之不欲，卞庄子之勇，冉求之艺，文之以礼乐，亦可以为成人矣"，如果有臧武仲的才智、学识，孟公绰的克制、谨慎，卞庄子的勇敢、魄力，冉求的多才多艺，再用礼乐加以完善，这应该算是完人了。换句话讲，这些厉害角色——臧武仲、孟公绰、卞庄子、冉求——也不能是完人，只是在某一方面有优势和长处而已。如此来看，夫子实际上也比较清楚，他定那个标准就是一个目标，他也自认达不到，实现不了的目标是一种牵引，实际上也是一种压力，更多的是一种鞭策，这也许就有价值了。

"见利思义，见危授命，久要不忘平生之言，亦可以为成人矣"，见到利益时能够符合道义，在危难情况下勇于付出生命，长期贫穷时不忘记自己的承诺，保持远大志向，这本身就算是完人了。暂且按目标鞭策自己吧。

# 宪问篇第十四（9）

## 01

### 原文

子问公叔文子①于公明贾②曰："信乎，夫子③不言，不笑，不取乎？"公明贾对曰："以④告者过也。夫子时然后言，人不厌其言；乐然后笑，人不厌其笑；义然后取，人不厌其取。"子曰："其然？岂其然乎？"

### 注释

① 公叔文子：卫国大夫公孙拔，卫献公之子，谥号"文"。

② 公明贾：姓公明，字贾，卫国人。

③ 夫子：文中指公叔文子。

④ 以：此处是"这个"的意思。

## 02

### 原文

子曰："臧武仲以防求为后于鲁，虽曰不要君，吾不信也。"

## 03

### 原文

子曰："晋文公①谲②而不正，齐桓公③正而不谲。"

> **注释**
>
> ① 晋文公：姓姬，名重耳，春秋时期有作为的政治家，著名的霸主之一。
>
> ② 谲（jué）：欺诈，玩弄手段。
>
> ③ 齐桓公：姓姜，名小白，春秋时期有作为的政治家，著名的霸主之一。

## 老马释途

第一段算是一段朴素的辩证法，认识到这一点并不容易。"不言，不笑，不取乎？"评价公叔文子这个人，讲他不说，不笑，不索取，应该算是君子了。很多人可能就会理解为完全不说、不笑、不索取，似乎不食人间烟火。这是大部分人容易在认知上犯的错误，会极端简单地去理解这个问题，是一种不成熟的表现，好像好人只做好事，坏人做坏事一般，非黑即白。实际情况是好人也不完美，坏人也有生命中的闪光时刻，要对立矛盾地来看，万事万物都是一种综合体，只是某些方面表现得多一点而已。

"夫子时然后言，人不厌其言；乐然后笑，人不厌其笑；义然后取，人不厌其取。"这算是讲透了，公叔文子这个人该说时才说，所以人们不讨厌他的话；该笑的时候笑，所以别人不讨厌他的笑；只取符合道义的利与财，所以人们不讨厌他的"取"，或称之为取之有道。所以，并非简单的不说、不笑、不取，只是说、笑、取都合宜、合道，令人无法生厌。

后面两小段是对人的评价，发现基本上没有一个完人，估计夫子也很沮丧。就像我们搞教育的，老觉得学生有这个问题、那个不足，实际上套到自己身上，还不是问题一大堆，还不如学生呢，修炼吧！

# 宪问篇第十四（10）

## 01

### 原文

子路曰："桓公杀公子纠①，召忽②死之，管仲不死。"曰："未仁乎？"子曰："桓公九合诸侯③，不以兵车④，管仲之力也。如其仁⑤，如其仁。"

### 注释

① 公子纠：齐桓公的哥哥。齐桓公与他争位，杀掉了他。

② 召忽：管仲和召忽都是公子纠的家臣。公子纠被杀后，召忽自杀，管仲归服于齐桓公，并当上了齐国的宰相。

③ 九合诸侯：指齐桓公多次召集诸侯盟会。

④ 不以兵车：不用武力。

⑤ 如其仁：这就是他的仁德。

## 02

### 原文

子贡曰："管仲非仁者与？桓公杀公子纠，不能死，又相之。"子曰："管仲相桓公，霸诸侯，一匡天下，民到于今受其赐。微①管仲，吾其被发左衽②矣。岂若匹夫匹妇之为谅③也，自经④于沟渎⑤而莫之知也。"

### 注释

① 微：无，没有。

② 被发左衽：被，同"披"。衽，衣襟。"被发左衽"是当时的夷狄之俗。

③ 谅：遵守信用。这里指小节小信。

④ 自经：上吊自杀。

⑤ 渎：小沟渠。

### 老马释途

这是一段大家对管仲的讨论，子路有些疑惑，夫子讲明了"大义"与"小义"的区别，同时也说明了什么是真正的"大仁"。

"桓公杀公子纠，召忽死之，管仲不死"，齐桓公杀了公子纠，召忽也自杀了，但是跟着公子纠的管仲却没有死，这应该是不"仁德"了吧。不管是子路，还是子贡，都问了夫子同样的问题，夫子却不这样认为，并且给了解释。

"管仲相桓公，霸诸侯，一匡天下，民到于今受其赐"，管仲辅佐齐桓公称霸诸侯，匡扶天下，到今天老百姓还在享受管仲带来的好处。意思就是管仲择明君而侍之，是正常选择，没有随昏暴的公子纠而去，这算是"仁德"。如此夫子也是现实主义者，如果管仲辅佐桓公，结局不好，可能就另当别论了。

如此看来，就是忠与愚忠的区别，大仁与小仁的差别，实际上这并不好区分，或者说要灵活思考，不能生搬硬套。如此，还是弄一些容易形成标准的指标来思考问题，这样好像更容易复制，更容易落实下去，虽然会失去标准，但总比很精准但无法落实更有现实意义。

## 宪问篇第十四（11）

---
01
---

### 原文

公叔文子之臣大夫僎① 与文子同升诸公②。子闻之，曰："可以为'文'矣。"

### 注释

① 僎（zhuàn）：人名。公叔文子的家臣。

② 升诸公：公，公室。这是说僎由家臣升为大夫，与公叔文子同位。

## 02

### 原文

子言卫灵公之无道也，康子曰："夫如是，奚而不丧？"孔子曰："仲叔圉①治宾客，祝鮀治宗庙，王孙贾治军旅，夫如是，奚其丧？"

### 注释

① 仲叔圉（yǔ）：即孔文子。他与后面提到的祝鮀、王孙贾都是卫国的大夫。

## 03

### 原文

子曰："其言之不怍①，则为之也难。"

### 注释

① 怍（zuò）：惭愧。

### 老马释途

今天在学习战略管理，听了老师讲的十大战略管理流派，发现各个流派都有观点，都有实证，都试图证明自己的价值，都有道理，但似乎又有所不足。没有发现存在完美的理论，似乎这个世界本就如此。试图解释世界的东西当然也不例外，都在盲人摸象，又都有价值。

回过头来看《论语》，如若隐世，发现夫子只讲观点，从不谈证据，更没有实证，基本上就是形而上的逻辑，当然有道理，也有不足。人类喜欢折腾一些东西出来，这些东西可能本来存在，可能是我们让其存在，怪不得亚里士多德也讲思想是最好的东西。

卫灵公无道，国也未亡，原因很简单，有团队辅助。"夫如是，奚其丧？"像这样，国家怎么会灭亡？领导命好也是一种优势。

"其言之不怍，则为之也难"，如果一个人讲话大言不惭，那么他会很难做到自己说的。

# 宪问篇第十四（12）

## 01

### 原文

陈成子[①]弑简公[②]。孔子沐浴而朝，告于哀公曰："陈恒弑其君，请讨之。"公曰："告夫三子[③]。"

孔子曰："以吾从大夫之后[④]，不敢不告也。君曰'告夫三子'者。"

之[⑤]三子告，不可。孔子曰："以吾从大夫之后，不敢不告也。"

### 注释

①陈成子：即陈恒，又叫田成子，是齐国大夫。他以大斗借出、小斗收进的方法受到百姓拥护。他杀死齐简公，夺取了政权。

②简公：齐简公，姓姜，名壬。

③三子：指季孙、孟孙、叔孙三家。

④从大夫之后：孔子曾任过大夫职，但此时已经去官居家，所以说"从大夫之后"。

⑤之：动词，往。

## 02

### 原文

子路问事君。子曰:"勿欺也,而犯之。"

## 03

### 原文

子曰:"君子上达,小人下达。"

### 老马释途

"以吾从大夫之后,不敢不告也",因为我曾经做过大夫,所以不能不汇报。一段中讲了两遍,只是说明一个问题,在其位,谋其职,职责使然,应该是比较早的职业化描述了。

"勿欺也,而犯之",讲的是辅佐君主的方法,实际上就是真诚,不要欺骗,要直言劝谏,实话实说。当然,讲的环境、方法也同样重要,只是这里没有提及。很多人重视讲的内容,忽视讲的方式,往往适得其反。会讲的人一句话能把人讲笑了,不会讲的同样一句话能把人讲生气。如此,本质重要,承载本质的形式也同样重要,值得研究,只是勿舍本逐末。

"君子上达,小人下达",君子通达于仁义,小人通达于财利。基本上把仁义与财利对立起来了,并且贴上了道德标签。至此,君子耻于谈利,利成为人们心中的东西,似乎仁义者难得财利,有财利者难有仁义。如此武断,显然欠妥,但是确实很多人这么认为,实际上这应该是个误会。财利与道德没有必然关联,富裕的未必高尚,贫穷的也不值得骄傲。

# 宪问篇第十四（13）

## 01

**原文**

子曰："古之学者为己，今之学者为人。"

## 02

**原文**

蘧伯玉①使人于孔子，孔子与之坐而问焉。曰："夫子何为？"对曰："夫子欲寡其过而未能也。"使者出，子曰："使乎！使乎！"

**注释**

①蘧（qú）伯玉：人名，卫国的大夫，名瑗，孔子到卫国时曾住在他的家里。

**老马释途**

"古之学者为己，今之学者为人"，古代的人学习是为了修炼，现代的人学习是为了向别人炫耀。好像在说我自己，毫无疑问，有向别人炫耀的情况，但从另一个角度来讲，这也推动了自己学习的热情，逼着顺便好像也修炼了一下。二者本可统一，未必非要对立，按道家说法，物极必反，从这个角度来讲，似乎与"中和"之道没有统一。

当然，所有问题的根源还应该是自己，自己是什么，世界往往是什么，从教育的角度，"为人"也未必不可以。

孔子问蘧伯玉最近在干什么,使者道:"夫子欲寡其过而未能也",蘧伯玉想要减少自己犯的错误,但是没有能够做到。由此,使者受到了孔子的高度评价。到了今天,我们常讲成功者找方法,失败者找借口,实际上方法就是找自我的问题,并形成措施,除此外,找任何的原因,实际上就是找借口。

## 宪问篇第十四(14)

**原文**

子曰:"不在其位,不谋其政。"曾子曰:"君子思不出其位。"

**老马释途**

"不在其位,不谋其政",不在这个职位,就不要考虑这个职位的事情。似乎专注于自我,但导致了事不关己高高挂起,没有责任心,缺乏协作精神与组织协调。我想夫子应该没有这样认为,并且上升到了君子的高度,"君子思不出其位",君子考虑问题一般不会超出自己的职责。

实际上,在一个组织中,如果想有更大的价值,完成自己的职责只是最基本的,是不够的。只有了解清楚协作部门或合作岗位的特点,自己的专职才会更有价值,更有效率,因为没有什么人可以独立存在,尤其是在一个组织中,与相关部门岗位协作好,是工作完成的基本条件。

当然,很多人又把与其他部门、岗位的协助弄成了团团伙伙,小团伙出现就又脱离了本质了。没有什么绝对的事情,更多的只是说明程度水平而已,否则就离题万里了。换句话讲,不在其位,亦可谋其政,在其位,谋其政,当然是肯定的了。

# 宪问篇第十四（15）

## 01

**原文**

子曰："君子耻其言而过其行。"

## 02

**原文**

子曰："君子道者三，我无能焉：仁者不忧，知者不惑，勇者不惧。"子贡曰："夫子自道也。"

**老马释途**

"君子耻其言而过其行"，君子以自己讲的内容，超过自己做到的为耻辱。换句话讲，要少讲多做，多讲无益。这个观点有一定的现实意义，只是太过保守。思想的碰撞与言语的交流，虽然未必有大价值，但是大价值一旦发生，影响反而不小，当然吹牛忽悠也是要批判的。

"君子道者三"，这三个方面分别是"仁者不忧，知者不惑，勇者不惧"，仁德之人不会忧愁，智慧的人没有什么疑惑，勇敢的人没有什么可怕的。三者俱备，当然就是君子了。对比之下，觉得自己可笑，坐个飞机都会害怕，还谈什么君子呢？唯有内心修炼了。

延续夫子的一贯风格，高标准的君子三个条件，绝大部分人望尘莫及了，只能用心学习，乖乖修炼，也有很多人认为意义不大，走向了另一极。

问题是，世界万物的复杂性哪是我们这些凡夫俗子所能理解的，只能跟着这些先哲们慢慢学习，慢慢领悟。

## 宪问篇第十四（16）

### 01

**原文**

子贡方人①。子曰："赐也贤乎哉②？夫我则不暇。"

**注释**

① 方人：方同"谤"，评论、诽谤别人。

② 赐也贤乎哉：疑问语气，批评子贡不贤。

### 02

**原文**

子曰："不患人之不己知，患其不能也。"

**老马释途**

这两句话讲的都是"向内找"，多找找自己的问题，不要批评别人，换句话，你自己也好不到哪儿去，不要费心讲别人，修炼自己才是正道。

"赐也贤乎哉？"子贡讥笑别人，孔子批评他，难道你就比人家好吗？意思是多反省自己，不要老揪着别人的小辫子。确实有很多人有这个毛病，本质上是推卸责任，导致自己难以进步，受害的是自己，但还是要找一堆别人的问题，为自己辩护，实在没有什么意义，更没有什么道理，想想很多人一辈子就这样成了废品。

"不患人之不己知，患其不能也"，不要怕别人不知道你，关键是你自己能否做到。悦近远来，把手头的事情干好了，大家就都来找你了。

当然，酒好也怕巷子深，酒好是基础，宣传让别人知道也是需要的，这也就是儒家一直被批评保守的原因吧。

# 宪问篇第十四（17）

## 01

### 原文

子曰："不逆①诈，不亿②不信，抑亦先觉者，是贤乎！"

### 注释

① 逆：迎。预先猜测。

② 亿：同"臆"，猜测的意思。

## 02

### 原文

微生亩①谓孔子曰："丘，何为是②栖栖③者与？无乃为佞乎？"孔子曰："非敢为佞也，疾固④也。"

## 注释

① 微生亩：鲁国人。

② 是：如此。

③ 栖栖（xī）：忙碌不安、不安定的样子。

④ 疾固：疾，恨。固，固执。

## 老马释途

"不逆诈，不亿不信"，不事先猜测别人在欺骗，不无端猜测别人不诚信，换句话讲，不猜测别人的不好。实际上这是比较困难的，因为担心别人不好，是自我的恐惧造成的。自信到信人，但这需要克服自我恐惧，需要强大的内心，需要诚心正意，需要修炼。想想自己可笑得很，坐个飞机都害怕颠簸，还有什么不怕呢？修炼了这么久还没有克服，完全就是一种多此一举，但是人性中的恐惧确实不是一般人可以消除的。

"抑亦先觉者，是贤乎！"可以事先发现别人的不诚实，这本身就是贤人了。相信一切，但又能发现可能的陷阱，不信与盲目相信实际上是一个毛病。

"非敢为佞也，疾固也"，我不敢花言巧语，只是痛恨那些顽固之人。夫子为自己的游说辩护，教育确实价值很大，但真正能改变自己的还是自己，你永远叫不醒一个装睡的人。

# 宪问篇第十四（18）

## 01

### 原文

子曰："骥① 不称其力，称其德也。"

## 注释

① 骥：千里马。古代称善跑的马为骥。

## 02

### 原文

或曰："以德报怨，何如？"子曰："何以报德？以直报怨，以德报德。"

### 老马释途

"骥不称其力，称其德也"，称赞千里马为骥，不是因为它的力气，更多的是因为品德。德为上，德为先，一直以来都是夫子坚持的，既教化了人们，又产生了一批虚伪之徒。

"以德报怨，何如？"有人问夫子，是否应该以德来报答怨恨。似乎我们一直认为应该如此，显得你更有德行。

夫子却说："何以报德？以直报怨，以德报德。"如果以德报怨，那用什么来报答恩德呢？显然夫子不认为应该以德报怨，紧接着给出了答案：用正直来回报怨恨，用恩德来报答恩德。看来以德报怨是我们的美好意愿。

就像一个组织的建设一样，施行恩德很需要，但也并非没有手段对付恶行。这也就不难理解为什么同是夫子的学生，孟子延续了"性本善"，成为儒家主流，荀子延续了"性本恶"，韩非子成为法家大家。都是徒弟，对老师的思想却有不一样的理解，这也难怪后世更多的是共用，儒表法里，没有只是一以贯之，这可能才是真相。

# 宪问篇第十四（19）

## 原文

子曰："莫我知也夫！"子贡曰："何为其莫知子也？"子曰："不怨天，不尤①人。下学而上达②，知我者其天乎！"

## 注释

① 尤：责怪、怨恨。

② 下学上达：下学学人事，上达达天命。

## 老马释途

"莫我知也夫"，夫子认为没有人理解他。看来每个人都很需要别人的爱与认同，包括夫子。夫子给的理由是"不怨天，不尤人。下学而上达，知我者其天乎！"不埋怨天，不责备人，下学人事，上达天意，所以夫子认为了解他的应该只有上天吧。

好像是夫子对自己的表扬，同时给了人们一个标准：不怨天尤人，多完善自己，多反省自己才是大道。可惜的是，夫子不认为人性中的弱点难以改变，起码认为可以调整，但对于现实来讲，真正做到的太少了，也难免持悲观态度。

人性的光辉之所以存在，本身就是因为有弱点，二者的矛盾统一才是根本，遗憾的是"善"的能力不容易掌握，"恶"的行为似乎天生就有，怪不得会有法家。

如此看来，夫子有些理想主义，怪不得游说各国，实际并未受到重视，只是在汉武帝时期，其思想才被独尊，成了统治者统治国家的武器，从让民善变成愚民，更好地控制百姓，不知这是否是夫子的本意。

## 宪问篇第十四（20）

### 原文

公伯寮①愬②子路于季孙。子服景伯③以告，曰："夫子固有惑志于公伯寮，吾力犹能肆诸市朝④。"子曰："道之将行也与，命也；道之将废也与，命也。公伯寮其如命何！"

### 注释

① 公伯寮（liáo）：姓公伯，名寮，字子周，孔子的学生，曾任季氏的家臣。

② 愬（sù）：同"诉"，告发，诽谤。

③ 子服景伯：鲁国大夫，姓子服，名伯，景是他的谥号。

④ 肆诸市朝：古时处死罪人后陈尸示众。

### 老马释途

因为别人有问题就伤害别人，似乎并不一定可以完成自己的目标。夫子认为："道之将行也与，命也；道之将废也与，命也"，我的观点主张能够推行下去，主要决定于天命；我的观点主张不能够推行下去，也主要决定于天命，与你们要除掉的公伯寮这个人没有关系。谋事在人，成事在天，大道不可违。

这实际上是一对矛盾，夫子讲了那么多，无外乎希望大家努力修炼，成为君子，甚至圣贤，但好像又告诉我们，每个人是什么情况是天命注定，与那么多修炼奋斗关系不大。不知道是本人理解有误，还是夫子本就如此，矛盾又统一。

生活中存在着很多这样的事情，问题来了：何为天命？实际上天命就应该是老子口中的"道"，是规律，是底层逻辑。大道无形，但决定着事物的发生发展，顺势而为，依道而行才是正解。在这一点上，人各有观点，认知不同，道不同，行为自然不同，道不同，不相为谋，道同道才可能通。

# 宪问篇第十四（21）

## 原文

子曰："贤者辟①世，其次辟地，其次辟色，其次辟言。"

子曰："作者七人②矣。"

## 注释

① 辟：同"避"，逃避。

② 七人：即伯夷、叔齐、虞仲、夷逸、朱张、柳下惠、少连。

## 老马释途

乱世中，夫子建议辟世，儒家的出世学说诞生在可为之世，如真正乱世，夫子也同意老子的观点，"出世、去隐"，所以才有了这样的描述。

"贤者辟世，其次辟地，其次辟色，其次辟言"，贤人通过"隐"来逃避乱世；实在不行，退而求其次，可以换到别的地方去，也就是辟地；再退而求其次，可以躲开不好的脸色，也算求得一份平静；实在还不可行，最后能回避人们的恶言，也算一定程度的宁静。夫子认为达到这样水平的人有七个，实在寥寥，看来"辟"本来极其困难。

成功难，成为圣贤更难，什么也不干，逃避世态炎凉也难，同样的难，不上不下，反而是常态。如此，平凡最简单，平平淡淡好像也不易，如此，人活着就不容易，有点儿佛家的味道了。

# 宪问篇第十四（22）

## 01

**原文**

子路宿于石门①。晨门②曰："奚自？"子路曰："自孔氏。"曰："是知其不可而为之者与？"

**注释**

① 石门：地名。鲁国都城的外门。

② 晨门：早上看守城门的人。

## 02

**原文**

子击磬①于卫，有荷蒉②而过孔氏之门者，曰："有心哉，击磬乎！"既而曰："鄙哉！硁硁③乎！莫己知也，斯己而已矣。深则厉④，浅则揭⑤。"

子曰："果哉！末⑥之难⑦矣。"

**注释**

① 磬（qìng）：一种打击乐器的名称。

② 荷蒉（kuì）：荷，肩扛。蒉，草筐，肩背着草筐。

③ 硁硁（kēng）：击磬的声音。

④ 深则厉：穿着衣服涉水过河。

⑤ 浅则揭：提起衣襟涉水过河。"深则厉，浅则揭"是《诗经·邶风·匏有苦叶》的诗句。

⑥末：无。

⑦难：责问。

## 老马释途

大家对夫子有个评价，是"知其不可而为之者"，明知道不可为，而偏要去做。如此看来以前大家基本上也认为夫子讲的内容不可为，但为什么后面成为影响我们的主流思想之一呢？除了皇家尊崇以外，是否还有其他原因？

孔子确实总结了一些规律，又给我们描绘了一个美好的未来，指出每一个人应该修炼的方向，虽然没有几个人可以实现，但这种牵引力很关键。当然，很多人也认为最终儒家思想实际上是沦为统治者的手段。当然，如果治国理政时孔子的思想如此受欢迎，夫子也算研究了帝王心术了。

越来越发现，为谁服务是关键，出发点是什么很关键，如此，百花齐放，流派众多，也就是正常情况了。

来源于现实生活，又高于生活，塑造描绘未来的幸福场景，基本上这是所有人的期许。活在当下，老想着更好的未来，似乎是人性。

从门前过的一个人，挑着草筐，听到夫子击磬的声音，好像听出了玄机，但没有什么反应，夫子说"果哉！末之难矣"，这个人好坚决啊，没有办法说服他了。这一段没太明白什么意思，或者夫子也没准备讲什么深刻含义。

# 宪问篇第十四（23）

## 01

### 原文

子张曰："书云：'高宗①谅阴②，三年不言。'何谓也？"子曰："何必高宗？

古之人皆然。君薨③，百官总己以听于冢宰④三年。"

### 注释

① 高宗：商王武丁。

② 谅阴：古时天子守丧之称。

③ 薨（hōng）：周代时诸侯死称此。

④ 冢宰：官名，相当于后世的宰相。

---

## 02

### 原文

子曰："上好礼，则民易使也。"

### 老马释途

这一段讲的实际上是"礼"。没有规矩不成方圆，看似死板，实为秩序。君王死了，"百官总己以听于冢宰三年"，百官应该各司其职，听从宰相的命令三年，好像是当前的礼仪。如何才能够治理国家，统御百姓，后面一小段给出建议。

"上好礼，则民易使也"，如果居上位的人讲究礼仪，那么人民就容易被管理与差遣。上行下效，基本上就是这个套路了。

发现在企业中也是如此，老板制定规则，认同的一起干，不认同的另寻去处，或者自己干。这本身很难讲出是非，只是不同选择而已，但是很多人陷入是非之争中，如此也就很难有所成就了。按照现代人力资本理论，这个问题可以通过教育来改变，也就是改变认知，夫子几千年前就在干了，西方的希腊三哲差不多也在干这个事情。

孺子可教也，个人很难脱离一个组织而存在也就成为必然了。如此，制定标准，制定"礼"应该是管理者的责任，当然，让更多的人认同与追随就会成为关键。

## 宪问篇第十四（24）

### 原文

子路问君子。子曰："修己以敬。"

曰："如斯而已乎？"曰："修己以安人①。"

曰："如斯而已乎？"曰："修己以安百姓②。修己以安百姓，尧舜其犹病诸？"

### 注释

① 安人：使上层人物安乐。

② 安百姓：使老百姓安乐。

### 老马释途

子路问孔子：什么是君子？这是《论语》几乎通篇都在谈的问题，告诉你什么是君子，什么是圣贤，然后鼓励人们向这个方向努力。虽然能称为君子的人寥寥，但起码大家以此为标准，算是给了大家一个目标，也给了大家一个枷锁。

夫子对于子路的问题，从三个层面进行了回答："修己以敬"，修炼自己，能够认真恭敬对待自己的工作；"修己以安人"，修炼自己，能够使上层的领导们安乐；"修己以安百姓"，修炼自己，让所有的百姓都安居乐业。对自己、对上层、对百姓，是一个由里及外，由小及大的过程，也是儒家的一贯逻辑。"我"是一切问题的根源，能为天地请命，基本上就是君子了，体现的是家国情怀，有为思想。

这既是一种促进我们进步的学问，又是一种让我们接受现状、有助于维持稳定的思想，少怀疑，多反省，多改变自己，一切就会美好了。

# 宪问篇第十四（25）

## 01

### 原文

原壤①夷俟②。子曰："幼而不孙弟③，长而无述焉，老而不死，是为贼。"以杖叩其胫。

### 注释

① 原壤：鲁国人，孔子的旧友。他母亲死了，他还大声歌唱，孔子认为这是大逆不道。

② 夷俟：夷，双腿分开而坐。

③ 孙弟：同"逊悌"。

## 02

### 原文

阙党①童子将命②。或问之曰："益者与？"子曰："吾见其居于位③也，见其与先生并行也。非求益者也，欲速成者也。"

### 注释

① 阙党：即阙里，孔子家住的地方。

② 将命：在宾主之间传言。

③ 居于位：童子与长者同坐。

## 老马释途

这两段内容否定了两种行为,是夫子指出一些问题,对一些人善意提醒。

"幼而不孙弟,长而无述焉,老而不死,是为贼",年幼时不懂谦虚,长大了也没有什么成就,老了只是偷生不死,这是害人精。换句话讲,正确的姿势应该是,年轻的时候要谦虚好学,长大了要做出成就,老了就该退出历史舞台,不要贪恋,这应该就是夫子认为的标准了。

要作为,要努力,要有所成就,一直也是儒家坚持的,这也是儒家与道家根本上的不同。

"吾见其居于位也,见其与先生并行也",看到一个儿童与成年人同坐一位,与长辈并排行走。显然这不合礼数,但会给人一个错觉,此人努力上进。但夫子认为这恰恰是欲速则不达,"非求益者也,欲速成者也",并非上进之人,而是急于求成之人。现实生活中我们很可能会遇到这样的人,孔子告诫我们要努力,但不可急于求成,讲的还是中和之道,中庸之道。

# 卫灵公篇第十五

## 卫灵公篇第十五（1）

### 01

**原文**

卫灵公问陈①于孔子。孔子对曰："俎豆②之事，则尝闻之矣；军旅之事，未之学也。"明日遂行。

**注释**

① 陈：同"阵"，军队作战时，布列的阵势。

② 俎豆：俎，音zǔ。俎豆是古代盛食物的器皿，被用作祭祀时的礼器。

### 02

**原文**

在陈绝粮，从者病，莫能兴。子路愠①见曰："君子亦有穷乎？"子曰："君子固穷②，小人穷斯滥矣。"

**注释**

① 愠：音yùn，怒，怨恨。

② 固穷：固守穷困，安守穷困。

**老马释途**

卫灵公询问孔子带兵打仗的事宜，孔子在卫国没有久留，因为他大概发现灵公并不了解他的强项，多留无益。用人之长应该是领导者的基础技能。但在现实生活中，这并不容易做到。有时候需要完成某件事，可用的人才储备不匹配，又没有合适的人能马上到位，将就着用现有的人也是一种常态。所以，领导常常希望下面的人学习能力强，适应能力强。还有一种情况是自己能力强，亲自把事情办了，但团队会一直弱，最后团队很难持续下去。还有一种领导无容人之量，自然也就无可用之才。

"君子固穷，小人穷斯滥矣。"夫子比较穷困的时候，子路不太高兴，认为君子不应有此穷困状态，夫子回答道：君子虽然贫穷，但会坚持自己的原则，人贫志不断，而小人如果穷了，为了活下去，什么事情都能做得出来，没有原则底线。讲白了还是信仰的问题，富贵不能淫，贫贱不能移，基本上就是君子了。

# 卫灵公篇第十五（2）

## 01

**原文**

子曰："赐也！女以予为多学而识之者与？"对曰："然，非与？"曰："非也。予一以贯之。"

## 02

**原文**

子曰："由！知德者鲜矣。"

## 03

### 原文

子曰:"无为而治①者,其舜也与?夫②何为哉?恭己正南面而已矣。"

### 注释

① 无为而治:国家的统治者不必有所作为便可以治理国家了。

② 夫:代词,他。

### 老马释途

"女以予为多学而识之者与?"夫子问子贡:你认为我是学习那么多东西,又能记住那么多东西吗?子贡认为当然是这样,夫子解释道:"非也。予一以贯之。""不是这样的,我只是有一个基本观念,并且用这个观念将这些知识串起来而已。"换句话讲,夫子有自己的思想、理念,学习的东西全部融合到一起了。

大部分人的情况是,自己看到的世界,是自己观点认知的世界。孔子告诉了我们学习的方法——整合、打通。当然,问题可能出在会缺乏真正的创新与变革,因为底层逻辑已经形成,所有的内容都为儒家思想所消化、整合了。当然也存在另一种情况:缺乏根基,学习过程中大受影响,丧失底盘,哪儿风大就往哪儿跑,人云亦云。这也是比较危险的,容易走入极端,既坚持又变革,中和之道才是大道。

无为而治应该是最好的国家治理模式,像舜就做到了这一点。这和道家的思想又暗合,世界上实际不需要英雄,英雄辈出往往可能生灵涂炭,但人们又喜欢有英雄的保护。英雄拯救人和给人带来灾难,有时候是同时发生的。

## 卫灵公篇第十五（3）

### 原文

子张问行①。子曰："言忠信，行笃敬，虽蛮貊②之邦，行矣。言不忠信，行不笃敬，虽州里③，行乎哉？立则见其参④于前也，在舆则见其倚于衡⑤也，夫然后行。"子张书诸绅⑥。

### 注释

① 行：通达的意思。

② 蛮貊：古人对少数民族的贬称，蛮在南，貊，音 mò，在北方。

③ 州里：五家为邻，五邻为里，五党为州，二千五百家。州里指近处。

④ 参：列，显现。

⑤ 衡：车辕前面的横木。

⑥ 绅：贵族系在腰间的大带。

### 老马释途

子张问夫子，什么情况下才能使自己到处行得通，也就是受人欢迎。夫子讲了两句话，也就是两个标准，从言和行的角度来谈，还是遵循一贯的儒家风范。

"言忠信，行笃敬"，讲话要真诚守信，行事要踏实恭敬，换句话讲，言行要一致，只是这里强调得不多。言要诚，诚信，但是诚信是什么，没有太多的人理解。比如大部分人认为诚即真诚，诚心正意，但具体实践的时候变成了怎么讲就应该这么做，实际上有时候讲和做的未必相同，为了善意的目的讲的成为谎言，如此显得不够诚。但站在更高层面看，可能是牺牲小我，服务大我。

行笃敬，低调恭敬是一直的保守风格，基本上夫子一以贯之，延续到了今天，这比较符合既得利益者的诉求。

# 卫灵公篇第十五（4）

## 01

### 原文

子曰："直哉史鱼①！邦有道，如矢②；邦无道，如矢。君子哉蘧伯玉！邦有道，则仕；邦无道，则可卷③而怀之。"

### 注释

① 史鱼：卫国大夫，字子鱼，他多次向卫灵公推荐蘧伯玉。

② 如矢：矢，箭，形容其直。

③ 卷：同"捲"。

## 02

### 原文

子曰："可与言而不与之言，失人；不可与言而与之言，失言。知者不失人，亦不失言。"

## 03

### 原文

子曰："志士仁人，无求生以害仁，有杀身以成仁。"

### 老马释途

邦有道，做官，邦无道，隐去。这是夫子一直的思想，有点儿顺势而为的味道，同时也是一种实用主义的表现。

"可与言而不与之言，失人；不可与言而与之言，失言"，可以与别人交流的，却不去交流，容易失去人才；不应该和别人交流的，却和别人讲太多，会失言。关键的前提在于识人，也就是看对方是什么人，话要讲给对的人，否则会适得其反。这在我们日常生活与经营管理中经常会遇到，人对了，彻夜畅谈，可以一起做很多事情；人不对，你掏心掏肺讲了半天，对方只会觉得你很奇怪，甚至会觉得骗子来了。按夫子的标准，真正的高手是"不失人，亦不失言"。有智慧的人不会失去人才，也不会失言，让别人舒服，自己也舒服。实用主义暴露无遗，顺其自然，没有必要改变世界，更没有看到坚持真理的必然。

但是，紧接着坚持"仁"的思想就来了："无求生以害仁，有杀身以成仁"。仁人志士，为了坚持"仁"，宁愿杀身成仁，也不愿求生以害仁。儒家的骨气及对"仁"的坚守，又让我们刮目相看，也不尽是实用主义。自圆其说，又自相矛盾，似乎是事物的本来面目。

# 卫灵公篇第十五（5）

### 原文

子贡问为仁。子曰："工欲善其事，必先利其器。居是邦也，事其大夫之贤者，友其士之仁者。"

### 老马释途

"工欲善其事，必先利其器"，这句话流传千年，是说要想把事情做好，必须先准备好工具。这里既包括思想上的准备，也包括组织上的准备，还包括操作上的准备，周密、细致，不打没有把握的仗，一直是我们的信条。

在现实生活中，尤其是现在的世界大变局中，各种条件不确定，社会迅速发展，该准备什么呢？每一个弱小的个体实际上是比较焦虑的，除非有高瞻远瞩的判断，除非有面对一切困难的条件，否则不知该利什么器，可能就选择躺平了。所以，未来一定条件下的确定性，一定条件下的信心，对于一个组织、一个人都是很重要的，即使毫无根据，只是一种莫名其妙的自信，也是很关键的，每个人都活在自己内心的世界当中。

物以类聚，人以群分，应该和贤者为友。"事其大夫之贤者，友其士之仁者"，与仁者交朋友代表正义，也可能代表正能量。交朋友的标准也定出来了，孟母择邻而居，并且三迁，也就再正常不过了。

# 卫灵公篇第十五（6）

## 01

### 原文

颜渊问为邦。子曰："行夏之时①，乘殷之辂②，服周之冕③，乐则韶舞④。放⑤郑声⑥，远⑦佞人。郑声淫，佞人殆⑧。"

### 注释

① 夏之时：夏代的历法，便于农业生产。

② 殷之辂：辂，音lù，天子所乘的车。殷代的车是木制成，比较朴实。

③ 周之冕：周代的帽子。

④ 韶舞：是舜时的舞乐，孔子认为是尽善尽美的。

⑤ 放：禁绝、排斥、抛弃的意思。

⑥ 郑声：郑国的乐曲，孔子认为是淫声。

⑦ 远：远离。

⑧ 殆：危险。

## 02

**原文**

子曰:"人无远虑,必有近忧。"

子曰:"已矣乎!吾未见好德如好色者也。"

## 03

**原文**

子曰:"臧文仲其窃位①者与!知柳下惠②之贤而不与立也。"

**注释**

① 窃位:身居官位而不称职。

② 柳下惠:春秋中期鲁国大夫,姓展,名获,字禽,他受封的地名是柳下,惠是他的私谥,所以,人称其为柳下惠。

**老马释途**

这几段分别谈了治国以及为人处事的道理。夫子讲的内容大到国家治理,小到为人处事,很少谈及宇宙万物,这是和道家最大的不同。

"行夏之时,乘殷之辂,服周之冕,乐则韶舞",用夏朝的历法,乘殷朝的车子,戴周代的礼帽,音乐则用《韶》《舞》,如此应该是最好的治国之道。看得出来夫子认为的各个时代的优势部分,同时也说明了大家都不完美。

"人无远虑,必有近忧",这句又谈到个人,并且流行了这么多年。换句话讲,大部分人只考虑眼前的忧虑,并且会重视它,未来的忧虑未必会去思考。应该是规律性的总结,但显然这不是君子、圣贤的标准,人有远虑才可能有君子之风才是应该的。

"吾未见好德如好色者也",突显了夫子的失望,好德者寡,好色者众,自然修炼就会成为关键,俗人会成为常态。

"知柳下惠之贤而不与立也",知道柳下惠有才能而不去引荐,如此的臧文仲显然不是一位好同志。做人做事的道理讲得比较具体,还是比较有道理的,也算是夫子给人们的建议吧。

# 卫灵公篇第十五(7)

## 01

**原文**

子曰:"躬自厚而薄责于人,则远怨矣。"

## 02

**原文**

子曰:"不曰'如之何①,如之何'者,吾末② 如之何也已矣。"

**注释**

① 如之何:怎么办的意思。
② 末:这里指没有办法。

## 03

**原文**

子曰:"群居终日,言不及义,好行小慧,难矣哉!"

## 老马释途

这三小段讲了三种情况,说的还是为人处事的道理,离研究世界宇宙万物运行规律的哲学似乎甚远了。夫子一直是以人为出发点,以人的思考、行为来展开论述自己的思想,起码《论语》中是如此。

"躬自厚而薄责于人,则远怨矣",严以律己,宽以待人,这样的人就会远离怨恨了,当然,如此也就是君子了。

"吾末如之何也已矣",不知道敢干什么的人,也不想干什么的人,我也没有什么办法。用今天的话讲就是,你永远叫不醒一个装睡的人。

"群居终日,言不及义,好行小慧,难矣哉!"整天待在一起,不讲符合道义的语言,喜欢卖弄小聪明,这样的人难以教导。换句话讲,这样的人应为小人,且难成大器。

这几小段基本上就是通过一些行为来判断人的,比较实用,这也可能是可以流传如此广、如此久的原因。

# 卫灵公篇第十五(8)

## 01

### 原文

子曰:"君子义以为质,礼以行之,孙以出之,信以成之。君子哉!"

子曰:"君子病无能焉,不病人之不己知也。"

## 02

### 原文

子曰:"君子疾没世[①]而名不称焉。"

子曰:"君子求诸己,小人求诸人。"

> **注释**
> ① 没世:死亡之后。

## 03

**原文**

子曰:"君子矜①而不争,群而不党。"
子曰:"君子不以言举人,不以人废言。"

> **注释**
> ① 矜:音jīn,庄重的意思。

**老马释途**

这么多小段基本上都在讲一件事情:什么样的人才是君子,也就是告诉我们君子的标准,非常具体,但非常难以做到。

"义以为质,礼以行之,孙以出之,信以成之",以人为根本,按照礼节行事,讲话谦恭,用真诚的态度去实现目标,这基本上就是君子了。简言之,"义、礼、谦、诚"这四点做到,就是夫子口中的君子了。

"君子病无能焉,不病人之不己知也",君子从不担心别人不知道自己,更担心的是自己没有能力。从自己做起,是金子总会发光的,问题是太多人不是金子,所以多宣传宣传还是有效的。

"君子疾没世而名不称焉",君子更担心身后事,考虑得更加长远。

"君子求诸己,小人求诸人",君子更多从自己本身找问题,小人更多去找别人的问题,去要求别人。

"君子矜而不争,群而不党",君子端庄而不争,有团队精神但不结交小团伙。

"君子不以言举人,不以人废言",君子不会因为一个人话说得好就会用这个人，也不会因为这个人不好而不采用他的有价值的建议。非常具体，具备可操作性，基本上为我们描绘了正人君子的图谱，值得我们去学习，去体悟。

## 卫灵公篇第十五（9）

### 01

**原文**

子贡问曰："有一言而可以终身行之者乎？"子曰："其恕乎！己所不欲，勿施于人。"

### 02

**原文**

子曰："吾之于人也，谁毁谁誉？如有所誉者，其有所试矣。斯民也，三代之所以直道而行也。"

### 03

**原文**

子曰："吾犹及史之阙文[①]也，有马者借人乘之[②]，今亡矣夫。"

**注释**

① 阙文：史官记史，遇到有疑问的地方便缺而不记，叫做阙文。

② 有马者借人乘之：有人认为此句系错出，另有一种解释为：有马的人自己不会调教，而靠别人训练。本书依从后者。

### 老马释途

"忠恕"一直是儒家的核心,第一段重点谈了"恕"。何为"恕"?"己所不欲,勿施于人",自己不愿意接受的事情,不要施加给他人,将心比心,与人为善。这也是我们在处理人际关系时经常遵循的准则。包括在国际关系上,在国与国的交往中也经常听到这样的表达,换句话讲,就是从自己出发,又回到自己。

"吾之于人也,谁毁谁誉?"表达了夫子的无奈,没有什么人是可以让他夸赞的,也没有什么人是可以让他诋毁的。不是没有,而是不需要,应该夸奖的是夏、商、周三代时期的百姓,有些怀念过去。

后面一段也是如此感叹:"今亡矣夫!"现在没有这样的精神了。这实际与夫子处的时代有关,春秋战国时期,国家分裂,战争不断,夫子觉得还是和平时期好。可惜的是,在和平时期,很多人又有乱世的英雄情结,看来人总是在追求自己没有拥有的东西。

# 卫灵公篇第十五(10)

### 原文

子曰:"巧言乱德。小不忍则乱大谋。"

子曰:"众恶之,必察焉;众好之,必察焉。"

### 老马释途

"巧言乱德",好听的话会败坏人的品德。这似乎能解释为什么当一个人奋斗拼搏的时候,思路清晰,品德高尚,当取得一些成绩后,就会被一群人包围,马屁不断,这时很少有人能保持清醒,大半到此开始出昏招了。天下大势已定,明君变昏君的事比比皆是。

"小不忍则乱大谋",小事不能忍,很难成大事。东方"忍"的精神也就这样形成了。基本上暗示了一个规律：成大事要经历很多问题与困难，没有顺风顺水。

"众恶之，必察焉"，大家都厌恶他，我一定要考察他，这个人可能是小人，也有可能是真正的君子。同样，"众好之，必察焉"，大家都夸奖他，也一定要去了解，这个人可能是大善，也有可能是伪善。这也是常态，大伪似善，大善似恶。

# 卫灵公篇第十五（11）

## 原文

子曰："人能弘道，非道弘人。"
子曰："过而不改，是谓过矣。"

## 老马释途

"人能弘道，非道弘人"，人可以将道发扬光大，但不是用道来廓大人。换句话讲，道本身在那里，人们遵循与否是自己的事情，人还是根本，遵循道的人多了，自然也就发扬光大了。

"过而不改，是谓过矣"，犯了错误不去改正，那就是真正的错误了。人非圣贤，孰能无过，知错能改，善莫大焉。但是我们发现，在一个组织里一旦出现人人不断找别人的问题，揪小辫子的现象，整个组织气氛就发生变化了，这种斗争文化一旦兴起，最终无人能幸免，最后对错的争议就不是关键了，更多的实际是对利益的争议，只是借助了一个冠冕堂皇的借口。

就事论事，不要过度扩大化。

# 卫灵公篇第十五（12）

## 01

### 原文

子曰："吾尝终日不食，终夜不寝，以思，无益，不如学也。"

## 02

### 原文

曰："君子谋道不谋食。耕也，馁①在其中矣；学也，禄②在其中矣。君子忧道不忧贫。"

#### 注释

① 馁：音 něi，饥饿。

② 禄：做官的俸禄。

### 老马释途

"以思，无益，不如学也"，空想无价值，不如好好学习才能真正进步。看来思考并非学习，学习不仅要思考，更重要的应该是实践。虽然夫子没有这么讲，但儒家思想中提倡的言行一致已经清清楚楚说明了这点。

"君子谋道不谋食"，君子只追求道，不追求吃吃穿穿。如此，君子已经告别了基本需求，更多的是精神需求，有点儿强人所难，但也有一定道理。真正达到如此境界的人太少，更多的还是俗人。当然，吃饱穿暖也未必有高的情怀，为了某种信念不吃嗟来之食，也不乏其人。人之所以为人，成为万物之灵，更多的还是因为精神，但从很多统治者的角度来讲，没有精神追求或者只有一种主体思想的人似乎更易掌控。

"君子忧道不忧贫"，君子担心道，但不担心贫穷。如果生活富裕又遵循大道，是否两全其美？不然就会越穷越有道理，越富越没道理，这样的道理可能就会出现，如此，做个俗人似乎更像"人"。

# 卫灵公篇第十五（13）

## 原文

子曰："知及之①，仁不能守之，虽得之，必失之。知及之，仁能守之，不庄以莅②之，则民不敬。知及之，仁能守之，庄以莅之，动之不以礼，未善也。"

### 注释

① 知及之：知，同"智"。之，一说是指百姓，一说是指国家，此处我们认为指禄位和国家天下。

② 莅：音lì，临，到的意思。

### 老马释途

这段话听下来，基本上说明的就是德比智更重要，如果德不配位，很难承载，最后也不会有什么好结果，实际上是厚德载物的说明。

"知及之，仁不能守之"，凭借智慧可以得到的东西，不能用仁德来守持，最后必失之。所以，在我们的文化中，仁德一直是超过智慧的。这本没有什么问题，问题出在了仁德的标准上，大家往往根据自己的喜好判断是否符合仁德，尤其是领导喜欢了，基本上可能就靠近仁德了，变成主观的许可，客观标准一直在争议中。

"动之不以礼，未善也"，差遣百姓的时候，不依照礼的要求，那也是不好的。换句话讲，要以人民为中心，水能载舟，亦能覆舟，真正让老百姓得到实惠，而不是严格要求老百姓，以德服人，以德为本，这样才能江山稳固。就像一个企业，最后拼的还是文化和价值观，看似无形的东西往往是决定性因素。

# 卫灵公篇第十五（14）

## 原文

子曰："君子不可小知①而可大受②也，小人不可大受而可小知也。"

## 注释

① 小知：知，作为的意思，做小事情。

② 大受：受，责任，使命的意思，承担大任。

## 老马释途

进一步分析小人与君子，终于发现小人也有可用之处，君子也有不足之处，如此可能更接近现实生活。

"君子不可小知，而可大受也"，不能用小事考验君子，但是可以让他们承担大任，也就是讲秀才见了兵，有理讲不清，再厉害的人也要放对地方，否则也发挥不了价值。在实际生活中，大事重要，小事同样重要，如此，也就能理解夫子讲的这些内容了。

"小人不可大受而可小知"，小人做不了大事，但是可以让他们干一些小事。如此，天生我材必有用，即使是一些小人也是可以发挥价值的。

天下无无用之人，只有用错地方之人，也就是说人到什么层面不重要，关键看平台有没有合适的位置让其发挥价值。改变位置当然比改变人更容易，从这个角度来讲，领导者应该研究人岗匹配，而不应过多思考改变某个人。

## 卫灵公篇第十五（15）

### 原文

子曰："民之于仁也，甚于水火。水火，吾见蹈而死者矣，未见蹈仁而死者也。"
子曰："当仁，不让于师。"

### 老马释途

"民之于仁也，甚于水火"，人民对于仁德的需要，比对水和火的需要更为迫切。换句话讲，水和火会伤害人，仁德却不会，仁德被放到了相当高的位置。

"当仁，不让于师"，在仁德面前，即使是老师也不与他谦让。这是大德和小道的区别了，换句话讲，仁德在尊师之上，也就是礼仪的秩序。

遵循大道，个人的情绪、情感在其次，君为上，父为下，集体主义的论题就此形成了，个人的自由主义被放在集体主义之下，因此影响了中国几千年。当然，对此不能极端地只理解某一方面，个人和集体实则相辅相成，矛盾统一，缺一不可。

人的一辈子都在纠结这个问题，很多组织也是如此，本质实际上是动态平衡，偏废任何一个方面，实际上都很难维持下去。

## 卫灵公篇第十五（16）

---
01
---

### 原文

子曰："君子贞① 而不谅②。"

### 注释

① 贞：一说是"正"的意思，一说是"大信"的意思。这里选用"正"的说法。

② 谅：信，守信用。

## 02

### 原文

子曰："事君，敬其事而后其食①。"

### 注释

① 食：食禄，俸禄。

### 老马释途

"君子贞而不谅"，君子要守正道，但可以不遵小信。干大事的不拘小节，本质在大道，细枝末节不是关键，但似乎又不那么完美了。这和我们平常所谈的完美圣人不同，实际上却是真实情况。似乎我们对圣人有误会，可是在现实生活中我们往往发现，揪着别人不放，用完美与道德来要求别人，最后只能失望于人性，失望于社会，没有人是没有缺陷的。如此看来，我们太过苛求别人，实际上如果来苛求自己，结果也会相当失望。

"事君，敬其事而后其食"，辅佐君王应该先把事干好，再考虑回报的事情。换句话讲，付出一定有回报，尤其是辅佐君王，担心君王不会回报，本身就是小人之心的想法了。

现实生活中往往如此，不考虑回报，只考虑付出，实际上最终受益的依然是付出者。可惜的是，大部分人难过此关。

# 卫灵公篇第十五（17）

## 01

**原文**

子曰："有教无类。"

## 02

**原文**

子曰："道不同，不相为谋。"

### 老马释途

"有教无类。"夫子认为，人人都可以受到教育，不分地位，不分贫富，似乎教育可以改变所有人，这应该是当老师的人的最大心愿。应该讲，大部分人是孺子可教也，但每个人的投入和产出确实不同，很多人教起来效果与效率截然不同。在有限的教育资源前提下，还是要因材施教，因人而异，因为价值不同而投入有所不同。

20世纪70年代，西方人力资本理论得到迅速发展，舒尔茨凭此获得了诺贝尔经济学奖，认为人力资本与医疗、教育密切相关。经济学的角度看，教育会大大增加人力资本的价值。从这一点来讲，大家有类似之处，只是教育是为了使其更有能力，还是使其更加遵守规则，甚至教育是为了愚民，在不同的组织体系里表现不同。

"道不同，不相为谋"，这一句流传甚广，说的是价值观不统一，认知不在一个层面，大家很难一起共事。从另一个角度承认了人和人的差距，只是遗憾的是，我们并不喜欢这个主张，我们希望"平等"，甚至希望结果一致。如此的话，躺平是最好的了，那么社会就会劣币驱逐良币，整个组织将会停止前进，甚至出现倒退。

## 卫灵公篇第十五（18）

### 01

**原文**

子曰："辞达而已矣。"

### 02

**原文**

师冕①见，及阶，子曰："阶也。"及席，子曰："席也。"皆坐，子告之曰："某在斯，某在斯。"师冕出，子张问曰："与师言之道与？"子曰："然，固相②师之道也。"

**注释**

① 师冕：乐师，这位乐师的名字是冕。
② 相：帮助。

### 老马释途

"辞达而已矣",言辞能表达清楚意思就可以了,似乎多说无益。很多时候在日常生活中,我们与人语重心长地讲了很多,最后发现事与愿违,对方似乎根本没有听进去。实际上每一人只有自己悟到,才能清晰,别人是很难讲清楚的,内因还是核心。

人的一生的时间是有限的,所以大家对合作伙伴、对客户有挑选也就很正常了。这也就是上一段所讲的,"道不同,不相为谋"。看来夫子也是很清楚的,只是圣人心善,希望拯救更多的人,帮助更多的人,也自然需要承担更多的磨难吧。

最后一小段写了与乐师的交流方式,像在教小孩。"固相师之道也",这也就是教乐师的方法,感受到夫子的认真与耐心。

# 季氏篇第十六

## 季氏篇第十六（1）

**原文**

季氏将伐颛臾①。冉有、季路见于孔子曰："季氏将有事②于颛臾。"孔子曰："求！无乃尔是过与？夫颛臾，昔者先王以为东蒙主③，且在邦域之中矣，是社稷之臣也。何以伐为？"

冉有曰："夫子欲之，吾二臣者，皆不欲也。"孔子曰："求！周任④有言曰：'陈力就列⑤，不能者止。'危而不持，颠而不扶，则将焉用彼相⑥矣？且尔言过矣，虎兕⑦出于柙⑧，龟玉毁于椟⑨中，是谁之过与？"

冉有曰："今夫颛臾，固而近于费⑩。今不取，后世必为子孙忧。"孔子曰："求！君子疾夫舍曰欲之而必为之辞。丘也闻有国有家者，不患寡而患不均，不患贫而患不安。盖均无贫，和无寡，安无倾。夫如是，故远人不服，则修文德以来之。既来之，则安之。今由与求也，相夫子，远人不服，而不能来也。邦分崩离析，而不能守也。而谋动干戈于邦内。吾恐季孙之忧，不在颛臾，而在萧墙⑪之内也。"

**注释**

① 颛臾：音 zhuān yú，鲁国的附属国，在今山东省费县西。

② 有事：指有军事行动，用兵作战。

③ 东蒙主：东蒙，蒙山。主，主持祭祀的人。

④ 周任：人名，周代史官。

⑤ 陈力就列：陈力，发挥能力。按才能担任适当的职务。

⑥ 相：搀扶盲人的人叫相，这里是辅助的意思。

⑦ 兕：音 sì。雌性犀牛。

⑧ 柙：音 xiá，用以关押野兽的木笼。

⑨ 椟：音 dú，匣子。

⑩ 费：季氏的采邑。

⑪ 萧墙：国君宫门内的矮墙，借指宫廷内部。

### 老马释途

写了一大段，有几句话非常关键，讲出了核心，影响到现在。

"不患寡而患不均，不患贫而患不安"，这是人性的弱点，不担心贫穷，但是担心不平均，不担心人口少，但是担心社会不安定。明显是站在统治者角度来讲问题，所以就有了下边一句："盖均无贫，和无寡，安无倾"，大家觉得平均了，就没有了贫富的说法。这个问题实际很要命，会鼓励大家去共同贫穷，而不是追求共同富裕，因为共同贫穷更容易实现。

可惜的是，这样最终是老百姓倒霉，而可悲的是老百姓并不觉得不幸福，均无贫嘛，大家都穷，也觉得挺好，大家和睦相处，也不觉得人少，社会安宁了，国家就稳定了。整个是为统治者服务的逻辑。

"既来之，则安之"，既然来了，就让大家安心。当然，这主要还是靠仁、义、礼、乐，也是夫子一贯的思想。

# 季氏篇第十六（2）

### 原文

孔子曰："天下有道，则礼乐征伐自天子出；天下无道，则礼乐征伐自诸侯出。自诸侯出，盖十世希不失矣；自大夫出，五世希不失矣；陪臣执国命，三世希不失矣。天下有道，则政不在大夫。天下有道，则庶人不议。"

### 老马释途

"天下有道，则礼乐征伐自天子出，天下无道，则礼乐征伐自诸侯出"，又下太平，制定规则、打仗这样的事情是皇帝决定的；天下混乱，制定规则、打仗这些事则取决于诸侯。标准的大一统思维，也就是单一制的国家治理模式，应该是夫子倡导的。对于现代的所谓联邦制，更松散的邦联制夫子应该并不推荐，但实际上夫子认同周礼，周朝时期的治理模式恰好更像现在的联盟制，只是在秦始皇之后才形成几千年的专制制度。

可能夫子生逢乱世，希望太平吧，但如果在专制时期，夫子云游列国实际上是不可能了，七十二贤人，弟子三千，实际上几乎也不可能出现，这可能也是悖论吧。

"天下有道，则政不在大夫。天下有道，则庶人不议"。这与现在的民主制度还是区别明显的，也在一定程度上奠定了东西方文化不同的基调，夫子应该也是始料未及的吧。

# 季氏篇第十六（3）

## 01

### 原文

孔子曰："禄之去公室五世①矣，政逮②于大夫四世③矣，故夫三桓④之子孙微矣。"

### 注释

①五世：指鲁国宣公、成公、襄公、昭公、定公五世。

②逮：及。

③四世：指季孙氏文子、武子、平子、桓子四世。

④三桓：鲁国孟孙、叔孙、季孙都出于鲁桓公，所以叫三桓。

## 02

### 原文

孔子曰:"益者三友,损者三友。友直①,友谅②,友多闻③,益矣。友便辟④,友善柔⑤,友便佞⑥,损矣。"

### 注释

① 直:正直。

② 谅:诚实而有信。

③ 多闻:见闻广博。

④ 便辟:偏离正道,故意回避他人错误。

⑤ 善柔:和颜悦色,阿谀奉承。

⑥ 便佞:巧言善辩,逢迎谄媚。

### 老马释途

第一段内容紧接上一段,说明鲁国的权力已有几代由大夫掌握,应该快改朝换代了。中国的封建社会一直有三股势力,一股为帝王,属最强力量;一股为王公贵族,也颇为强大,依附于帝王,但是在很多王朝更迭中往往是核心力量,甚至可以推翻皇家;最后一股为老百姓,基本上会被前两股力量利用,成为所谓的天下苍生,当然也有其中的佼佼者,揭竿而起。主弱贵族强,改朝换代确实不久了。

第二段基本上又开始谈文明结友。何为益友?何为损友?夫子把其各分为三类:友直、友谅、友多闻,为益友;友便辟,友善柔,友便佞,为损友。与正直的人、诚信的人、见多识广的人交朋友是有好处的,与逢迎、阿谀奉承、花言巧语的人交朋友是有坏处的。物以类聚,人以群分,交的是损友还是益友,取决于你是什么人。苍蝇不叮无缝的蛋,贵人不助小人,自己才是关键。

## 季氏篇第十六（4）

### 原文

孔子曰："益者三乐，损者三乐。乐节礼乐①，乐道人之善，乐多贤友，益矣。乐骄乐②，乐佚③游，乐宴乐④，损矣。"

### 注释

①节礼乐：孔子主张用礼乐来节制人。

②骄乐：骄纵不知节制的乐。

③佚：同"逸"。

④宴乐：沉溺于宴饮取乐。

### 老马释途

看来"三"这个数字很有价值，老子讲三生万物，夫子也在很多地方用到三，上文讲益者三友，损者三友，这里又讲到益者三乐，损者三乐，好的喜好有三种，坏的喜好也有三种。

好的喜好有三种，分别是"乐节礼乐，乐道人之善，乐多贤友"，也就是用礼来节制自己，赞扬别人的优点，结交贤良的人。坏的喜好也有三种，分别是"乐骄乐，乐佚游，乐宴乐"，喜欢骄纵，喜欢游乐，喜欢宴饮。

吃喝玩乐基本上被否了，严格要求自己，自律，赞赏他人，结交有益的朋友，应该是正道。很多时候能带来好处的事是逆人性的，只图开开心心、轻轻松松，最终结果往往不好；严于律己，与人性的恶做斗争，结局会不错。没有什么是轻松的好，没有什么是顺利的善，怪不得圣人一直讲，人生无常，实属不易，我等还是修行不够啊！

# 季氏篇第十六（5）

## 01

### 原文

孔子曰："侍于君子有三愆①：言未及之而言谓之躁，言及之而不言谓之隐，未见颜色而言谓之瞽②。"

### 注释

① 愆：音 qiān，过失。

② 瞽：音 gǔ，盲人。

## 02

### 原文

孔子曰："君子有三戒：少之时，血气未定，戒之在色；及其壮也，血气方刚，戒之在斗；及其老也，血气既衰，戒之在得。"

### 老马释途

继续谈了两个问题，都涉及三个方面，用"三"代表了规律。

"侍于君子有三愆：言未及之而言谓之躁，言及之而不言谓之隐，未见颜色而言谓之瞽"，侍奉君主有三种情况要不得：没有问你的时候你先讲，叫急躁；问你的时候你又不说了，就是隐瞒；不看君主的脸色就贸然开口，就是瞎眼，显然缺乏察言观色的能力。

接着又讲到了君子有三戒：年少时，戒色；壮年时，戒斗；老年时，戒得。少年时情窦初开，戒女色；壮年时，有力量的时候，不要与别人争斗；年老了以后，忌贪，差不多就知足。夫子反复强调这些，是因为没有修炼，没有修行，基本上很难成功。成功是困难的，失败是容易的。

# 季氏篇第十六（6）

## 原文

孔子曰："君子有三畏：畏天命，畏大人，畏圣人之言。小人不知天命而不畏也，狎大人，侮圣人之言。"

## 老马释途

君子一般敬畏以下三件事：畏天命，畏大人，畏圣人之言。也就是敬畏规律，敬畏高贵之人，敬畏圣人的道理，有点儿乖乖听话的意思。实际上，圣人敬万物万事，敬畏所有本身就是君子应该做到的。要敬畏达官贵人，也要敬畏老百姓，既要和高人交朋友，也要和普通人甚至乞丐交往。人有贫富，人格无高低，人性的大爱往往在这种情况下才能体现出来。吾本渺小，一粒尘埃而已，没有什么值得炫耀的，平静如水才是大道。

小人当然恰好相反：天命不畏，狎大人，侮圣人言。小人不敬畏规律，实际上是因果倒置，以为掌握了规律；轻视地位高贵的人，实际上往往会拍高贵的人的马屁，当然，有机会的话也会落井下石；对于圣人的言语，小人一般会用来要求别人，方便自己。

如此，发现自己乃小人也，差距不小，修炼学习吧。

## 季氏篇第十六（7）

**原文**

孔子曰："生而知之者上也；学而知之者次也；困而学之，又其次也；困而不学，民斯为下矣！"

**老马释途**

孔子通过几句话把人分成了几等。

"生而知之者上也；学而知之者次也"，生下来就知道很多事情的人，应该是上等人；通过学习才知道这些道理的人，是次一等的人。好像有人生来就明白很多大道理，那似乎就是遗传，是 DNA 的问题，只是夫子好像没有说明这个问题的原因。

"困而学之，又其次也；困而不学，民斯为下矣"，遇到困难，被逼无奈才去学习的人显然是第三等了；最下一等是遇到了问题都不去学习的人。说明人和人还是有很大区别的。

既然知道每个人都能各得其所，实际上也没有必要要求大家非要干到什么程度，适合即可，圣人多了也会打嘴仗，基础人员多了也糊涂。各走各的路就好。当然，学习改变一切，基本上还是夫子提倡的思想，其教育的情怀可见一斑。

## 季氏篇第十六（8）

**原文**

孔子曰："君子有九思：视思明，听思聪，色思温，貌思恭，言思忠，事思敬，疑思问,忿思难,见得思义。"

### 老马释途

"君子有九思",认为君子应该思考九件事,三三得九,九九归真的意思。

从九个方面来要求一个人,基本上也就是君子的标准了。

"视思明,听思聪,色思温",看时考虑是否看得明白,听时考虑是否听清楚了,脸色要考虑是否温和。人既是客观的物质存在——具备肉体,又具备无形的思想,二者互相影响:情绪好了,似乎身体也发光;身体舒服了,实际上精神也愉悦。这也可能是机器人比较难以复制人的地方吧。所以,这九个"思"实际上就是一台机器最好的状态吧。

"貌思恭,言思忠,事思敬",态度要考虑是否恭敬,言谈要考虑是否谦虚,办事要考虑是否靠谱谨慎。一副保守乖巧的形象,没有看到创新张扬的影子,影响了我们数千年。

"疑思问,忿思难,见得思义",遇到疑问要考虑求教,发怒时要考虑后患,见有可得时要考虑是否合乎道义,义为先,利为后。

## 季氏篇第十六(9)

### 原文

孔子曰:"见善如不及,见不善如探汤。吾见其人矣,吾闻其语矣。隐居以求其志,行义以达其道。吾闻其语矣,未见其人也。"

### 老马释途

夫子又讲了几种人们的表现,并且认为他没有见到过这样的人,看来要求高了,也只能讲得多,干得少了。

"见善如不及,见不善如探汤",见到善的行为要努力追求,见到恶的行为要赶快离开。当然这样的人夫子还是见过的,下边一段说的人的表现,就没有见过这样做的人了。

"隐居以求其志,行义以达其道",用隐居来保全自己的志向,遵照道义以达成自己的主张。夫子讲自己没有遇到过这样的人。天有道则展宏图之志,天无道则隐于山林来保全自己的志向,而要守道义又似乎有些为大道不拘小节,有时候很难把握,这本身就不是一个简单的问题。所以,大家讲的是一样的词语,理解的却是自己的想法,行为则更是完全各有套路。很多共识只是表面,真正深入到了干货、利益、信仰,一切才会露出真相与本来面目。

# 季氏篇第十六(10)

## 原文

齐景公有马千驷,死之日,民无德而称焉。伯夷、叔齐饿于首阳之下,民到于今称之。其斯之谓与?

## 老马释途

进一步强调了德的重要性,真正受老百姓爱戴,一定是因为德,不会是其他。以德治国、以德服人一直以来都是我们的最高准则,是不准怀疑的真理,真正的问题出在了大家对于德的理解上,这也导致了完全对立的两方甚至都会认为自己有德,别人无德。

齐景公有四千匹马,"民无德而称焉",老百姓认为他没有什么德行,所以不值得称颂。如果把四千匹马分给大家,我想应该至少有几千人称赞他吧,为别人创造价值似乎离德不远了。

伯夷、叔齐二人饿死在首阳山下,"民到于今称之",老百姓到现在还称赞他们,显然是因为二人有德。获得别人的认同与爱,实际上也是我们每个人的需求，而要满足这个需求就要为别人、为社会创造点儿什么东西或价值。从这个角度来讲，大部分人还是希望得到别人的好处，有德之人需无德之人的支撑似乎才可以，如此，也就相生相克了。

# 季氏篇第十六（11）

## 01

### 原文

陈亢[①]问于伯鱼曰："子亦有异闻[②]乎？"对曰："未也。尝独立，鲤趋而过庭。曰：'学《诗》乎？'对曰：'未也。''不学《诗》，无以言。'鲤退而学《诗》。他日，又独立，鲤趋而过庭，曰：'学礼乎？'对曰：'未也。''不学礼，无以立。'鲤退而学礼。闻斯二者。"陈亢退而喜曰："问一得三，闻《诗》，闻礼，又闻君子之远[③]其子也。"

### 注释

① 陈亢：亢，音 gāng，即陈子禽。
② 异闻：这里指不同于对其他学生所讲的内容。
③ 远：音 yuàn，不亲近，不偏爱。

## 02

### 原文

邦君之妻，君称之曰夫人，夫人自称曰小童。邦人称之曰君夫人，称诸异邦曰寡小君。异邦人称之亦曰君夫人。

## 老马释途

这两小段实际上讲的是"礼仪",也就是规则、秩序。我们发现所有的规则时间长了就会成为一种约定俗成,会带来一定的价值,形成一种秩序与文化特点。这本身有一种历史感,似乎很难改变,也就会产生另一方面的不足与问题。这似乎是一种辩证关系,就像现在东西方的不同,国与国的不同,企业与企业的不同,很难讲孰优孰劣,只能讲各有特色,各领风骚。

伯鱼以为自己什么都没有学到,实际上他学到了《诗》《礼》,但这往往不是什么技术,让人觉得是否能产生价值。实际上这恰好是一个人的思维底层逻辑,往往会影响我们的行为,因为这是土壤与禾苗的关系,橘生淮南则为橘,生于淮北则为枳。

邦君之妻,该如何称呼,取决于在何种场合,另外看谁称呼。这也就是礼仪的组成部分,无所谓好与坏,只是几千年前定了个规矩,并且我们习惯了而已。

# 阳货篇第十七

## 阳货篇第十七（1）

**原文**

阳货①欲见孔子，孔子不见，归孔子豚②。孔子时其亡③也，而往拜之，遇诸涂④。谓孔子曰："来！予与尔言。"曰："怀其宝而迷其邦⑤，可谓仁乎？"曰："不可。""好从事而亟⑥失时，可谓知乎？"曰："不可。""日月逝矣，岁不我与⑦。"孔子曰："诺，吾将仕矣。"

**注释**

①阳货：又叫阳虎，季氏的家臣。

②归孔子豚：归，音kuì，赠送。豚，音tún，小猪。赠给孔子一只熟小猪。

③时其亡：等他外出的时候。

④遇诸涂：涂，同"途"，道路。在路上遇到了他。

⑤迷其邦：听任国家迷乱。

⑥亟：音qì，屡次。

⑦与：在一起，等待的意思。

**老马释途**

阳虎劝说夫子出世莫隐，承担更大社会责任，基本上夫子只能答应，因为阳虎讲了三个关键问题，每一点都谈的是关键。

"怀其宝而迷其邦，可谓仁乎？"隐藏自己的能力与本领，而任由国家混乱迷茫，这可以叫"仁"吗？实际上是阳虎在诘问夫子，认为夫子事不关己，高高挂起，在保护自己而不顾天下苍生，话说到这个高度对夫子来讲很难推脱，只能出山。

"好从事而亟失时，可谓知乎？"喜欢参与国家政事，而多次放弃机会，错失机会，这能叫智慧吗？说明夫子在往后撤，担心无功而返，阳虎认为这不能叫智慧，夫子当然也认可这个观点。

更进一步，阳货讲道："日月逝矣，岁不我与。"时光飞逝，岁月不等人，也不饶人，应该尽快参与政事，否则很快就老了，也就再没有机会了，实际上是提醒夫子抓紧时间。

疫情期间，很多企业很悲观，似乎在等待时机，先稳稳再说。实际上，稳稳往往就是最大的问题，发展才是硬道理，只有保持增长，企业才能活下去。想活得好，就要顺国家大势，要高质量发展，强化自己的专精新特，升级自己的数字化水平，升级自己的组织能力，升华自己的初心。

# 阳货篇第十七（2）

## 原文

子曰："性相近也，习相远也。"

## 老马释途

这句话流传甚广。"性相近也，习相远也"，夫子认为，人的本性是差不多的，也就是人之初，性本善，但是由于后天的习染不同，人与人的区别也就巨大了。

我们必须承认，人和人有巨大的差别，尤其是在认知上，这也是人们争来吵去的原因。历史长河中，争来斗去，王朝更迭，本质上就是大家利益的冲突、认知的冲突，这是一种不幸，也是一种幸运。不幸的是争斗会带来苦难，幸运的是争斗也能推动社会进步。这就形成了不断地纠缠，不管是国与国之间，企业与企业之间，组织与组织之间，还是人与人之间。

如果想清楚了，也就不会有什么纠缠，不同的人本身就很难达成共识，可能更容易形成的是利益共同体。如此，定利益规则比定思想规则要容易得多。

如果真的想透了，可能就像老子一样"隐"了，只是红尘中有太多的诱惑让我们还是放不下，参与其中，享其乐，自然受其苦。最后实际上只是一个选择，只是为了支持这个选择，我们去寻找了很多依据和理由，实际上我们的一生就是为了自己的一个证明。这是我们的支点，也是一直坚持的动力，非要去改变谁，本身就是一个妄念，最多是影响而已。

# 阳货篇第十七（3）

## 原文

子曰："唯上知与下愚不移。"

## 老马释途

夫子显然有自己的观点，认为大部分人是可以被改变的，当然，更准确的表述应该是，大部分人是可以被影响的，真正改变他的还是自己本身。

当然也有例外，有些人是影响不了的，也就有了今天这一句："唯上知与下愚不移"，只有上等的智者与最下等的愚者是改变不了的。真正上等的智者是制定思想规则的，自成一派，不会因为别的观点而改变，最多是把这些观点为己所用而已。这部分人少之又少，基本上应该是圣贤了。下等的愚昧无知之人是不可改变的，颇有点儿乌合之众的味道。换句话来说，这类人应该是很容易被改变的，他们没有确定性，刚刚改变完又很快再度改变，实际上最后只能追求最简单直观的动物性需求，思想上的高深、人性的光辉基本上与他们无关。

这里的分歧是下愚者众还是下愚者寡。绝大部分人是可以明理、遵守规则的，他们有自己的判断，愚不可及的人还是少数。

# 阳货篇第十七（4）

## 原文

子之武城①，闻弦歌②之声。夫子莞尔而笑，曰："割鸡焉用牛刀？"子游对曰："昔者偃也闻诸夫子曰：'君子学道则爱人，小人学道则易使也。'"子曰："二三子！偃之言是也。前言戏之耳。"

## 注释

① 武城：鲁国的一个小城，当时子游是武城宰。

② 弦歌：弦，指琴瑟。以琴瑟伴奏歌唱。

## 老马释途

"割鸡焉用牛刀？"杀鸡用得着牛刀吗？也就是我们所讲的大材小用了，但夫子认为礼仪无小事，用"牛刀"是应该的。

很多时候我们在干活的时候，觉得用部分精力就可以了，实际上要把事情做好，事事都应全力以赴。因为干了、干好、干得优秀，三者实际差距很大，很多时候到60分容易，到90分难，到100分就是难上加难。这不是一个平均的问题，实际上是一个呈几何级数递增难度的逻辑。所以，全力以赴、精益求精是需要的。当然，老是全力以赴是否太累，太辛苦了？

实际中，微小的差异往往带给人们巨大的差距，十个0.9相乘和十个1.1相乘，结果相差甚大。

"君子学道则爱人，小人学道则易使也"，当官的学习了礼乐，就能够有爱心，百姓学了礼乐就容易听指挥，创造价值。一句话，礼乐是关键，人们需要学习，需要受教育。

# 阳货篇第十七（5）

## 01

**原文**

公山弗扰①以费畔，召，子欲往。子路不说，曰："末之也已②，何必公山氏之之也③。"子曰："夫召我者，而岂徒④哉？如有用我者，吾其为东周乎⑤？"

**注释**

①公山弗扰：人名，又称公山不狃，字子泄，季氏的家臣。

②末之也已：末，无。之，到、往。末之，没有地方去。

③之之也：第一个"之"字是助词，后一个"之"字是动词，去到的意思。

④徒：徒然，空无所据。

⑤吾其为东周乎：为东周，建造一个东方的周王朝，在东方复兴周礼。

## 02

**原文**

子张问仁于孔子。孔子曰："能行五者于天下为仁矣。"请问之。曰："恭、宽、信、敏、惠。恭则不侮，宽则得众，信则人任焉，敏则有功，惠则足以使人。"

**老马释途**

"如有用我者，吾其为东周乎"，如果有人用我，我就打算在东方复兴周文王、周武王之道。以周王为标准，一直是夫子的逻辑，能有施展才能的地方就要抓住，不要浪费了。知遇之恩，涌泉相报，人才难得，平台更难得。

能有以下五者，就可以称之为"仁"了，这五者分别为："恭、宽、信、敏、惠。"也就是庄重、宽厚、诚信、勤奋、慈惠，并且进一步进行说明：庄重容易受到别人尊重，不会受到侮辱；宽厚容易得到别人支持与拥护；诚信才会真正有力量，会被重用；勤奋能够干成事、效率高；慈惠才能很好地差遣人。

这五点具备了，也就是"仁"人了。标准很高，且不好衡量，如怎样才可称为宽厚？实际上任何一个组织都有它的原则、秩序，不可能没有边界，没有标准，任何一个人也一样。怎样都可以，好像也非宽厚，可能是没有原则了，如何坚持秩序，又能创新发展，这实际需要把握一个度。

# 阳货篇第十七（6）

## 原文

佛肸①召，子欲往。子路曰："昔者由也闻诸夫子曰：'亲于其身为不善者，君子不入也。'佛肸以中牟②畔，子之往也，如之何？"子曰："然，有是言也。不曰坚乎，磨而不磷③；不曰白乎，涅④而不缁⑤。吾岂匏瓜⑥也哉？焉能系⑦而不食？"

## 注释

① 佛肸：音 bì xī，晋国大夫范氏家臣，中牟城地方官。

② 中牟：地名，在晋国，约在今河北邢台与邯郸之间。

③ 磷：损伤。

④ 涅：一种矿物质，可用作颜料染衣服。

⑤ 缁：音 zī，黑色。

⑥ 匏瓜：葫芦中的一种，味苦不能吃。

⑦ 系：音 jì，结，扣。

### 老马释途

"亲与其身为不善者，君子不入也"，也就是说，如果这个事不是好事，君子是不会参与，也不会去支持的。但是，现在谋反的佛肸招呼夫子，夫子却要帮助他，所以子路就有疑问了。说白了，徒弟有点看不懂，希望师傅给点指点。

接下来，夫子有一段话来回答子路的问题。通俗点讲就是实用主义，他说我又不是个葫芦，如果不用的话，也没什么价值。换句话说，如果对方提供平台，那完全是可以参与的。但这确实与夫子一直讲的为善有一些矛盾。也就是说，不要与不好的人共事，但是，从实用主义的角度讲，如果这个事有价值，也是要去做的。

## 阳货篇第十七（7）

### 原文

子曰："由也，女闻六言六蔽矣乎？"对曰："未也。""居①，吾语女。好仁不好学，其蔽也愚②；好知不好学，其蔽也荡③；好信不好学，其蔽也贼④；好直不好学，其蔽也绞⑤；好勇不好学，其蔽也乱；好刚不好学，其蔽也狂。"

### 注释

① 居：坐。

② 愚：受人愚弄。

③ 荡：放荡。好高骛远而没有根基。

④ 贼：害。

⑤ 绞：说话尖刻。

### 老马释途

讲了六言六蔽，也就是六种品德、六种弊病。具体来讲，"好仁不好学，其蔽也愚",爱好仁德,但不善于学习,它的弊病是容易遭人愚弄。如此,仁德和好愚弄在一定程度上是可以相通的,人性的复杂可见一斑。

其他的五种品德和五种弊病也类似,是一个物极必反的问题。两个人关系很好,太好了就会产生不好结果,也属正常现象。君子之交淡如水,似乎更符合我们的要求。

"好知不好学,其蔽也荡;好信不好学,其蔽也贼;好直不好学,其蔽也绞;好勇不好学,其蔽也乱;好刚不好学,其蔽也狂",喜欢聪明但不好好学习,容易行为放荡不羁;好诚信但不好学习,弊病是自己反受伤害;直率而不好学,容易讲话刻薄;爱好勇敢但不好学习,易作乱闯祸;好刚强不好学习,这个人容易变得轻狂。

没有简单的善或简单的恶,很多事情都是可以转变的,反者道之动也,勿执念,与时俱进,顺势而为应是正道。

# 阳货篇第十七(8)

## 原文

子曰:"小子何莫学夫诗?诗,可以兴①,可以观②,可以群③,可以怨④。迩⑤之事父,远之事君;多识于鸟兽草木之名。"

## 注释

① 兴:激发感情的意思。一说是诗的比兴。
② 观:观察了解天地万物与人间万象。
③ 群:合群。
④ 怨:讽谏上级,怨而不怒。
⑤ 迩:音ěr,近。

## 老马释途

夫子建议大家学习《诗》,认为学习《诗》"可以兴,可以观,可以群,可以怨"，可以抒发自己的情感，可以看天地万物的发展规律，可以学会如何与人相处，也可以学会讽刺批评别人的方法。也就是学好《诗》可以让人成长得非常全面，有出息。一本书是否能有这样的价值，取决于学习者的学习能力与特征，书虽重要，学习的人应该更加重要。

比如形象思维强的人，天生就适合表现力强的工作，与人交往能力强，也就是所谓的情商较高，而逻辑思维比较强的人，似乎思考会比较深入，与人交往的能力往往并不出众。一本书能让人如此全面，显然夫子很希望大家好好学习一下。

"迩之事父，远之事君"，这高度就更高了，近可以奉养父母，远可以侍奉君主，看来既可安家又可治国了。显然，这样的书籍应该好好学习。窃以为夸大了，人更重要，学习的人可能更加关键，尽信书不如无书。

# 阳货篇第十七（9）

## 01

### 原文

子谓伯鱼曰："女为《周南》《召南》①矣乎？人而不为《周南》《召南》，其犹正墙面而立②也与？"

### 注释

①《周南》《召南》：《诗经·国风》中的第一、二两部分篇名。周南和召南都是地名。这是当地的民歌。

② 正墙面而立：面向墙壁站立着。

## 02

### 原文

子曰:"礼云礼云,玉帛云乎哉?乐云乐云,钟鼓云乎哉?"

### 老马释途

夫子继续谈学习,谈礼乐,也凸显其重要性。不能不讲,夫子有很强的教育情怀。

"其犹正墙面而立也与",不好好学习,就像一个人站在墙面前不能向前前行一样,也就是很难进步,建议大家学习《周南》与《召南》。

所有问题都可以通过学习得以解决,但是学习什么很重要,因为人很容易被误导。出发点很重要,善恶一念间,开放公开也很重要。如果有意识地误导,有组织地愚弄,也会产生乌合之众。开放才能创新,封闭只能让自己陷入无知,所以学什么很重要,怎么学也很重要,学到智慧的人有,误入歧途的人也非常多。

作为一个教育工作者,有时候看到没有办法帮到学员也很无奈,但又反思:你认为的就是真理吗?每一个人的独立思想、自由思想是关键,不需要统一,否则就是误导。

至于礼云乐云,夫子更多的是希望不要把这些只聚焦在实物上,背后的思想、背后的礼仪才是关键,无形的可能更有价值。

# 阳货篇第十七（10）

## 01

**原文**

子曰："色厉而内荏①，譬诸小人，其犹穿窬②之盗也与？"

**注释**

①色厉内荏：厉，威严。荏，虚弱。外表严厉而内心虚弱。

②窬：音 yú，洞。

## 02

**原文**

子曰："乡愿，德之贼也。"

子曰："道听而涂说，德之弃也。"

**老马释途**

讲了三种情况，都是小人作为，应该讲很到细节了，夫子管得还是很细的，可惜的是所有这些标准并不好衡量。

"色厉而内荏"，表现得非常强大，内心却非常虚弱，基本上就是小人。问题是手中牌不多，谈判的时候基本上就是这个套路，如此看，很多大家也有小人作为。

"乡愿，德之贼也"，没有是非观点本身就是无德，而是非又是夫子定的标准，这本身就是偷换概念。很多是非只是利益的分歧而已，或者只是胜者为王，另外，不同的价值观自然产生不同的是非观，价值观上非要争出个是非，本身就很难服众。

"道听而涂说，德之弃也"，听到消息就到处宣扬，无德也。对照自己，对照大部分人，我们在这点上做得很难令夫子满意。讲不讲听到的传言在于是否符合自己的观念，符合自己的利益，这才是观点。夫子非要给我们套上道德枷锁，着实影响了我们几千年。

# 阳货篇第十七（11）

**原文**

子曰："鄙夫可与事君也与哉？其未得之也，患得之。既得之，患失之。苟患失之，无所不至矣。"

**老马释途**

继续谈何为小人行径。"其未得之也，患得之。既得之，患失之"，讲白了就是患得患失。我们发现企业家的成长过程基本也是这个逻辑，没有得到的东西，看到别人发展得好，就希望自己也可以，但是又缺乏勇气去尝试，因为害怕失败。如此得失心，只能是担心，实际上不管担心不担心，事情总在那儿，不会因为我们怎么想而发生改变。

"既得之，患失之"，这就更要命了，好不容易获得一定的财富与地位，又担心失去，焦虑异常。实际上就是德不配位，必有不好的后果，因为不能厚德载物。但所有这些行为，本身是人性使然，逆人性成为修炼的常态，平平淡淡活出自己才是正常情况，否则只能逆人性而为。成功的代价确实也不少，人生不易，佛家讲要渡大家离苦得乐，也就在所难免了。

"苟患失之，无所不至矣"，如果担心失去，可能什么事都做得出来。每个人都会有这么一条线，会用尽手段去守护，这可能是我们需要尊重的别人的底线。

# 阳货篇第十七（12）

## 原文

子曰："古者民有三疾，今也或是之亡也。古之狂①也肆②，今之狂也荡③；古之矜也廉④，今之矜也忿戾⑤；古之愚也直，今之愚也诈而已矣。"

## 注释

① 狂：狂妄自大，愿望太高。
② 肆：放肆，不拘礼节。
③ 荡：放荡，不守礼。
④ 廉：不可触犯。
⑤ 戾：火气太大，蛮横不讲理。

## 老马释途

在夫子眼里，古人一直比现在的人更守礼法，所以才有了如此描述。实际上这是一种围城，不管哪一家都有自己的问题，不管哪个时代都有自己的荣耀。我们并没有太多选择的余地，运气好一点可改变这个世界，更多的时候只能选择适应，实在无道，只能隐去，也算是识时务者为俊杰。

"古之狂也肆，今之狂也荡"，古代的狂妄者只是放肆，现在的有些放荡了。讲白了，今天的狂妄者更不靠谱了，有点儿世风日下的感觉。

"古之矜也廉，今之矜也忿戾；古之愚也直，今之愚也诈"，也就是一代不如一代了，以前矜持的人还有些不能触犯的地方，现在矜持的人只会恼羞成怒、无理取闹；以前愚笨的人直率，现在干脆变成了狡诈。如此，急需一种思想、礼法来教育、规范现在的人，这可能就是夫子思想的来源吧。

# 阳货篇第十七（13）

## 01

**原文**

子曰："巧言令色，鲜矣仁。"①

**注释**

① 本章已见于《学而篇》第一之第三章，此处系重复出现。

## 02

**原文**

子曰："恶紫之夺朱也，恶郑声之乱雅乐也，恶利口之覆邦家者。"

**老马释途**

这两段实际上是夫子讲的缺仁德的表现，如果按这个标准来衡量的话，我发现我们绝大部分人是很难达到夫子的标准的，要不缺德，要不就缺仁。说起来非常难听，但是，这好像是一个比较难看的真相。

"巧言令色"，说得很好听，表现得很和蔼，实际上则是另一种情况。在日常生活中，我们会发现很多这样的情况，很多的两面人，说一套做一套，表现出来的和实际情况截然不同。一直在反思，是不是我们儒家文化造成这种结果？是不是因为我们不太尊重人性，老是让人成为君子，但实际上绝大部分人好像很难达到？老是让大家谈义不谈利，但实际上大家离开利好像又活不下去，所以就会出现满嘴仁义道德，干的却是一些龌龊的事？从这个角度来讲，是不是夫子也没有意识到这个问题？

当然，夫子也可能意识到了这个问题，因为他一直在谈慎独，希望大家平常的表现和单独一个人的时候的表现是一样的。这种情况确实值得我们反思。尊重常识，尊重人性，是不是才是正确的选择？如果我们非要用高标准的道德、仁义去要求大家，是不是就会出现说的和做的是两回事的情况，大家基本就成了两面人，这真的是我们想要的吗？当然，是不是可以让大家具备真正的仁义、道德，真正成为君子和圣贤？从两千多年的实际情况看，好像尊重人性的事物更容易长久。

# 阳货篇第十七（14）

## 01

**原文**

子曰："予欲无言。"子贡曰："子如不言，则小子何述焉？"子曰："天何言哉？四时行焉，百物生焉，天何言哉？"

## 02

**原文**

孺悲①欲见孔子，孔子辞以疾。将命者出户，取瑟而歌，使之闻之。

**注释**

① 孺悲：鲁国人，鲁哀公曾派他向孔子学礼。

### 老马释途

"予欲无言",夫子准备不讲话了。实际上道理讲多的人都会有这个想法,发现说多错多,讲多了别人也未必能理解并应用,会有一种挫败感。

子贡着急了——"则小子何述焉?"如果您老人家不讲了,我们这些学生该引述什么内容呢?口口相传就是那个时代最好的传播,如此才能影响更多的人,为社会带来更大价值。

夫子的回答指出了本质:"天何言哉?四时行焉,百物生焉",上天好像也没讲什么,春夏秋冬四季照样运作,万物照样生长。就像老子讲的,道可道,非常道,规律一直在,与我们讲不讲没有多大关系,但是如果真讲出来了,未必会是真相,可能就离题万里了。这里只能靠大家自己悟了。

"取瑟而歌,使之闻之"。讲白了就是不愿意见人,只是比较含蓄有礼,相当于给别人留个面子了。

## 阳货篇第十七(15)

### 原文

宰我问:"三年之丧,期已久矣。君子三年不为礼,礼必坏;三年不为乐,乐必崩。旧谷既没,新谷既升,钻燧改火①,期②可已矣。"

子曰:"食夫稻③,衣夫锦,于女安乎?"曰:"安。""女安,则为之!夫君子之居丧,食旨④不甘,闻乐不乐,居处不安,故不为也。今女安,则为之!"

宰我出,子曰:"予之不仁也!子生三年,然后免于父母之怀。夫三年之丧,天下之通丧也。予也有三年之爱于其父母乎?"

### 注释

① 钻燧改火:古人钻木取火,四季所用木头不同,每年轮一遍,叫改火。

② 期:音jī,一年。

③ 食夫稻：古代北方少种稻米，故大米很珍贵。这里是说吃好的。

④ 旨：甜美，指吃好的食物。

## 老马释途

继续谈礼。"君子三年不为礼，礼必坏；三年不为乐，乐必崩"，三年不研习礼仪，礼仪一定会被废弃；三年不奏乐，音乐一定会失传。夫子认为居丧要三年，宰我认为一年就够了，夫子觉得破坏了天下通行的法则，并且对宰我进行了严厉的批判。

没有规矩不成方圆，有礼才有组织，才有规范，才能形成约定俗成，但不合时代的礼又会成为组织的发展障碍。后续的创新与破局基本上就是对现有规则的迭代与改变，甚至破坏。礼仪的维护者一般是保守主义者，礼仪的改变与破坏者一般是创新主义者。发现一个基本惯例：统治者、既得利益者希望稳定，维持现状，未得利益者希望创新与变革，甚至革命，大家会各自找到很多理由与依据来说明自己的观点正确，所以，作为维持者的夫子的学说受到历代统治者认可，也就再正常不过了。

讲的是道理，想的是利益，极少数的人是依据真正的信仰，这是最悲剧的。

# 阳货篇第十七（16）

## 原文

子曰："饱食终日，无所用心，难矣哉！不有博奕者乎？为之，犹贤乎已。"

## 老马释途

"饱食终日，无所用心"，天天吃饱了啥也不干。这种人基本上就是废物了，所以夫子对这种行为也比较反感，说白了也是希望大家要有奋斗精神。我们一直讲儒家学说是入世学说，从这些字里行间也就可以看得比较清楚，它不像道家提倡"出世""隐"了。从这个角度来讲，儒家思想有非常积极正面的上进和奋斗的含义在里面。

后面一段讲，哪怕就是下下棋，玩一玩也比闲着没事干好。我们经常讲一句话，叫无事生非，实际上人最怕的就是没有事情干，但是人性又非常懒惰，最懒的时候，没事干的时候，往往是容易生出问题的时候。

就像一个组织里，工作不饱满的人，成绩不好的人，没事干的人，往往就是抱怨的人，天天就琢磨着找问题。全身心投入到工作当中，不断创造绩效的人，往往也没有时间抱怨。这是一个很有意思的情况，所以从管理和组织来讲，最怕的就是团队闲下来，不能让人无事生非。

# 阳货篇第十七（17）

**原文**

子路曰："君子尚勇乎？"子曰："君子义以为上。君子有勇而无义为乱，小人有勇而无义为盗。"

**老马释途**

"君子尚勇乎？"君子要崇尚勇敢吗？答案显然是肯定的，但是夫子认为最可贵的不是勇，应该是义。"君子以义为上"，这也是夫子一贯的观点，所以就有了下面的观点。

"君子有勇而无义为乱，小人有勇而无义为盗"，君子如果勇敢，但缺乏义的话，就会变成祸乱；小人如果勇敢，缺乏仁义的话，就会有胆量干坏事，成为盗贼。所以，底层逻辑非常重要，要看发心是善还是恶。如果大家都在喊口号，这个组织发心是善，那么就叫奋斗精神；如果这个组织发心是恶，是搞传销、拉人头的，那么这就是在错误的方向上努力，最终害人不浅。所以，我们更多的会争师出有名、有善恶之分。但问题又来了，对于善恶是非的标准，不同的人、不同的组织是不同的。所以，达成共识很重要，最好通过规则或协议来完成，也就有了现代的信用社会。

否则，争论下去没有意义，大家不在一个层面，角度不同，只能是以善恶为名，争的实际上是实力，目的更多是利益，弱肉强食也就成为公理了。这对大家并没有什么好处，文明的社会是保护弱者的，提倡人人平等，强者有理实际是野蛮的标志。

# 阳货篇第十七（18）

## 原文

子贡曰："君子亦有恶①乎？"子曰："有恶。恶称人之恶者，恶居下流②而讪③上者，恶勇而无礼者，恶果敢而窒④者。"曰："赐也亦有恶乎？""恶徼⑤以为知⑥者，恶不孙⑦以为勇者，恶讦⑧以为直者。"

## 注释

① 恶：音 wù，厌恶。

② 下流：下等的，在下的。

③ 讪：shàn，诽谤。

④ 窒：阻塞，不通事理，顽固不化。

⑤ 徼：音 jiǎo，窃取，抄袭。

⑥ 知：同"智"。

⑦ 孙：同"逊"。

⑧ 讦：音 jié，攻击、揭发别人。

## 老马释途

"君子亦有恶乎"，实际上是子贡问夫子，君子是不是也有不喜欢的事或者不喜欢的人。因为在我们的印象中，君子、圣贤应该是充满爱，没有什么事情是接受不了的，没有什么人是不喜欢的，应该是爱世间，爱万物，所以，才有这么一问。夫子的回答也说明一个问题：圣贤也好，君子也好，都是普通人。

## 阳货篇第十七（19）

**原文**

子曰："唯女子与小人为难养也，近之则不孙，远之则怨。"

**老马释途**

"唯女子与小人为难养也"，基本上成为千古名句，只有女人与小人是最难相处的。下面给出了解释——"近之则不孙，远之则怨"，与他们亲近了，他们就会变得无礼，与他们疏远了，他们就会怨恨。这实际上是人之常情，所以才有"君子之交淡如水"之说。物极必反，过犹不及，这实际是一种平衡的把握，企业里也是如此。分钱少了，团队不满，会脱离组织；分钱多了，团队也会不满，也会脱离组织。所以，才有恰到好处之说，也就是我们常讲的中和之道，增之一分则太长，减之一分则太短。

## 阳货篇第十七（20）

**原文**

子曰："年四十而见恶焉，其终也已。"

### 老马释途

"年四十而见恶焉，其终也已"，如果一个人年逾四十，还有很多人讨厌他，那这个人这辈子基本上也就这样了。换句话讲，如果年轻，还有机会浪子回头，这样的故事也不少，但实际上，大器晚成也不是不可以。40岁以上创业成功者也不少，如此来看，40岁并不老，一切还来得及。

当然，放在夫子那个时代，40岁算是高寿了。在今天看来，40岁才刚刚开始成熟及拥有一定的基础。夫子讲的许多东西难免有历史的局限，农业社会的色彩还是很重的。如果我们机械地把孔子的话作为真理来看待，而不是以发展的眼光来看，难免会闹出笑话。

# 微子篇第十八

## 微子篇第十八（1）

### 01

**原文**

微子①去之，箕子②为之奴，比干③谏而死。孔子曰："殷有三仁焉。"

**注释**

① 微子：殷纣王的同母兄长，见纣王无道，劝他不听，遂离开纣王。

② 箕子：箕，音jī。殷纣王的叔父。他去劝纣王，见王不听，便披发装疯，被降为奴隶。

③ 比干：殷纣王的叔父，屡次强谏，激怒纣王而被杀。

### 02

**原文**

柳下惠为士师①，三黜②。人曰："子未可以去乎？"曰："直道而事人，焉往而不三黜？枉道而事人，何必去父母之邦？"

**注释**

① 士师：典狱官，掌管刑狱。

② 黜：罢免不用。

### 老马释途

"殷有三仁焉"。殷纣王把自己的核心人才都给消灭了，商朝灭亡也就再正常不过了。一人治国这种思想在古代中国广泛存在，一国好坏完全依赖国君是否英明，实际上是不健康的。

柳下惠这段描述基本上讲清楚了——"直道而事人，焉往而不三黜？"侍奉君主过于正直，到哪里都会被罢免。看来君王听不得真话，实际上我们老百姓又有几个愿意听真话呢？忠言逆耳，不好听啊。我们都做不到的事，期望君王们能做到，本身就想多了，大家实际都是凡人。

## 微子篇第十八（2）

### 01

### 原文

齐景公待孔子曰："若季氏，则吾不能；以季、孟之间待之。"曰："吾老矣，不能用也。"孔子行。

### 02

### 原文

齐人归①女乐，季桓子②受之，三日不朝。孔子行。

#### 注释

① 归：同"馈"，赠送。

② 季桓子：鲁国宰相季孙斯。

### 老马释途

讲了两小段内容，说明夫子还是很挑领导的。良禽择木而栖，领导胸怀不够，能力不够，辅佐也没有什么实际的价值，所以"孔子行"，也就是孔子离开了齐景公。

季桓子三日不朝，沉迷于女色，夫子一看这哥们儿也没有什么出息，干脆又离开了。古往今来，仁人志士基本上都是这样选择辅佐对象的。一开始君王或潜在君王对辅佐者还是礼贤下士的，但是随着时间的推移，很多良臣谋士都没有好的结果。这也形成了一种观点，认为与君王可以同苦，不可同甘。过河拆桥、不讲武德的事并不鲜见。

换句话讲，这是一个此消彼长的问题，如果你辅佐之君达不到目的，缺乏能力，我们会怎么选择呢？显然明智的选择是弃暗投明。如果你辅佐之人成大事了，而你没有跟上节奏，缺乏价值创造，好像也会被抛弃。这两者并无什么不同，所以，道德绑架君王，还是道德绑架谋臣，都没有多大意义，大家都是凡人，非要要求别人是圣人，显然有些不妥。

## 微子篇第十八（3）

### 01

### 原文

楚狂接舆[①]歌而过孔子曰："凤兮凤兮！何德之衰？往者不可谏，来者犹可追。已而已而！今之从政者殆而！"孔子下，欲与之言。趋而辟之，不得与之言。

### 注释

① 楚狂接舆：一说楚国的狂人接孔子之车；一说楚国狂人姓接名舆。本书采用第二种说法。

## 02

### 原文

长沮、桀溺①耦而耕②。孔子过之，使子路问津③焉。长沮曰："夫④执舆⑤者为谁？"子路曰："为孔丘。"曰："是鲁孔丘与？"曰："是也。"曰："是知津矣。"问于桀溺。桀溺曰："子为谁？"曰："为仲由。"曰："是鲁孔丘之徒与？"对曰："然。"曰："滔滔者天下皆是也，而谁以易之⑥？且而与其从辟⑦人之士也，岂若从辟世之士哉？"耰⑧而不辍。子路行以告。夫子怃然⑨曰："鸟兽不可与同群，吾非斯人之徒与而谁与？天下有道，丘不与易也。"

### 注释

① 长沮、桀溺：两位隐士，真实姓名和身世不详。

② 耦而耕：耦，音ǒu。两个人合力耕作。

③ 问津：津，渡口。寻问渡口。

④ 夫：音fú。

⑤ 执舆：舆，音yú。执辔。

⑥ 之：与。

⑦ 辟：同"避"。

⑧ 耰：音yōu，用土覆盖种子。

⑨ 怃然：怃，音wǔ。怅然，失意。

### 老马释途

两段内容谈了两件事情，基本上是夫子周游列国的见闻，讲的事情类似。各地不太平，为君者不以民生为要义，大家表现得比较悲观。

古人一直希望是明君治国，这样国家与人民就有希望了，这实际是一种不稳定的状态。试想，一国安危系于一人，对这个人要求也就太高了，应该从体制与组织入手，是否更稳定与靠谱一些呢？一个人掌握大权之后，实际上是很容易改变的。我们发现权力对人的影响很大，夫子当官时间不长，在关键位置时间也不长，如果足够长，我们都会担心他很难成为圣人，这本身就是一种悖论。

"往者不可谏，来者犹可追。"过去的就过去了，也来不及改正了，未来或许还有机会，只是并不容易。多少奋斗少年、正气皇帝，真正身居高位久了，也会错误一堆，甚至变得昏暴。但夫子一直认为人应该是善良的，这可能是关键吧。

"鸟兽不可与同群，吾非斯人之徒与而谁与？"人不可能与鸟兽为伍，还是要与人打交道。虽然世人无能，自己又在躲避灾难，但夫子还是选择与大家一起改革，争取一个更好的未来。夫子迎难而上的精神是人们应该敬佩的。

# 微子篇第十八（4）

## 原文

子路从而后，遇丈人，以杖荷蓧①。子路问曰："子见夫子乎？"丈人曰："四体不勤，五谷不分②，孰为夫子？"植其杖而芸。子路拱而立。止子路宿，杀鸡为黍③而食④之，见其二子焉。明日，子路行以告。子曰："隐者也。"使子路反见之。至，则行矣。子路曰："不仕无义。长幼之节，不可废也；君臣之义，如之何其废之？欲洁其身，而乱大伦。君子之仕也，行其义也。道之不行，已知之矣。"

## 注释

① 蓧：音 diào，古代耘田所用的竹器。

② 四体不勤，五谷不分：一说这是丈人指自己。分是粪；不，是语气词，意为：我忙于播种五谷，没有闲暇，怎知你夫子是谁？另一说是丈人责备子路。说子路手脚不勤，五谷不分。多数人持第二种说法。

③ 黍：音 shǔ，黏小米。

④ 食：音 sì，拿东西给人吃。

### 老马释途

"四体不勤，五谷不分，孰为夫子？"这是一个老爷子回答子路的话，讲你不经常劳动，也分不清五谷，我怎么认识你的老师。夫子认为这是一位隐士，一位高手，不然不会这么讲。

"不仕无义。长幼之节，不可废也；君臣之义，如之何其废之"，不做官是不合理的，长和幼是有区别的，不能偏废；君臣之间的关系有规则，不能废除。讲了半天，还是要通过入仕加入统治体系来推动社会进步，并且维护夫子一直讲的礼仪规则。

最后一句话，又是另一个讲法——"道之不行，已知之矣"，我们的政治主张是行不通的，这一点我们早就知道。似乎有些前后矛盾。

实际上在夫子在世时儒家并不受待见，所以才有了夫子在各国云游，寻找施展才能、济世救民的机会。最后发现实践没有做成什么影响力大的事情，但是作为教育家却很是成功，并具备了一定的影响力。儒家原来只是百家争鸣中的一家，真正走入庙堂是汉朝独尊儒家，罢黜百家后，夫子成为人们口中的孔圣人。如此，也就可以理解前文讲的明知他们的主张行不通，还是要积极去宣传。

# 微子篇第十八（5）

### 原文

逸①民伯：夷、叔齐、虞仲②、夷逸、朱张、柳下惠、少连。子曰："不降其志，不辱其身，伯夷、叔齐与！"谓："柳下惠、少连，降志辱身矣，言中伦，行中虑，其斯而已矣。"谓："虞仲、夷逸，隐居放③言，身中清，废中权。我则异于是，无可无不可。"

### 注释

①逸：同"佚"，散失、遗弃。

②虞仲、夷逸、朱张、少连：此四人身世无从考，从文中意思看，当是没落贵族。

③放：放置，不再谈论世事。

## 老马释途

讲了几位贤者在逆境中的处事方式,实际上是告诫人们应该学习这几位:

伯夷、叔齐等"不降其志,不辱其身",不降低自己的志向,不侮辱自己的身份,这实属不易。龙陷浅潭遭虾戏,虎落平阳被犬欺,形势比人强,这是中国人一直的生存智慧。时机不到,是龙先盘着,留得青山在,不怕没柴烧。能够"不降其志,不辱其身"的人实际上少之又少。

柳下惠、少连等选择了"降志辱身",与现实妥协,但是"行中虑,言中伦",讲话做事依然合情合理,应该还算君子之风,也属不易。但比起伯夷、叔齐,显然在夫子这里的评价要低一些了。

夫子的建议实际上是君子之标准,普通老百姓望尘莫及。

# 微子篇第十八(6)

## 01

### 原文

大师挚①适齐,亚饭②干适楚,三饭缭适蔡,四饭缺适秦,鼓方叔③入于河,播鼗④武入于汉,少师⑤阳、击磬襄⑥入于海。

### 注释

① 大师挚:大同"太"。太师是鲁国乐官之长,挚是人名。

② 亚饭、三饭、四饭:都是乐官名。干、缭、缺是人名。

③ 鼓方叔:击鼓的乐师名方叔。

④ 鼗:音 táo,小鼓。

⑤ 少师:乐官名,副乐师。

⑥ 击磬襄:击磬的乐师,名襄。

## 02

**原文**

周公谓鲁公[①]曰:"君子不施[②]其亲,不使大臣怨乎不以[③]。故旧无大故,则不弃也。无求备于一人。"

**注释**

① 鲁公:指周公的儿子伯禽,封于鲁。
② 施:同"弛",怠慢、疏远。
③ 以:用。

## 03

**原文**

周有八士[①]:伯达、伯适、仲突、仲忽、叔夜、叔夏、季随、季騧[②]。

**注释**

① 八士:本章中所说八士已不可考。
② 騧:音 guā。

**老马释途**

"君子不施其亲,不使大臣怨乎不以",君子不会疏离其亲族,也不会让大臣们抱怨不任用他们。这几乎成为我们的做人标准,"不施其亲"也基本上成为君子的标准。实际上放到更大层面来讲,去疏离任何两个人的关系都并不可取,更何况是亲族。这样做既是善意,实际上也是自保。有太多亲属朋友反目,但也有太多反目的亲属朋友又言归于好,离间者反而成为笑话。这可能是对更多人的现实考察。

"故旧无大故,则不弃也。无求备于一人",不会抛弃没有犯大错误的老朋友,没有必要对一个人求全责备。但实际上圣贤的标准几乎是完人,这好像有些矛盾。从这个角度来讲,我们对儒家的理解也就各有各的解释了,人人可为圣人是否就是一种理想国呢?

# 子张篇第十九

## 子张篇第十九（1）

**原文**

子张曰："士见危致命，见得思义，祭思敬，丧思哀，其可已矣。"

**老马释途**

子张的一段话相当于对义士的评价标准，和夫子基本一脉相承。"士见危致命，见得思义"，士面临危险，可以为了信仰献出自己的生命，看到利益时能够去考虑是否合乎道义。有信仰又能豁出性命维护信仰的人是少数，绝大部分人很难做到，再能做到重义轻利，当然算是君子了。

人为财死，鸟为食亡，很多的人为了利益丧失了道义，如此才需要儒家的教导。

"祭思敬，丧思哀"，也算是不错了，实际上还是个礼仪问题，没有从人性及人的心理去研究，更多的还是讲道理。

## 子张篇第十九（2）

**原文**

子张曰："执德不弘，信道不笃，焉能为有？焉能为亡？"

**老马释途**

"执德不弘，信道不笃"，持守道德，但是不去弘扬宣传，信仰大道却不忠诚，显然这都是有问题的。这种人价值不大，只是修身了，要去齐家，甚至去治国、平天下才算更有价值。这里体现的基本上是儒家的家国思想。

要执德信道，同时要宣传，去号召更多的人参与进来，无疑带有非常积极的正面意义，对于国家、对于家庭都是很有意义的。日积月累之下集体主义也就形成了。集体与个人是统一的，二者互相促进。可惜的是，很多人把这两个问题对立起来，甚至争得不可开交，同一起点，不同路径，实际上是同一终点，最终都是为了最广大的人民。

# 子张篇第十九（3）

**原文**

子夏之门人问交于子张。子张曰："子夏云何？"对曰："子夏曰：'可者与之，其不可者拒之。'"子张曰："异乎吾所闻：君子尊贤而容众，嘉善而矜不能。我之大贤与，于人何所不容？我之不贤与，人将拒我，如之何其拒人也？"

**老马释途**

子张、子夏都是夫子的门生，显然观点有所不同，所以孟子、荀子的人性善、人性恶之争也就再正常不过了。发现一个规律，一个主流思想流派，最后往往产生不同的分支，非常对立，一直延续争吵、辩论也是常态。

子夏讲"可者与之，其不可者拒之"，可以交朋友的就交，不可以交的就不交，看人下菜碟。显然子张不同意这个观点，认为"君子尊贤而容众，嘉善而矜不能"，君子既可以尊重贤能之人，又可以容纳大部分不贤明的人。子张的格局与心胸比子夏略胜一筹，既能赞美为善的人，同时又能同情能力不够的人，这才叫大善。

不同层次、不同格局的人会看到完全不同的世界，这种修炼与修为是儒家一直强调的，而这种修为很多时候与人的本性是相违背的。人性中的低级趣味往往是障碍，但又确实存在着，这本身是一件令我们不得面对的事情。

# 子张篇第十九（4）

## 原文

子夏曰："虽小道①，必有可观者焉，致远恐泥②，是以君子不为也。"

## 注释

① 小道：指各种农工商医卜之类的技能。

② 泥：阻滞，不通，妨碍。

## 老马释途

"虽小道，必有可观者焉"，这是小事，也定有可取之处。实际上很多事情的成功与否，就是细节决定的，所以我们讲细节决定成败。所以，勿以恶小而为之，勿以善小而不为。如果平凡的事能一直坚持下来，那就是不平凡。所以从这个角度来讲，即使是一些小事也要做精、做到位。

"致远恐泥"，也就是说，如果说要实现远大的梦想，这种小的技艺恐怕是达不到的，君子要抓大放小，去干大事。我们讲修身、齐家、治国、平天下，没能力的时候，就照顾好自己，有能力的时候，一定要有家国情怀，帮助更多的人。

从这个角度来讲，儒家一直讲的这种家国情怀，帮助更多的人，集体超过个人，在一定程度上成就了我们。

# 子张篇第十九（5）

## 01

### 原文

子夏曰："日知其所亡，月无忘其所能，可谓好学也已矣。"

## 02

### 原文

子夏曰："博学而笃志①，切问②而近思，仁在其中矣。"

### 注释

① 笃志：志，意为"识"，此为强记之义。
② 切问：问与切身有关的问题。

## 03

### 原文

子夏曰："百工居肆①以成其事，君子学以致其道。"

### 注释

① 百工居肆：百工，各行各业的工匠。肆，古代社会制作物品的作坊。

### 老马释途

谈谈学习的重要性。难的实际不是学习，是学到后的进步与改变，这本身并不会是一件愉悦的事情，尤其是悟透后的那种开心极少，绝大部分是摸索的痛与改变的不情愿。

"日知其所亡，月无忘其所能"，每天学习一些东西，每个月不忘记所学的一些内容，这一定就是好学了。天天学习，实际很难，需要总结，需要复盘，有时候心好累。

"博学而笃志，切问而近思"，广泛学习，坚守志向，恳切询问，思考近前的事，仁就在其中了。发现很多当老师的人都有一个通病，希望大家好好学习，不仅自己好为人师，还希望别人愿为人徒，就像柏拉图希望帝王最好都是哲学家一样。

"百工居肆以成其事，君子学以致其道"，各行各业通过在作坊里完成自己的工具制造，君子通过学习来成大事，人人学习，人人向上的局面也就形成了，可惜的是我们都离做到甚远。

# 子张篇第十九（6）

### 原文

子夏曰："小人之过也必文。"

### 老马释途

"小人之过也必文"，如果是小人，一定会掩盖自己的错误，文过饰非，不能坦诚承认自己的问题。我们发现很多组织，尤其是一些领导者也经常会犯这个错误，为了自己的权威，为了自己的正确，为了自己的位置，一般不会承认自己的错误，按子夏的标准，他们中的绝大部分应该是小人了。

在中国的历史上，君王一般是正确的化身，真正下罪己诏的没有几个人，即使下一个如此的诏，也只是做做样子。本身是一个简单的黑白问题，硬是黑白不分，讲不清楚。如此，实际上很难讲是一个小人与君子的问题了，也很难讲是一个正确与错误的问题了，很多时候变成了一种复杂利益与组织权力异化的产物。

真相很简单，也很难，难在真相本身的复杂上，很多时候是难在人为的处理上，以及别有用心的解读上。所以历史上的笑话层出不穷，很多人走向实用主义，丧失对真理与正义的坚持，最后动物化、庸俗化。

# 子张篇第十九（7）

## 原文

子夏曰："君子有三变：望之俨然，即之也温，听其言也厉。"

子夏曰："君子信而后劳其民；未信，则以为厉己也。信而后谏；未信，则以为谤己也。"

## 老马释途

子夏讲了君子的三个标准："望之俨然，即之也温，听其言也厉"，远远望过去，庄严端庄，很有威严；真正接近了发现温和可亲，平易近人；听他讲话，言辞严厉。发现如果两面人成为常态，未必是好事。如果大家都是俗人，大家都轻松，礼仪没有巨大价值，仪式感是人们的心理需求。但是言行不一，不能慎独，虚伪与真相难分上下，也就成为常态。

"君子信而后劳其民；未信，则以为厉己也"，君子立信，百姓才会相信，如果不相信你，老百姓就会认为你在伤害他，而不是为他着想。讲白了，群众的眼睛是雪亮的，信仰才是基础，但人性的复杂性往往让信仰成了难事，权力地位往往会让人发生改变。权力与地位对人的腐蚀力是很强的，看到那么多的人贪污腐败也就清楚了。

认为人之初，性本善，自然选择了信，而信又不好衡量；认为性本恶，自然选择了不信，而恶法又可能产生恶果。

## 子张篇第十九（8）

**原文**

子夏曰："大德①不逾闲②，小德出入可也。"

**注释**

① 大德、小德：指大节小节。
② 闲：木栏，这里指界限。

**老马释途**

"大德不逾闲"，也就是说大方向上不能有问题，在最高的道德标准上不能有瑕疵，该坚持的一定要坚持。大德属于不可逾越的红线，是必须要坚持的，没有商量的余地，不能打折扣。

"小德出入可也"，也就是说，在小事小节上是可以有一些出入的，也就是我们常讲的做大事不拘小节。不要去拘泥于一个标准，根据情况要灵活使用，进行所谓的特色化和时代化。这本身就不太好评估，何为大德，何为小德？实际上，不同的人会有不同的理解，也就给了所有标准更改的前提。实际上，换句话讲，也没有什么一成不变的标准和真理，我们只是在路上，都还在路上而已。

## 子张篇第十九（9）

**原文**

子游曰："子夏之门人小子，当洒扫应对进退，则可矣，抑①末也。本之则无，如之何？"子夏闻之，曰："噫，言游过矣！君子之道，孰先传焉？孰后倦②焉？譬诸草木，区以别矣。君子之道，焉可诬③也？有始有卒者，其惟圣人乎？"

### 注释

① 抑：但是，不过。转折的意思。

② 倦：诲人不倦。

③ 诬：欺骗。

### 老马释途

子夏与子游在培养人上有不同观点。子游认为子夏"抑末也"，教的不过是一些细枝末节，不是根本，是在浪费时间，也就是要教所谓的干货。"本之则无，如之何？"连根本的知识都没有学到，这是不行的。

在教育行业深耕了这么久，发现一个人学一些错误的东西，似乎是必然。人是在不断的认知、否定中持续进步，很多门槛没有办法跨越，如果自己悟不到，再讲多少也无济于事。没有错误的过程，基本找不到正确的结果，而真正真相的沟通，干货的输出，大部分人又很难收到，除非等他成长到一定阶段，所有的都是探索，所谓的真相都是在寻找中。

"有始有卒者，其惟圣人乎？"能有始有终、一步一个脚印教授学生的，只有圣人吧。需要控制的其实是老师，要不急不躁，因材施教，欲速则不达，人与人之间的差距还是比较大的，合适的才是好的。

## 子张篇第十九（10）

### 原文

子夏曰："仕而优①则学，学而优则仕。"

**注释**

① 优：有余力。

**老马释途**

这两句话流传甚广，几乎成为我们的准则，也成为很多人一生的追求。

"仕而优则学，学而优则仕"，做官游刃有余的人可以再去学习，而学习非常游刃有余的人可以去当官。也就是讲，当官与做学问是人生的高光时刻，这深刻地影响了我们，其中的官本位的思想与意识根深蒂固，丝毫没有服务老百姓的想法，更多的还是追求自己过得好。似乎认为人生就两件事可取——当官或是当专家，只是不知道谁去创造社会财富？按照夫子的意思，也只有农民了，农业社会的阶级由此根深蒂固。实际上，学问还是要转化成产业才能创造财富。当官本身是为老百姓服务的，否则就成了统治阶级了，老百姓也只能一直处于被压迫当中。

至于商业，这里几乎只字未提，似乎谈钱显得低端，不近人间烟火才是真正的清高，实际情况大家心里都清楚，非要扮个两面人也就再正常不过了。

# 子张篇第十九（11）

## 01

**原文**

子游曰："丧致① 乎哀而止。"

**注释**

① 致：极致、竭尽。

## 02

**原文**

子游曰:"吾友张也为难能也,然而未仁。"

## 03

**原文**

曾子曰:"堂堂乎张也,难与并为仁矣。"

**老马释途**

"丧致乎哀而止",参加丧事,尽到哀伤就可以了,也算是一种礼仪吧。发现更多的是要求与规范,这也可能是儒家被帝王们喜欢的原因吧。真正对人性的深入探索似乎并不多,只是给了一个标准,并以此为根本进行推导,也不像道家一样,去探索宇宙与万物。

曾子讲"堂堂乎张也,难与并为仁矣",子张堂堂人才,高不可攀,但是很难和他一起修炼仁德。有些讽刺的味道,各有各的观点吧。

如此,如果我们今天总是借助儒家的思想,还是有很多局限的地方,毕竟它产生于农业社会,在今天的科技社会,还是有很多不适应的地方。但无可辩驳的是,儒家仍然是我们的主流思想借鉴之一,只是具体内核还需要去实践中加以改造化用,实践出真知。

# 子张篇第十九（12）

## 01

### 原文

曾子曰："吾闻诸夫子：人未有自致者也，必也亲丧乎！"

## 02

### 原文

曾子曰："吾闻诸夫子：孟庄子①之孝也，其他可能也；其不改父之臣与父之政，是难能也。"

**注释**

① 孟庄子：鲁国大夫仲孙速。

**老马释途**

"人未有自致者也，必也亲丧乎"，人不可能完全自主地发挥情感，也就是总是会有所掩饰，除非是在父母去世的时候。有父母在，永远是孩子，父母不在应该是人生的悲事，可以毫无顾忌了。

接下来一段曾子夸赞孟庄子的孝。"其不改父之臣与父之政，是难能也"，他留用父亲的老臣，也不改变父亲的政策，这是非常难得的。实际上，如果不更换老臣，基本上新人很难上位。我们发现模式的创新，事情的变化，几乎必须以组织的变化与人员的调整为前提，因为大部分更改与创新本身需要推陈出新，而"人"如果没有调整，组织很难调整，新的模式也很难调整，除非学习能力很强的人，自我否定能力很强的人，这本身就是难点。

组织迭代，人员常新，一朝天子一朝臣几乎成为惯例，在企业经营的过程也会发现，天下没有不散的筵席，除非我们一起进步，这需要很多内容的协同，实属不易。

# 子张篇第十九（13）

**原文**

孟氏使阳肤①为士师，问于曾子。曾子曰："上失其道，民散久矣。如得其情，则哀矜②而勿喜。"

**注释**

① 阳肤：曾子的学生。

② 矜：怜悯。

**老马释途**

曾子在和刚刚当了典狱官的孟氏交流，告诉他："上失其道，民散久矣。"如果帝王无道，下边老百姓很快就是一盘散沙，如果一个组织的负责人无道，组织很快会出问题：离心离德，假话连篇，事不关己，高高挂起，不管是企业还是一个国家都是这样。

所以对为上者的要求很高，但是真正的挑战往往发生在拥有名利权力之后，很多人会发生不好的变化，因为这些东西对于人的腐蚀是非常严重的，能够一生中掌握权力与财富的人并不多，大部分会被权力和财富掌握。

"如得其情，则哀矜而勿喜"，如果了解到他犯罪的情况，要同情他们，而不是窃喜。就是人要有怜悯心，同情人，这也是人善的表现，不要落井下石、乘人之危，这也算是善了。

## 子张篇第十九（14）

### 01

**原文**

子贡曰："纣①之不善，不如是之甚也。是以君子恶居下流②，天下之恶皆归焉。"

**注释**

① 纣：商代最后一个君主，名辛，纣是他的谥号，历来被认为是一个暴君。

② 下流：即地形低洼各处来水汇集的地方。

### 02

**原文**

子贡曰："君子之过也，如日月之食焉。过也，人皆见之；更也，人皆仰之。"

**老马释途**

"纣之不善，不如是之甚也"，商纣王历来都被认为是暴君，当然实际并非像传言中那么坏，原因很简单，"天下之恶皆归焉"，因为把好多坏名声都归结到纣王身上了，有点落井下石的意思。同样，我们发现，我们习惯把一些富有哲理的话放到某个名人下面，认为这些话是某某讲的，以增强其权威性。如果此人走下了权威的舞台，可能立马就发生了变化，实用主义可见一斑。

"君子之过也,如日月之食焉",君子的过错像月食、日食一样,大家都看得到,会摆在明面上。"过也,人皆见之;更也,人皆仰之",犯了错误大家都看得清清楚楚,如果改正了大家也都会敬仰他。而实际上这很难实现,一旦成为所谓的君子,甚至身居高位,基本上就很难承认自己的不足了,尤其是下边的团队也会想方设法维护权威。最后只能剩下一堆又一堆的谎言,发生一幕又一幕的笑话。

# 子张篇第十九(15)

## 原文

卫公孙朝①问于子贡曰:"仲尼②焉学?"子贡曰:"文武之道,未坠于地,在人。贤者识其大者,不贤者识其小者。莫不有文武之道焉。夫子焉不学?而亦何常师之有?"

## 注释

① 卫公孙朝:卫国的大夫公孙朝。

② 仲尼:孔子的字。

## 老马释途

"仲尼焉学?"夫子的学问是从哪里来的呢?这可能也是很多人想知道的。他的老师是谁呢?子贡讲:"夫子焉不学?而亦何常师之有?"夫子无论什么地方、什么时候都可以学习,为什么非要有专门的老师教授呢?由此看来,夫子无师,以天下万物为师。

"文武之道,未坠于地,在人",周文王、周武王的智慧并未失传,流散在民间,换句话讲,夫子是循周礼的。这在夫子的语言中随处可见,并不奇怪。讲了半天,老师并不重要,重要的是学生如何学习。大师基本上都是集大成者,没有具体的老师,但可以以任何人为师,随处可以学习到东西。

"贤者识其大者,不贤者识其小者",贤能的人能够辨别大方向,掌握核心本质,掌握底层逻辑,一般的人只能看到细枝末节,抓不到关键。这也是人和人最大的区别。山还是那座山,只是不同的人看到了不同的山,每个人看到的只是自己内心的山而已。

# 子张篇第十九(16)

## 原文

叔孙武叔①语大夫于朝曰:"子贡贤于仲尼。"子服景伯②以告子贡。子贡曰:"譬之宫墙③,赐之墙也及肩,窥见室家之好。夫子之墙数仞④,不得其门而入,不见宗庙之美,百官⑤之富。得其门者或寡矣。夫子之云,不亦宜乎!"

### 注释

① 叔孙武叔:鲁国大夫,名州仇,三桓之一。

② 子服景伯:鲁国大夫。

③ 宫墙:宫也是墙。围墙,不是房屋的墙。

④ 仞:音 rèn,古时七尺为仞,一说八尺为仞,一说五尺六寸为仞。

⑤ 官:这里指房舍。

### 老马释途

有人讲"子贡贤于仲尼",夫子的学生子贡比夫子更加贤明,这下子贡急了,有了下边一段说明。

"譬之宫墙,赐之墙也及肩,窥见室家之好。夫子之墙数仞,不得其门而入,不见宗庙之美,百官之富",就像一个宫墙非常低,所以可以看到家里面有很多好东西,但是夫子的墙太高,找不到门,看不到屋子里的"宗庙之美,百官之富",所以感觉上是没有什么。就像我们平时在一起交流,太高水平的表达,一般人理解不了,就会认为假大空,相反,层次和他差不多的,反而会找到共鸣点,觉得很有价值。所以，不同层面的人实际上很难交流，更多的只能是鸡同鸭讲。

恰当、合适才是最好的。所有的人都喜欢的是自己心中的自己，没有什么高低之分，有的应该是思维层面的差别，这很容易被恶人利用。无知与有知的共识很难达成，最后往往会落到利益上，这可能更容易达成共识。

# 子张篇第十九（17）

**原文**

叔孙武叔毁仲尼。子贡曰："无以为也！仲尼不可毁也。他人之贤者，丘陵也，犹可逾也；仲尼，日月也，无得而逾焉。人虽欲自绝，其何伤于日月乎？多①见其不知量也。"

**注释**

① 多：用作副词，只是的意思。

**老马释途**

"无以为也！仲尼不可毁也。"有人在批评夫子，子贡讲，这是没有什么用的，夫子是不可能被诽谤的，为什么呢？因为夫子"日月也，无得而逾焉"，夫子就像日月，是不可能被超越的，也就是不能被诽谤的。"人虽欲自绝，其何伤于日月乎？"就算有人想自绝于日月，实际上也不可能损害日月。基本上就是领袖、圣人的高度了，没有什么人是可以指责他的，"多见其不知量也"，自不量力而已。和日月争辉，只能自取其辱，也就是没有什么可以够得上的。

这是一种没有办法交流的事情，像圣人是没有什么值得指责的，人非圣贤，孰能无过，但圣贤是无过的。

人实际上都是俗人，非要弄成圣人，本身就没有办法讲清楚，对人性之恶的忽视，本身就会产生很多问题，自然不好衡量。夫子本也没这样认为，但大家把他推上了位，不知夫子在世，是何感受。

# 子张篇第十九（18）

**原文**

陈子禽谓子贡曰："子为恭也，仲尼岂贤于子乎？"子贡曰："君子一言以为知，一言以为不知，言不可不慎也。夫子之不可及也，犹天之不可阶而升也。夫子之得邦家者，所谓立之斯立，道①之斯行，绥②之斯来，动之斯和。其生也荣，其死也哀，如之何其可及也？"

**注释**

① 道：同"导"。

② 绥：安抚。

**老马释途**

这段话基本上把夫子就塑造成圣人了。我们发现孔子能成为圣人基本上都是他的学生在助推，夫子被描述得脱离了我们人类的基本情感，成为不会犯错误的永远正确的人，其言语成为真理。实际上，孔子是一个实实在在的现实生活中的人。如果夫子真的掌握了某个国家的大权，成为某个国家的主宰者，这个国家、这个组织真正会非常兴盛、非常完美吗？实际上，我们看也未必。

"其生也荣，其死也哀"，夫子活着的时候，大家会尊敬他，夫子去世的时候，老百姓也都会哀悼他。实际上，誉满天下，必谤满天下。我们都是普通人，非要把普通人弄成圣人、君子，弄成无过错的人，往往就会产生另一个极端，就是谎言、虚伪。我们发现，在承认"人之初、性本善"的前提下，这么好的出发点，为什么会产生这么多虚伪和谎言？这是不是我们在一定程度上对人性的估计不足，或者说是对人性的误读？

"君子一言以为知，一言以为不知。"也就是说，君子说一句话就能显示出他的水平，也能说一句话就能显示出他的无知。实际上，这个判断有些简单，有些人可能看得出来，但是也有很多人，实际上并不能从一言一语看出来他的水平。很多事情还是要路遥知马力，日久见人心，就像我们在选择人才的时候，判断一个人实际上是很难判断正确的。另外，在足够大的财富和足够大的权力面前，人都可能发生变化，很多人无法抵御这种财富和权力的吞噬。

# 尧曰篇第二十

## 尧曰篇第二十（1）

### 原文

尧曰①："咨②！尔舜！天之历数在尔躬，允③执其中。四海困穷，天禄永终。"舜亦以命禹。曰："予小子履④敢用玄牡⑤，敢昭告于皇皇后帝：有罪不敢赦。帝臣不蔽，简⑥在帝心。朕⑦躬有罪，无以万方；万方有罪，罪在朕躬。"周有大赉⑧，善人是富。"虽有周亲⑨，不如仁人。百姓有过，在予一人。"谨权量⑩，审法度⑪，修废官，四方之政行焉。兴灭国，继绝世，举逸民，天下之民归心焉。所重：民、食、丧、祭。宽则得众，信则民任焉。敏则有功，公则说⑫。

### 注释

① 尧曰：下面引号内的话是尧在禅让帝位时对舜说的话。

② 咨：即"嗟"，感叹词，表示赞誉。

③ 允：真诚，诚信。

④ 履：这是商汤的名字。

⑤ 玄牡：玄，黑色谓玄。牡，公牛。

⑥ 简：阅，这里是知道的意思。

⑦ 朕：我。从秦始皇起，专用作帝王自称。

⑧ 赉：音lài，赏赐。下面几句是说周武王。

⑨ 周亲：至亲。

⑩ 权量：权，秤锤，指量轻重的标准。量，斗斛，指量容积的标准。

⑪ 法度：指量长度的标准。

⑫ 说：同"悦"，愉悦。

### 老马释途

这是《论语》最后一篇内容了,更多的还是夫子借尧、舜、禹来给帝王们提要求。如此看来,《论语》成为帝王术,被帝王们使用似乎也具备前提条件了。

"四海困穷,天禄永终",如果人民老百姓贫困,帝位也很难维持。这就涉及皇帝到底是为谁服务的问题,为老百姓还是为自己,显然需要修行。

"朕躬有罪,无以万方;万方有罪,罪在朕躬。"这好像成为很多皇帝的表述,我不下地狱,谁下地狱,很多百姓信了,估计他自己一开始不相信,讲多了应该也信了。"罪在朕躬",但最多也就是个罪己诏,何况皇帝如何能错呢?手下有一堆顶包的大臣。

"所重:民、食、丧、祭",人民问题,吃饭问题,礼仪问题,应该是皇帝执掌国家的重要方面,可惜的是没有讲谁监督皇帝,或者皇帝靠自我约束,如此的话,百姓只能自求多福了。

# 尧曰篇第二十(2)

### 原文

子张问于孔子曰:"何如斯可以从政矣?"子曰:"尊五美,屏四恶,斯可以从政矣。"子张曰:"何谓五美?"子曰:"君子惠而不费,劳而不怨,欲而不贪,泰而不骄,威而不猛。"

子张曰:"何谓惠而不费?"子曰:"因民之所利而利之,斯不亦惠而不费乎?择可劳而劳之,又谁怨?欲仁而得仁,又焉贪?君子无众寡,无小大,无敢慢,斯不亦泰而不骄乎?君子正其衣冠,尊其瞻视,俨然人望而畏之,斯不亦威而不猛乎?"

子张曰:"何谓四恶?"子曰:"不教而杀谓之虐;不戒视成谓之暴;慢令致期谓之贼;犹之与人也,出纳之吝谓之有司。"

**老马释途**

夫子认为，当好为政者，需要"尊五美，屏四恶"，总结到位，大道至简，当然基本上是圣人标准了，与柏拉图认为执政者需要是哲学家有异曲同工之妙。

"君子惠而不费，劳而不怨，欲而不贪，泰而不骄，威而不猛"，这就是五美了。发现这里辩证统一，矛盾一体，君子要给百姓好处，但不浪费；让百姓劳动，但不怨恨；有追求，但不贪图财富；平和而不骄傲；威严但不凶猛，过犹不及，恰到好处，中和之道。

"不教而杀谓之虐；不戒视成谓之暴；慢令致期谓之贼；犹之与人也，出纳之吝谓之有司"，没有很好教育，犯了错误就杀戮，叫做虐；不提醒、警醒，只看成绩，叫做暴；不监督，却突然要求别人完成，这叫做贼；给别人好处，又很少，称之为小气。这些都很有操作性，操作细节都明明白白，有高有低，有思想有操作。

# 尧曰篇第二十（3）

**原文**

孔子曰："不知命，无以为君子也；不知礼，无以立也；不知言，无以知人也。"

**老马释途**

"不知命，无以为君子也"，不明白天命，不明白大道，看不清规律，就不能成为君子。天时、地利、人和，天时才是核心，不可逆势而行，要顺势而为。

"不知礼，无以立也"，不懂礼仪，就不能够安身立命。没有规矩，不成方圆，规则是一个社会组织存在的前提，当然规则出发点是什么至关重要，为了谁，规范谁，如何规范，这才是核心，否则可能是恶法。

"不知言，无以知人也"，不能够分辨他人的话语，就不能够真正了解人。知人善任，不知人基本上很难成为领导，更甭提圣人君子了。换句话讲，夫子一直在告诉人们如何成功地成为君子、圣贤。